湘江青年法学

LAW JOURNAL OF XIANGJIANG YOUTH

第2卷·第1辑

主编◎凌艳怡

郭道晖 题

湘潭大學出版社

— 特别鸣谢 —

（排名不分先后）

郭道晖、李步云、江平 —— 法治三老

（以下按首字母排名）

陈云良	中南大学法学院院长
韩大元	中国人民大学法学院原院长
何勤华	华东政法大学原校长
何文燕	湘潭大学法学院教授
贾　宇	西北政法大学原校长
蒋大兴	北京大学法学院教授
姜明安	北京大学法学院教授
梁治平	洪范法律与经济研究所所长
单晓光	同济大学法学院院长
吴汉东	中南财经政法大学原校长
徐阳光	中国人民大学法学院副教授
张千帆	北京大学法学院教授

编者语 Editor's Notes

丁酉鸡年，《湘江青年法学》第2卷第1辑面世。在此，《湘江青年法学》编辑部对关心《湘江青年法学》成长的诸位法学前辈、支持《湘江青年法学》工作的法律同行，以及惠赐稿件的作者们致以最深的谢意。

本辑之成功付梓，需编辑部成员之一点浩然气，更需师长之引导。感谢湘潭大学副校长廖永安教授，法学院·知识产权学院党委书记黄德华老师，法学院·知识产权学院院长肖冬梅教授、副院长欧爱民教授、副院长吴勇教授及学术委员会的诸位老师悉心指教和鼎力支持！幸得各位垂问关切，《湘江青年法学》方能成为一本求新求变的特色法学论文集，方能致力打造青年学者的“名士乡”。

本辑在编纂过程中收到诸多优秀稿件，经不断推敲，我们最终选定十四篇论文、三篇随笔和一篇名家论坛实录。文章之作者分别来自北京大学、中国社会科学院、中国人民大学、武汉大学、华东政法大学、中南财经政法大学、西南政法大学、湘潭大学、湖南大学、温州大学、上海建纬（长沙）律师事务所、山东省济南市发展与改革委员会、浙江省杭州市西湖区人民法院、福建省莆田市涵江区人民检察院等多家学术研究和实务机构，旨在为读者提供诸多研究关注点和问题视角。

本辑延续前一卷之结构，由“韶峰名家论坛”“前沿关注”“思想源流”“司法理论”和“法学茶座”五个栏目组成。

“韶峰名家论坛”是湘潭大学名家专题讲座，本栏目选取了梁慧星教授做客论坛的讲座实录。以民法总则立法问题研究为主题，梁慧星教授在讲座中回顾了我国民法典之立法沿革及《民法总则（草案）》之编修历程，并就草案的体例安排与民事权利等具体内容与现场师生进行互动交流。梁慧星教授对我国民法总则立法问题的解读着实入木三分，听者无不频频颔首，而且其妙趣横生的讲说也着实引人入胜。此一例收入本辑，一则弥补读者不能亲至现场之憾，二则为引出话题，成青年学者争鸣之势。

“前沿关注”栏目以当前学界热点、重点问题为中心，收录了五篇文章。蔡高强先生的《法社会学视野的非洲国家防治艾滋病研究》一文对非洲的多学科防范艾滋病进程进行了述评，从法社会学的综合视野分析非洲本土研究者对艾滋病多领域防范的研究进展，通过总结其中缺陷，为未来非洲促进防治艾滋病的多学科研究提供政策建议。姚舟先生的《海峡两岸比较视野下交叉询问制度之规则构建》一文利用体系研究、比较研究等方法，剖析交叉询问制度下司法机关定位、卷证移送制度等困惑，作者经理论探讨与实务探究，尝试从设立关键证人出庭审批、控辩证卷一同移送、交叉询问专审法官等方面构建符合国情的刑事交叉询问制度，以实现以审判为中心的司法改革与交叉询问制度之功用之天然契合。凌艳怡女士的《立法与司法的互动：地方性法规司法适用研究》一文从我国地方性法规的司法适用存在“立法遗留之难”与“实践存在之难”问题出发，分析了在“两难”处境中的法官通过其策略与技术的实践，缓和矛盾冲突，回避司法风险的做法，认为基于国情、社情等多种因素的考量，在地方性法规司法适用中，属于立法领域的问题应通过立法途径解决，属于司法领域的问题应通过司法途径解决。此外，本栏目还收录了潘家磊先生的《试乘试驾的交通事故责任研究》和郑茗月女士等的《对我国〈环境保护税法（征求意见稿）〉优惠政策的思考》两篇文章。

“思想源流”栏目分别选取了以法学教育、民主规制、税收司法等为主题的四篇文章，以期导向法学哲思的更深层立意。李喜莲女士的《我国法学研究生教育同质化现象之反思》一文指出我国当前法学教育在课程设置、教育模式、人才培养规格上呈现出严重的同质化问题。根据卓越法律人才培养计划，作者认为，各法律院校唯有明确各自的法律人才培养目标，按照具体培养目标设置相应培养方案，并有针对性地实施教育，才能破解迷局、实现法学教育的去同质化。《身份平等与法律规制——以托克维尔对美国民主的理解为解读视角》一文透过托克维尔对美国民主制度的理解与考察，分析在民主体制下身份平等与法律规制之间的地位和作用，以及民主制度中自由、人权、法律和平等之间的博弈，给予美国民主制度一种时代性的新解读。作者肖芳女士指出民主建设的过程之中应该思虑社会条件是否具备，并给予民主现代性关注并反思民主。本栏目另外收录了胡翔先生的《跨行政区域税务法院：完善税收司法的制度路径》和梁莹女士的《承包土地的经营权性质及其抵押问题研究》两篇文章。其中胡翔先生一文中阐述了财税领域的良法善治需要合理配置立法、执法和司法的权能，在多位一体的法治财税框架下，立法权、执法权与司法权应当受到同等重视，不可偏废。现实是，在推进税收法定原则落实的道路上，国家过分强调税收立法权的充实和税收执法权的规范，对税收司法权并未予以重视。由此产生对纳税人权利保护不力，以及财税法治救济与监督缺失等问题。切合时代背景，建立跨行政区域税务法院体系，有助于填补制度罅漏，为平衡税收立法、执法与司法关系提供了智识支撑。

“司法理论”栏目意图搭建理论与司法实践之桥梁，收录五篇有关切入实践的文章。其中，戴勇坚先生和李少强先生的《遇见未来的律师：在线纠纷解决机制中律师的机遇与挑战》一文，阐述了在线多元化纠纷解决机制为律师带来了新的发展机遇、新的角色、新的价值、新的挑战和问题，详细探讨了对律师如何通过在线协商、在线调解、在线仲裁、在线诉讼等方式参与在线多元化纠纷解决平台、构建新型法律服务产品，论述了完善律师参与在线纠纷解决机制需要律师、高校、律协、政府、法院、人大等主体的共同努力。吕宗澄先生的《我国法院在线调解的兴起、挑战与未来》一文将比较研究和实证研究相结合，以全球“互联网+”时代下，信息通信技术和传统法院调解制度在我国转型社会时空中交织融合而成的“法院在线调解”为研究对象，探讨了我国法院在线调解的发展现状和特点以及现实困境，在政策文件解读和实践经验提炼的基础上，总结了法院在线调解的路径选择，以回应当前多元化纠纷解决机制改革的迅猛发展。倪素栋女士和庞艳飞先生的《评阿根廷诉欧盟生物柴油反倾销案——WTO上诉机构对“成本替代”规则裁决的得失》一文围绕跨境贸易中有关“正常价值”之认定标准，对WTO上诉机构所审理的有关这一标准之案件（阿根廷诉欧盟生物柴油反倾销案件/DS473）进行分析评价，阐述了本案裁决对WTO《反倾销协议》适用带来的负面影响。本栏目另收录了盛波先生的《从混沌走向协同——论检察机关案管职能和检务督察职能的关系》和李瑞杰先生的《画蛇添足还是画龙点睛？——一个对刑法第13条但书规定的体系化解说》两篇文章。

“法学茶座”栏目有三篇随笔，虽是笔尖漫谈，却处处可见思深虑远。刘方勇先生长期关注司法改革问题，并进行了大量实证研究，借《法官员额制改革须跳出“零和博弈”的逻辑》一文，指出在我国当代司法体系下，法官员额制改革是一种必然的制度安排，但该项制度之成就要求司法系统跳出“零和博弈”的逻辑或者思维误区，从技术设计和实施策略等多维度妥善化解利益之争，方能“聚人气、消怨气、接地气”。庄汉先生从“国家宪法日”这一节日讨论开来，作《国家宪法日，塑造尊宪守宪护宪之民》一文，指出我国宪法是中国特色社会主义法治体系的“基础和穹顶”，“国家宪法日”作为一项反映政治文明的柔性制度，作为一个执政党与人民互动的“触角”，已然成为法治中国的范畴，成为推动宪政国家的民族共情。江紫豪先生的《积极心理学在调解中的运用》从积极心理学的分析视角，结合其主持调解的婚姻家事案件，论述了如何打破僵局、成功调解的经验。

本辑的编纂过程正值《湘江青年法学》编辑部更新换代之际，在竭尽全力完成每一次审稿、编辑工作之余，编辑部亦在反思，那些曾经往来于《湘江青年法学》编辑部的身影是否只是留下一些故事？我们从前辈身上继承了什么？一个名为“特修斯悖论”的哲学问题正是对我们疑虑的最好描述。

公元一世纪，普鲁塔克曾提出千古一问：如果特修斯之船的木头在修缮中不断被替换，直到所有的木头都不是原来的木头，那这艘船还是原来的那艘船吗？言及此处，我辈湘江青年法律人不禁诚惶诚恐，亦在不断扪心自问。在漫漫的上下求索之路上，我们寻觅着《湘江青年法学》的传承，蓦然回首，惊觉答案就在身边。它既寄于人，也寄于物；它既有“崇法以治世固本，尚道以济民维新”的湘青创办宗旨，又凝聚着湘青人的心血，更让每个湘青人享有无可替代的归属感。每个湘青人都是《湘江青年法学》之船上的栋梁，湘青人虽然在不断更替，但《湘江青年法学》的特修斯之船依然伫立于此。

我辈传承着《湘江青年法学》的精神，也传承着法律人之精神。湘青人亦是法律人，我们亦在探索法律的传承。即使法律所及之处风雨交加，法律人依然自称为“法律共同体”，然而我们何以“共同”？法律的思考无疑是多元的，法律人之所以凝聚在法律的名义之下，并不是拘泥于任何细枝末节的共识，而在于规范化的思考模式，在于法律至上的精神信仰。或许法律人的特修斯之船从不规整，但暗藏于表象之下的，乃是法律人的坚实信仰，是贯穿首尾、贯通始终的坚韧龙骨。在数千载的法律传承、数百代的先贤打磨之下，龙骨已成，然肋骨何如？桅柱梁板何如？舵又何如？

法律之船未成，法律人尚需努力！筑造如此巨舰，亦是《湘江青年法学》之责任。即使我们言薄力微，然蕴于此文集中的赤诚之心不落他人。

在无边的学术之林，有花满千树。愿时时采撷，与君共飨。

《湘江青年法学》编辑委员会

二零一七年三月

崇法以治世固本

尚道以济民维新

法

目录

韶峰名家论坛

前沿关注

思想源流

司法理论

法学茶座

CONTENT

Shao Feng Famous Forum

Theoretical Frontier

Thinking Origination

Judicial Theory

Teahouse of Law

韶峰名家论坛

Shao Feng Famous Forum

民法总则立法的若干问题*

主持人(曹艳芝教授):各位老师、各位同学,大家下午好,今天我们非常荣幸地邀请到了我国著名民法学家梁慧星教授莅临我们的“韶峰名家论坛”,为我们做一场关于“民法总则立法若干问题”的讲座。相信大家对此期盼已久,首先请用热烈的掌声对梁老师表示欢迎!

梁老师学术造诣精深,长期致力于民法典的立法和研究工作,为我国民事立法的发展和完善作出了重大的贡献,是我们民法学界的顶级大师。我们民法典的制定从20世纪50年代开始至今,经过了艰难曲折而不断发展的历程。今天即将修成正果,我们的师生一定有很多所思所想,很多疑惑和不解,相信通过今天梁老师的讲座,我们都可以得到完满的解答。下面,我们有请梁老师给我们开讲,大家欢迎!

嘉宾(梁慧星教授):谢谢同志们,很高兴来到湘大法学院!很久没有来湘潭大学了,这次来湘大法学院做这个讲座,其实是我自己主动提出来的。这次来,除了跟大家进行学术上的交流外,我还有其他目的,主要是看看我们湘大法学院的非洲法研究、体育法研究等的发展情况。

今天讲座的主题是“民法总则立法若干问题”,这是随意划定的一个范围,因为中国民法总则立法是我们中国现在最重大的一个课题,但是本次讲座不采取由我从头讲到尾的方式,而是采取我和大家之间对话的方式。前面由我来讲一讲,后面就主要来解答大家的问题。围绕这个主题,同学们、老师们有学习、教学、实务等方面的问题都可以提出来,我们一起学习交流。下面我就简单介绍一下民法总则立法的情况:

关于中国民法典的起草,大家应该都有一定的了解,1954年、1962年、

---

* 本文为梁慧星教授在湘潭大学的讲座实录。

1979年、2001年这几次民法典的立法工作都没有成功。值得注意的是，自1979年改革开放以来，我国民事立法工作一直在进行着，只是其中变更了立法的方式罢了。1979年党中央决定启动民法典的编纂工作，组织成立民事立法小组，着手起草民法典，但后来注意到社会在转型，计划经济向市场经济转轨，很多旧的关系消灭，新的关系产生，整个社会处在变动当中。就当时的环境看，制定民法典并不具有现实可能，即使当时制定了民法典，也不具有施行的意义。故而，立法机关当时决定先行制定民事单行法，到将来条件具备时再编纂民法典，该决定也得到党中央的认可。经过30多年的制度变革，形成了我国的民法体系。其特点就是由一个个单行法组成——《民法通则》本身也是一个单行法，只是它稍微特殊一些，《民法通则》在这样一个单行法体系中，起着基本法的作用，它相当于民法典的总则。我国的社会经济，长期以来都是在这个单行法体系背景下发展起来的。现在，不妨来想一想，我国民事立法单行法的体系和世界上哪一个国家相同？答案是一个也不同：大陆法系国家有民法典；英美法系国家为判例法；即使美国有一个统一的商法典，美国的法律体系也还是建立在判例法基础上的。虽然我国民事单行法体系对社会经济的发展起到诸多规制作用，但由于各法律起草的人员不同，制定的时间不同，社会环境、经济条件不同，导致我们民事立法体系内部不是那么和谐，有各种各样的冲突和抵触，甚至有一些空白之处。这些问题成为我们要制定民法典的理由。

20世纪中期，国际上流行"反法典化"，国内也出现了"法典化"和"反法典化"的思潮。大多数学者支持"法典化"，但是"反法典化"这个思潮对大家的思想还是有影响的。当时，彭真委员长提出要进行民法典的编纂，但是没有留下任何书面记载；2013年，全国人大的立法计划当中，没有民法典的编纂、婚姻法和继承法的修改等内容，这个事情是可怕的。现在我们国家越来越强大，新中国成立70周年在即，而我国依然保持民事单行法体系，没有民法典，既不像英美法系，也不像大陆法系。在2014年，中共中央终于提出要尽早编纂民法典。其中提到很多社会负面问题，归根结底是"我们民族没有信仰"的问题。在我们中国，靠基督教、靠天主教、靠儒教等宗教信仰是不可以的。首先，信仰法律、培养法律信仰，可以解决社会负面问题。民法是文明教科书，民法是法制教科书，民法也是生活教科书。中国之所以要编纂民法典，还在于：要用这样一部充分体现民主、法治、人权精神的进步的、完善的、科学的民法典作为全民族的教科书。民法首先告诉我们怎么样生活、如何处理家庭关系、如何对待父母、如何经商、如何工作、如何为官、如何为民、如何行使权利、如何履行义务等。当自己的合法权益遭受侵害时,如何运用法律规定手段获取救济。其次,民法可以塑造一代新人——塑造一代有价值观、有责任感的新中国人。我们社会主义核心价值观体现的都是我们民法的精髓,我们需要靠这样一部民法典来塑造我们的社会。

以拿破仑为例,他执政后的首要工作就是启动法国的民法典编纂。拿破仑虽然是一个军事家、政治家,但也是一个伟大的民法家。拿破仑亲自参与法国民法典的编纂,他说要让法国人民在煤油灯下拿着民法典就知道应该怎样做,就知道自己的权利是什么,义务何在。因此,民法典并不仅仅是裁判规则。再比如说韩国,韩国曾经被日本统治了50年,这50年内韩国适用的都是日本的法典。日本一投降,韩国就立马组成民法编纂委员会准备编纂自己的民法典。韩国编纂民法典时期恰遇朝鲜战争,许多民法典编纂工作者都被杀害了,但韩国仍然没有放弃民法典的编纂工作,即使在战乱中也要编纂出民法典。就历史来看,韩国、法国和日本制定民法典时,条件都不是最成熟的时候,但是因为民法典太重要,任何一个国家都不可或缺,不能因为条件不足而放弃。

下面简单讲一讲中共中央关于编纂民法典的决定。原来决定议程上并没有编纂民法典的计划,直到公布决定之前,中央高层才决定把“编纂民法典”这五个字放进去。就编纂民法典的问题,民法学界有两大思路:一是民法学研究会会长王利明教授提出来的“三步走”计划,即第一步制定民法总则,第二步制定人格权法,第三步编纂民法典。二是本届全国人大代表、中国社科院法学研究所孙宪忠教授提出来的“两步走”计划,第一步是制定民法总则,第二步是编纂民法典。最后中央采取了两步走的计划,第一步制定民法总则,即按照民法典的总则编进行,预计在明年实现;第二步在现行单行法的基础上将其进行编纂,将合同法、物权法等放在一起加以修改完善,预计在2020年实现,届时将完成中华民族立法中最宏伟的一个目标——制定出一部完整的民法典。中央也指定了最高人民法院、最高人民检察院、中国法学会、中国社会科学院和国务院法制办这五个机构成立了专门的起草小组,组织开展民法典草案起草工作。2016年6月,全国人大常委会网站上就公布了正式的《民法总则(草案)》。草案由全国人大常委会下设的法制工作委员会(简称法工委)准备。这次《民法总则(草案)》,先经全国人大常委会审议通过,然后才在网上征求社会意见。我记得当年《物权法(草案)》公布,征求意见时,一共征求了2万多份意见。现在,法工委的工作班子就在整理关于《民法总则(草案)》的意见，提出一些方案，然后呈递全国人大法律委员会来决定。全国人大下面设有很多专门委员会，其中法律委员会的工作相对单一，负责审议法律草案，一般需要审议三次，其中有一个《中华人民共和国车船税法》在我担任法律委员会委员期间只审议了两次。

回过头来，我现在介绍一下《民法总则(草案)》的大概情况：民法总则分11章，包括基本原则、自然人、法人、非法人组织、民事权利、民事法律行为、代理、民事责任、诉讼时效和除斥期间、期间的计算、附则，共186条。我认为，民法总则的基本结构是基本定了。接下来就是对细节进行修改，使其更完善、更精确。这部法律于2017年3月通过。我们法学院培养的学生，以后大部分都要进入法律部门工作，我们要高度关注民法总则，以及将来民法典的编纂工作。我希望我们湘潭大学法学院，可以贡献自己的智慧，为民法典的编纂注入自己的心血。

下面，我就接受大家的提问吧，不限于今天这个主题，范围可以宽泛一点。

主持人(曹艳芝教授)：刚才梁老师就民法典总则的起草过程、现状，以及民法典制定的意义作了讲解，也号召我们老师、同学为民法典的编纂作出一点自己的贡献，所以我们对梁老师的讲解表示衷心的感谢！下面就进入提问环节。

同学一：民法典的编纂体例，有法国民法典法学阶梯形式的，也有德国民法典潘德克顿形式的，我国民法典的编纂为何采取了类似德国的形式？

嘉宾(梁慧星教授)：这个同学提出的是关于民法典体例的问题。民法典的编纂体例，有法国民法典的编纂体例模式，它采取三编制，即法学阶梯式。罗马法时期，法学非常繁荣，"法学阶梯"是罗马法时期的一本教科书的名字，其内容如下：第一编人法，第二编财产法，第三编程序法。法国法取消了程序法，将第三编变成了财产的取得方法。到现在，法国的民法典已经不止三编了。1804年的法国民法典是出现最早的民法典，德国的民法典比法国民法典晚了近100年。德国民法典是五编制，德国在研究罗马法的基础上，对民法内容进行编纂，并整理成了教科书。大陆法系的特点就是成文化、法典化，大陆法系法国是三编制，德国是五编制；我国大陆及台湾地区和香港地区、日本、韩国被称为大陆法系中的东亚德国法系，因为我们都是五编制。这个编纂方式除了三编和五编这种数量的不同之外，还包括财产关系法和人身关系法这两编的位置安排不同——法国民法典是人法在前,德国民法典是财产法在前。为什么我们中国大陆和台湾地区都属于德国式的五编制呢?因为我们的教学、实务以及采用的法律概念体系都是德国式的。清朝光绪皇帝下令编纂民法的时候,聘请了日本的松冈义正主持工作。松冈义正等认为德国的民法典很好,于是就将德国民法典的模式融入了《大清民律草案》,德国的概念体系、理论体系就这样进入了中国。北洋政府时期,在《大清民律草案》的基础上编纂而成的《中华民国民律草案》出台,史称“第二次民律草案”。其虽仅是民律草案,但是各级法院在审判民事案件中是可以直接引用的。到了1927年,国民党在南京成立国民政府,1929年开始设立民法起草委员会,以“第二次民律草案”为基础的《中华民国民法典》颁布。这样一来,德国民法典的思想和模式就融入教学、实务之中。所以,我国教科书中的理论体系就一直都是德国法律体系。

同学二:民法与宪法的关系是怎样的?

嘉宾(梁慧星教授):一个国家的法律体系中,宪法是至高无上的。我们可以把一个国家的法律体系想象成一个金字塔:宪法处于金字塔的塔尖,其下有刑法、民法、行政法、诉讼法等基本法,然后还有特别法、各种规章等,再往下还有最高人民法院和最高人民检察院的司法解释等。所以在整个法律体系中,宪法是至高无上的。我们的民法就是根据宪法制定的,宪法的精神已经融入民法之中。不是世界上所有的民法典都会载明:根据宪法制定民法,比如法国民法典就没有。

宪法为权利主体授予权利、保护人民的私权,民法则对人民的权利和制度加以具体化。从这个意义上说,宪法是高于民法的。宪法规定一个国家的主要结构,规定国家的基本配置、国防外交等。在一个国家中,有政治生活,还有民事生活,民事生活指向婚姻家庭生活、经济生活。政治生活这一块就是宪法规定的;在人们的民事生活中,民法起着民事生活中的宪法作用,但不等同于宪法。这是我的一种理解。谢谢!

同学三:总则中增设“民事权利”这一章的必要性何在?

嘉宾(梁慧星教授):其实严格说,第五章——“民事权利”没有也可以。但为什么要设这一章呢?我来给大家讲一讲立法者的意图。很多学者呼吁设立“民事权利客体”一章,却没有回应,立法者是有深层考量的:法律无法一次性将客体的内容规定齐全。现代社会生活日益复杂、社会发展十分迅速,很多东西我们预测不到,更无法以法律全然覆盖。当前社会,许多对人类发展有价值的、有意义的东西,比如手机上用的流量、网络虚拟财产、血液、眼角膜、骨灰等,当前并不属于法律权利的范畴,但是,或许在将来会成为一项项正当权利客体。这是立法时不可预见的,也是无法涵盖的。虽然客体纳入法律条文难以实现,但是如果规定了民事权利一章,则民事权利客体也就可以得到确定了。

我们规定民事权利这一章也就表示不采用王利明教授主张的人格权的独立一章,而将人格权的具体类型放到民事权利这一章。那人格权放到哪里去呢?德国民法就主张人格权具有财产价值,实现了理论上的一个突破。我们的整个总则规定人格权类型,侵权法对其加以保护,现在草案中的第五章就规定了人格权,将其囊括其中,就解决了这个问题。不再单独设立人格权编了,这将延续我们过去保护人格权的经验。第五章民事权利还规定了债权的定义、不当得利的定义、无因管理的定义。这样一来将来民法典没有债权总则,人们就挑不出毛病,债权在合同法里加以保留和完善,在总则也有个地方加以规定。我们不要机械地看待民事权利这一章,现在看来,这一章就很有规定的必要性。

同学四:普法是不是应该从小学开始?

嘉宾(梁慧星教授):我刚刚说了民法是生活教科书、文明教科书,等我们民法典正式颁布了,我们可以从幼儿园开始就讲授民法,做到真正生活在民法中。我相信民法典颁布之后,很多家长就会用民法来引导孩子、教育孩子。这样一来,我们中华民族就会日益强大。

同学五:为何这次关于法人的分类,没有采用社团性法人和财团性法人的分类方式?

嘉宾(梁慧星教授):在民法理论上,如何认识法人,有三种学说:第一种,法人否认说,认为法人不存在;第二种,法人拟制说;第三种,法人实在说。法人实在说又分为两种:法人有机体说和法人组织体说。法人组织体说是现代社会大多数国家所采纳的,比如公司、律师协会都是由很多人组织在一起形成的人合组织体,法律承认它,称之为社团;还有一种财产组织体,人们把财产捐出来,汇集在一起,为了运作这些钱,需要给其设立一个理事会,这种称之为财团。所以世界上就有将其分为社团法人和财团法人。而我们国家的实际情况是,如果严格按照社团法人和财团法人的分类,机关法人和事业单位法人将无所归属。另外,我国公司法规定了一人公司,但是一人不算组织体,也无法列入这种分类,所以最后我们采用了营利性法人和非营利性法人的分类。

同学六:为什么我们国家不把法理写入法院判决依据?

嘉宾(梁慧星教授):草案的第十条法律的适用,也就是教科书上所说法律的渊源。这个最早是瑞士民法典发明的,瑞士民法典第一条规定,法官裁判案件,有法律依照法律;没有法律依照习惯;如果既没有法律也没有习惯,法官要把自己当作立法者创设一个规则进行裁判,但是法官创设规则时要参考法理。在法律的渊源上,德国规定了三个层次:法律渊源、习惯、法理;我国规定了两个层次:法律渊源、习惯。虽然很多学者也呼吁要将法理规定进去,但我国规定两个层次是符合特殊国情的。我国最高人民法院可制定司法解释,其内容主要是对现行法律如何适用作的解释,当然,也有一些新创设的内容。最高人民法院的司法解释本来的意义是解释现行的法律,但是,在现实中,其创设的一些新的内容会成为司法裁判的依据——这显然已经具有了法律的效用。法院在判案时通常会去查阅最高院是不是有司法解释和指导性案例。这些作为判决依据的内容是不是也要被立法许可?实际上,立法机关并没有这样做。

另外,依照法理判案,对法官的法律素养要求更高。目前,就我国现实情况而言,法官群体的法律内涵还没有达到相应高度,所以将其列入判决依据的现实难度很大,当然,说不定将来会实现。

主持人(曹艳芝教授):梁老师连续讲了两个半小时,应该很辛苦。今天的讲座就先告一个段落。梁老师以和风细雨、循序渐进的方式,一一解答了我们的疑惑,并且为同学们解答了如何学习、如何进行学术研究等问题。通过梁老师的讲解,我们了解到当前学术的前沿信息,感谢梁老师为我们奉献了一顿丰盛的学术大餐。

(录音整理及校对:唐　倩　石虹薇　魏远山　李洪瑞)

前沿关注

Theoretical Frontier

法社会学视野的非洲国家防治艾滋病研究

蔡高强*

摘　要:非洲是全球艾滋病感染率、死亡率和传播率最高的地区。30多年来,关于防治艾滋病的研究,已经从医学向社会学、历史学、人类学和法学等多学科发展。美国从人类学角度来研究防治艾滋病,中国从社会学角度来研究防治艾滋病,这都值得非洲国家借鉴。实际上,非洲国家从医学转变为社会学和法学等多学科来研究防治艾滋病已经取得了一定的成果,这是一项新的课题。但是,非洲国家防治艾滋病的多学科研究也存在诸多缺陷,主要表现为:非洲防治艾滋病多学科研究的学者较少、非洲防治艾滋病多学科研究的成果不多、非洲防治艾滋病多学科研究的内容有待深化。因此,未来非洲防治艾滋病研究应加强多学科研究,并将呈现以下趋势:社会经济文化与艾滋病蔓延的关系将成为人类学研究的焦点;艾滋病防治的支持体系和宣传教育将是社会学研究关注的重点;艾滋病防治的法治化将是法学研究的新领域。

关键词:艾滋病　非洲　研究方法　社会发展与法律

艾滋病即获得性免疫缺陷综合征,它是由于感染了人类免疫缺陷病毒(HIV)后引起的一种传染病。自1981年在美国发现首例艾滋病以来,艾滋病在全球范围内蔓延扩散,给人类社会造成了严重危害。人类从发现艾滋病开始就从病原学、流行病学角度研究其发病机制、抗体测定、高危人群和传播途径等问题与理论,并提出了一系列调节免疫系统的治疗方法。尽管全人类进行了不懈努力,但研究的进展远远赶不上艾滋病流行的速度。在人类历史上没有任何一种疾病像艾滋病一样,涉及宗教、文化、历史、经济等多个方面,并严重影响着人

* **作者简介**:蔡高强(1967—),男,湖南益阳人,湘潭大学法学院教授。

类社会的发展。到目前为止,艾滋病的防治问题仍没有得到根本解决。

一、全球防治艾滋病的多学科研究动态

世界卫生组织最新《全球疾病负担》报告指出,在低收入国家,导致人口死亡的原因中,艾滋病居第四位。艾滋病主要侵害20~45岁的成年人,他们不但是物质再生产的主力军,同时也是人口再生产的主要承担者,在9个发病率最高的非洲国家中,人均预期寿命已由64岁降至40岁,在受艾滋病影响最严重的国家里,人均国民生产总值比正常水平下降5%~15%。在脑血管病、恶性肿瘤、损伤、肺结核、精神疾病、糖尿病、病毒性肝炎和艾滋病8种疾病中,艾滋病在非洲给家庭和社会造成的负担居首位。艾滋病病毒感染者及病人还带来一系列社会问题,比如:伦理问题、人权保障问题、恐惧歧视问题、贫困落后问题、人口发展问题。

联合国艾滋病规划署对非洲南部国家或地区(包括莱索托、马拉维、莫桑比克和南非)进行的医疗条件调查表明,从事HIV/AIDS预防和治疗的医务人员相当缺乏,即使能获得抗逆转录病毒药物,HIV/AIDS患者也同样得不到合理的治疗。在莫桑比克,每10万居民仅有2.6名医生、20名护士;虽然南非的情况稍好一些,但每10万居民也仅有74.3名医生、393名护士,更不用说从事艾滋病治疗的专科医生了,此外,这些国家预期寿命也极低,马拉维是39.7岁,莱索托是35岁。

为防治艾滋病,人类社会对艾滋病病毒已进行了30多年的研究,但仍然没有找到有效的治疗方法。21世纪以来,从国际到国内,研究者们越来越意识到艾滋病是一个关乎多学科的研究课题,需要呼吁各界学者共同参与,从医学方面来解释艾滋病产生及艾滋病病毒感染的原因、症状;从社会学、历史学、人类学的角度来分析艾滋病病人的个人行为和社会行为。因此,越来越多的国家开始了对艾滋病的防治研究,自1981年第1例艾滋病被发现至20世纪90年代中期,国内外艾滋病研究的重点多在获得性免疫缺陷综合症的免疫学、预防和控制、流行病学、心理学和经济学等方面。20世纪90年代后期至今关于这类研究的总量开始减少,人类学、社会学等领域的研究成果开始增多。

(一)美国防治艾滋病的人类学研究经验成果

美国从人类学的视角来研究艾滋病居于全球领先水平。1987年美国成立了艾滋病与人类学研究小组(AIDS and Anthropology Research Group),作为人类学关于艾滋病问题研究的全国性研究组织,为人类学家相互交流提供平台,旨在倡导学界运用人类学方法研究探索以共同抗击艾滋病。除此之外,美国大学的相关研究机构也是推动艾滋病问题人类学研究的重要组成力量。其

代表性研究机构有耶鲁大学艾滋病跨学科研究中心、哈佛大学的全球健康与社会医学系、凯斯西储大学的艾滋病社会科学研究中心。

在关于艾滋病问题的人类学研究中，一些专家对推动研究的深入发展和拓展人类学应用视野作出了重要贡献，最著名的代表有道格拉斯·弗里德曼教授、拉尔夫·伯顿教授、莫瑞·辛格教授等。道格拉斯·弗里德曼教授是全美最早关注艾滋病问题的人类学家，他的主要著作包括：《艾滋病的社会视角：方法与理论》(1986)、《文化和艾滋病》(1990)、《全球艾滋病政策》(1994)、《艾滋病危机：一个纪录片的历史》(1998)、《艾滋病、文化与非洲》(2008)、《种族和卫生保健政策》(2009)、《艾滋病、文化和男同性恋》(2010)等，这些成果都对人类学研究艾滋病问题产生了广泛影响。

美国关于艾滋病问题的人类学研究也产生了一批有影响的成果，如《文化与艾滋病》《政治经济视角下的艾滋病》《艾滋病及其隐喻》《艾滋病与怪罪》等。《文化与艾滋病》是由人类学家在艾滋病爆发后的最初几年，在全球视野调查艾滋病流行社会文化因素的基础上，探索性撰写的有关论文，这本书开创了在社会科学领域研究艾滋病问题的先河，对人类有重要的启示意义。①

艾滋病问题的人类学研究亦得到了美国政府、基金会、财团、个人等的强力支持，特别是自克林顿担任总统后，历届美国总统和政府均高度重视艾滋病对国家和人口安全造成的潜在危害影响。克林顿总统设立克林顿基金会专门开展防艾行动和学术研究，在联合国的任命下，其本人也与医学家以及人类学家共同在加勒比地区开展防艾和扶贫公益工作；小布什担任总统后推动国会通过并签署了《总统艾滋病紧急援助计划》(PEPFAR)法案。此外，2008 年夏天，美国国会又批准通过 Lantos – Hyde 美国全球领导抗击艾滋病法案(Lantos – Hyde US Global Leadership Against HIV/AIDS Act)；奥巴马担任总统后就随即于 2009 年 5 月向国会提出了数额高达 630 亿美元的"全球健康行动计划"(Global Health Initiative)，这是防艾计划中非常重要的一部分内容。上述关于防艾行动中均有大量医学人类学家参与其中，他们的课题遍及世界各地如非洲、拉丁美洲、东欧、中亚等艾滋病高发地区和贫困国家。②

① [美]拜伦·古德：《医学、理性与经验：一个人类学的视角》，北京大学出版社 2010 年版，第 83 – 86 页。

② 张宁、李亚琼：《美国学界相关艾滋病问题人类学研究的发展与现状及启示》，载《中共南京市委党校学报》2012 年第 6 期，第 106 – 108 页。

(二)中国防治艾滋病的社会学研究成果

中国在20世纪八九十年代,主要从道德评判和价值取向进行防治艾滋病的分析。随着艾滋病疫情扩大,以邱仁宗、翁乃群为代表的一些学者开始对艾滋病传播的社会文化动力进行理性思考和分析。很多学者开始正视娼妓、吸毒、同性恋等现象存在的现实性和长期性,从功利主义视角提出了应该对这些艾滋病高危人群进行行为干预,同时对艾滋病人和感染者的权利进行保护,如林喆教授的《论艾滋病人的权利及其人权保障》,昆明理工大学的陈桂荣、东南大学的刘兆麟对艾滋病人和感染者的权利的系统研究,湘潭大学法学院蔡高强教授出版专著《艾滋病与人权保护》,从国际人权保护的视角全面研究了艾滋病涉及的人权保护问题。

随着中国艾滋病疫情的迅速蔓延,学界对艾滋病问题的研究逐渐深入,开始从社会学视角研究艾滋病问题。清华大学的景军教授对艾滋病问题进行了深入的社会学研究。他从铁莫斯预言对我国人血买卖与艾滋病流行的关系开始分析,提出我国有偿供血现象背后是立法者和政策制定者对中国老百姓的公益精神之怀疑。他还综合分析了中国的人口构成与地域分布,性交易以及流动人口、官员和商人购买性服务的次数,同性恋群体的特殊性等因素,提出中国在艾滋病问题上已经处于历史性的十字路口,应该借鉴国际经验,把握好政治志向和资源,阻止艾滋病的迅速蔓延,以推动社会发展。③

以潘绥铭为代表的性社会学学者从社会性别、女性主义等视角分析了性别差异、性产业、性交易等问题与艾滋病问题的相互影响。④ 北京师范大学的刘力等人研究了艾滋病及相关污名的成因与表现。⑤ 中国协和医科大学的杨翌对艾滋病相关耻辱和歧视的现状及影响进行了探索。另外一些学者对艾滋病传播的社会网络以及报纸媒体关于艾滋病的报道进行了分析。⑥ 李楯教授

③ 景军:《艾滋病谣言的社会渊源:道德恐慌与信任危机》,载《社会科学》2006年第8期,第5-10页。

④ 潘绥铭、黄盈盈、李楯:《中国艾滋病"问题"解析》,载《中国社会科学》2006年第1期,第85-97页。

⑤ 刘力:《艾滋病污名的社会心理学分析》,载《中国社会心理学会2006年学术研讨会论文集》,第97-99页。

⑥ 如山东大学陈萍:《艾滋病传播的社会网络分析》;上海外国语大学杜昕:《〈人民日报〉、〈纽约时报〉艾滋病报道比较研究》;郑州大学武启峰:《中国媒体艾滋病报道研究》等。

从制度层面上分析了中国的艾滋病政策,指出中国艾滋病运动中白于政策的不当存在着严重的资源浪费问题,应采取适合中国社会实情的艾滋病政策。

随着我国艾滋病行为干预的逐步展开,艾滋病相关知识的普及率大大提高,针对同性恋、暗娼、静脉吸毒人群等进行的行为干预也渐渐推广开来,从而推动了学界关于行为干预理论与模式的相对系统的研究。有学者指出行为干预模式在我国防艾实践中仍存在着四大问题:第一,行为干预在制度层面上处境尴尬;第二,干预的范围在目标人群中不够广泛;第三,行为干预的内容和手段单一;第四,对行为干预效果的评价方法不够科学。⑦ 针对行为干预理论与模式在我国存在的问题,王曙光基于社会建构的视角,指出高危人群的高风险行为,其本质取决于与这些亚群体的生活方式最为直接的经济生活,制度条件,世俗观念的偏见、歧视和不平等的社会历史构成。⑧ 在他的研究中,指出了艾滋病问题是社会建构的结果,发现了经济生活、制度条件、世俗观念等因素在艾滋病问题上的重要意义,但是对于这些因素是如何影响艾滋病的传播,如何构建艾滋病问题的机制却没有深入探讨。

2006 年中国《艾滋病防治条例》通过后,学者们的研究进入了一个新的发展期,在原有研究领域和成果基础上,法学界对这一问题的研究也日益发展。如《艾滋病立法:专家建议及其形成过程》⑨《艾滋病立法与国际人权保障》⑩《艾滋病与法律》⑪等成果的出现,并产生了较好的反响。

从整体情况看,中国艾滋病问题研究的成果中应用研究占了绝大部分,以翁乃群、景军、夏国美、潘绥铭、庄孔韶等为代表的许多学者开展了大量的调查与经验研究,这些实证研究的成果推动了政府相应政策的制定。

二、非洲国家防治艾滋病的社会学成果

欧美学者对非洲艾滋病的研究取得了较多的成果和良好的国际效应。其

---

⑦ 张晓虎:《AIDS 性传播途径行为干预中的问题与对策》,载《中国卫生事业管理》2007 年第 10 期,第 11 - 15 页。

⑧ 王曙光:《MSM 持续安全性行为挑战“行为改变交流”模式》,载《中国艾滋病性病》2008 年第 4 期,第 45 - 52 页。

⑨ 夏国美:《艾滋病立法:专家建议及其形成过程》,法律出版社 2006 年版,第 324 - 327 页。

⑩ 黎作恒:《艾滋病立法与国际人权保障》,载《西南政法大学学报》2005 年第 3 期,第 30 - 37 页。

⑪ 孟金梅:《艾滋病与法律》,中国政法大学出版社 2005 年版,第 124 - 137 页。

中有相当多的学者及其成果产生了良好的反响。美国学者Ashley M. Fox⑫、James P feiffer、Collins O. Airhihenbuwa⑬ 和 Carla Makhlouf Obermeyer⑭ 发表了一系列关于非洲艾滋病问题的研究成果，除医学和流行病学研究以外，更多的是社会学、心理学、伦理学视角的研究，他们对非洲艾滋病流行的原因、社会影响和防治对策进行了相关论述，特别是对艾滋病感染人群的社会学和心理学进行了探讨。加拿大学者 John Illife⑮ 和英国学者 Ida Susser⑯ 的研究引起了国际社会的广泛关注。此外，澳大利亚学者 Dennis Altman 发表了 *AIDS: Taking a Long - term View*, *Thinking Politically about HIV: Political Analysis and Action in Response to AIDS*, *AIDS and Questions of Global Governance*, *AIDS: the Continuing Primacy of the Political—Eeven Propositions*, *Globalization, Political Economy, and HIV/AIDS* 等系列成果，对非洲艾滋病问题作了独到的分析。

Ida Susser 在其成果 *AIDS, Sex, and Culture: Global Politics and Survival in Southern Africa* 中指出：艾滋病在非洲的蔓延是与性别不平等、民族特性和文化影响密不可分的。通过对南非德班夸祖鲁—纳塔尔省农村居民点和纳米比亚、博茨瓦纳艾滋病人生存现状的分析，探讨实现性别平等对艾滋病防治的积极作用，分析了预防艾滋病的行为干预，特别是改变妇女的生活方式必须植根于妇女特定的历史、民族和社会背景。从事艾滋病防治的临床医生除拥有必要的专业知识外，还应对欠发达国家的历史风俗、民族特点和文化传统有所认

---

⑫ 其成果主要有：*Psychosocial Predictors of Sexual HIV Transmission Risk Behavior among HIV - Positive Adults with a Sexual Abuse History in Childhood*, *At Risk: The Relationship between Experiences of Child Sexual Abuse and Women's HIV Status in Papua New Guinea*，以及 *Integrating HIV Prevention into Services for Abused Women in South Africa*.

⑬ 其成果主要有：*Cultural Expectations and Reproductive Desires: Experiences of South African Women Living With HIV/AIDS (WLHA)*, *The MaBwana Black Men's study: Community and belonging in the Lives of African, Caribbean and Other Black Gay Men in Toronto*, *HIV - related Stigma in African and Afro - Caribbean Communities in the Netherlands: Manifestations, Consequences and Coping*.

⑭ 其主要成果有：*Testing Differences: the Implementation of Western HIV Testing Norms in sub - Saharan Africa*, *HIV counseling and testing and access - to - care needs of populations most - at - risk for HIV in Nigeria*, *Levels and functions of HIV/AIDS stigma within the Iranian community living in the Sydney metropolitan area*.

⑮ John Illife. *The African AIDS Epidemic, A History*. Ohio University Press, 2006.

⑯ Ida Susser. *AIDS, Sex, and Culture: Global Politics and Survival in Southern Africa*. Wiley - Blackwell, 2009.

知,才能有的放矢地开展对艾滋病妇女的干预行为。Ida Susser 的观点和理论在国际社会广受好评。

事实上,非洲本土学者对艾滋病的研究更具特色。非洲学者的成果和观点,在国际社会产生了良好的社会效应,为国际社会认识、研究非洲艾滋病提供了第一手资料,也引导着国际社会积极参与非洲的艾滋病防治工作和研究工作。

艾伦·怀特塞德出生于肯尼亚,在斯威士兰学习和工作。他是南非德班纳塔尔的教授,建立了"卫生、经济与艾滋病毒/艾滋病研究室"。他把经济学与非洲艾滋病研究有机结合起来,自 1987 年起就开始了对非洲艾滋病毒/艾滋病问题的研究。在 *Facing Up to AIDS*:*The Socio - economic Impact in Southern Africa*⑰ 中分析道:艾滋病这个全球性瘟疫威胁并吞没南非的经济和社会发展成果。经济学家、人口学家和卫生计划组织应共同制定防治艾滋病的一系列可行性对策和新方法,有效地处理好艾滋病预防与经济增长、人力资源需求之间的关系。南非抗击艾滋病,既有利于社会的发展,也有利于第三世界国家的团结与合作。在"AIDS and Governance"⑱中阐述了艾滋病毒/艾滋病的政治影响有很大的差异性。无论是艾滋病对美国自身的影响,还是对不断变化的国际效应的影响,美国都可以依靠政府力量有效地控制艾滋病毒和艾滋病产生的政治影响。在发展中国家,艾滋病毒/艾滋病正在慢慢消灭最具生产力的成人,损毁国家结构,加剧贫穷,浪费教育资源,降低工作效率,削弱代际的形成,改变家庭的组成。显然,就它的轨迹和影响而言,疫情所引发的触及社会、经济和政治生活各个方面的影响是十分强烈的。随着疫情在发展中国家的不断发展,艾滋病毒/艾滋病该如何治理?即怎样的治理将推动并影响疫情的良好发展?政府治理和艾滋病毒/艾滋病之间的影响是相互的和可控的。没有治理机构和结构的综合作用,全球瘟疫——艾滋病将会威胁现有的社会、经济和人的相互关系。因此,政府机构应控制艾滋病毒/艾滋病的影响,他们如何反应和变化直接影响疫情,这要求有关机构进行准确的分析和判断。这就需要"政治改革"以及"有效的艾滋病防治措施"。

---

⑰ Alan Whiteside. *Facing Up to AIDS*:*The Socio - economic Impact in Southern Africa*. *Palgrave Macmillan*,1993.

⑱ Nana K. Poku. *Alan Whiteside*,*Bjorg Sandkjaer*. *AIDS and Governance*. *Ashgate Pub Co*, 2007.

克莱尔·劳里埃是南非威特沃特斯兰德大学的社会学教授，主要从事社会学、卫生和药品管理学的教学与研究工作。他在《抗逆转录病毒治疗：南非后种族隔离时代的艾滋病毒/艾滋病》⑲一书中分析道：自从种族隔离结束以来，南非一直保持着法治进程，日益完善的社会服务，为穷人和病人提供的社会保障，以及蓬勃发展的产业使南非成为最富有的非洲国家。与此同时，南非经历了艾滋病的洗礼，南非的艾滋病毒感染率是世界上最高的。正如宗教人士指出的那样"艾滋病是南非种族隔离政策的结果"。抗逆转录病毒治疗在南非没有取得理想的效果，其原因可以追溯到历史上的种族隔离政策。由于种族隔离政策导致的现代医药和土著保健之间差异与隔离，抗逆转录病毒治疗并没有发挥真正的作用，这导致了约翰内斯堡患有艾滋病的土著人在贫民窟大量死亡。因此，防治艾滋病，首先要求南非政府应满足对艾滋病人的保障与基本医疗。

马克·亨特是南非夸祖鲁纳塔尔大学教授、作家，主要从事社会学的教学与研究。在南非绝大部分地区，有超过三分之一的人是艾滋病毒携带者。《爱在艾滋病时代》⑳探讨了性别和伦理价值的观念转变，试图通过对艾滋病感染者在艾滋病笼罩的阴霾生活中勇敢地追求爱情这一现象的分析来探讨艾滋病蔓延的根源。马克·亨特收集了大量生活在不同非正式定居点的艾滋病人的情书、手机短信和口述经历，查阅有关历史文件和档案材料，揭示了社会不平等、种族隔离、失业、贫穷已成为艾滋病毒/艾滋病传播的主要根源。这是对南非艾滋病毒/艾滋病传统认识的极大挑战。

喀麦隆的伊夫斯·佐阿（Yves Zoa）运用大量的实地考察和统计资料，详细介绍了乍得湖区传统牧民的生活状况和艾滋病毒的传播现状。该地区包括尼日尔、乍得、尼日利亚、喀麦隆和中非五个国家，面积966，955平方米。由于当地传统的社会习俗，即对性行为采取相当随便的态度，再加上相对封闭的地理位置，一些患者难以获得关于预防和治疗艾滋病的信息资料，从而导致该地区的艾滋病患者人数呈上升的趋势。他的报告也正是供国家如何决策之用，即如何帮助那里的人们获得更多的信息，并使患者有可能得到较为及时的诊

---

⑲ Claire Laurier. *Ancestors and Antiretrovirals*：*The Biopolitics of HIV/AIDS in Post - Apartheid South Africa*. University Of Chicago Press，2013.

⑳ Mark Hunter. *Love in the Time of AIDS*：*Inequality*，*Gender*，*and Rights in South Africa*. Indiana University Press，2010.

治。他从该地区的乡村和城市所取得的实际调查数据,佐证了性行为是传播艾滋病的主要渠道。因为人们起初怀疑蚊子会通过吸血来传播艾滋病菌,但乡村患者比例(10/457,即2.2%)明显低于城市(19/187,即10.2%)的事实推翻了这种假设。

南非的两位学者——詹姆斯·华亭敦(James Worthington)先生和苔莎·马尔科斯(Tessa Marcus)女士分别论述了南非安立甘宗教会(即英国的国教)对艾滋病看法的转变和对青少年进行有关艾滋病知识教育的重要性。前者提到安立甘宗教会早在1987就敢于正视艾滋病问题并作出积极的回应,成为非洲大陆与艾滋病斗争的先驱。后者选择青少年作为艾滋病教育的对象,是因为他们会长大成人,所以他们需要对自己将来的行为有清醒的认识。开办这项教育的目的是帮助他们对艾滋病有一个全面和正确的认识,并告诉他们艾滋病是可以了解的,也是可以采取某些行动来预防的。这样的教育虽然不一定能避免艾滋病的蔓延,但至少可以通过科学的引导起到一点控制的作用。

从1984年至今,内科医生保罗·科车勒夫(Paul Kocheleff)先后在布隆迪和南非的跨祖鲁—纳塔尔的艾滋病诊所工作。可以说,他在非洲第一线亲身经历了如何救治艾滋病患者的全过程。布隆迪在1984年得到艾滋病确诊病例,当时正值患者人数不断增加高峰期。1985年国家卫生部对布琼布拉城市和三个乡村地区,即平原、中部高原和刚果—尼罗河流域做了一次调查,通过血液抽样鉴定,发现首都布琼布拉已有6.1%(22/362)的人感染了艾滋病毒,其中15岁以上的占10.2%(19/187)。中部高原地区的艾滋病患者是3.7%,其中多数是女性,她们的居住地靠近坦桑尼亚的边境,而且位于交通要道。但这次调查没有发现5到14岁的艾滋病患者,艾滋病毒基本上也还没有波及农村。在上述调查中还发现有36.6%的结核病人感染了艾滋病毒,29%的性病患者染有艾滋病毒,说明布隆迪的艾滋病与这两个因素有联系。

潘波拉尼·沐风(Pempelani Mufune)是纳米比亚大学社会学教授。他的作品有《纳米比亚北部地区转变中的性行为模式:HIV/ AIDS的传播意味着什么》[21]《纳米比亚北部地区有利于HIV/ AIDS传播的机构与结构》[22]《赞比亚学

---

[21] 潘波拉尼·沐风(Pempelani Mufune):《纳米比亚北部地区转变中的性行为模式:HIV/ AIDS的传播意味着什么》,载《文化、健康与性行为(Culture, Health and Sexuality)》2005年第5期,第425页。

[22] 潘波拉尼·沐风(Pempelani Mufune):《纳米比亚北部地区有利于HIV/ AIDS传播的机构与结构》,载《转型社会(Society in Transition)》2001年第1期,第32页。

生对风险性行为的态度及对艾滋病感染者的反应》[23]等论文,通过社会调研、理论研究和实地走访等研究方法,对纳米比亚的艾滋病蔓延与防治进行了社会学探讨。重点研究的是艾滋病传播与蔓延的方式及其原因,特别是对社会组织和性传播方式的研究获得了业内广泛认同。他的安全套计划及其实施研究对非洲国家防治艾滋病起着极大的推进作用,他呼吁道:“我们需要更多地教育人们,特别是由村里德高望重的人出面,说明为了对抗 HIV/ AIDS,安全套是必不可少的。如果能基于当地情况进行更多的安全套教育,促进男女之间更大程度的平等,或至少消除男女之间对彼此的一些猜疑,都将会促进安全套的正确使用。”

此外,非洲本土学者对青少年、妇女、残疾人等特殊群体的艾滋病防治进行了专门研究。Leslie Swartz[24] 对南非残疾人的艾滋病防治、艾滋病防治专员的培训和感染艾滋病妇女的治疗等方面进行了专门研究。在南非三个省份进行的实地调研显示,性别、教育水平、地理区域,是残疾人感染艾滋病及其获得相关治疗的关键因素。在进行预防的自愿咨询和检测中心,男性受访者的信息显示与自愿调查和服务测试、艾滋病毒检测相比,残疾人的性别差异在艾滋病防治中更为重要。为有效解决残疾人之间的艾滋病防治服务问题,南非残疾人组织应发挥主导作用。研究表明,残疾人组织采取的措施在很大程度上,更容易被残疾人接受和理解。因为残疾人咨询一般卫生保健部门关于艾滋病毒检测和治疗的问题较为困难。国家需要增加有关各方之间的合作和协作,以促进残疾人防止感染艾滋病所需的健康信息。此外,研究表明,南非实施以客户为中心的,更直接、更健康的艾滋病毒咨询员培训,也发挥着重要作用。目前

---

[23] 波拉尼・沐风(Pempelani Mufune):《赞比亚学生对风险性行为的态度及对艾滋病感染者的反应》,载《国际计划生育展望(International Family Planning Perspectives)》1993年第1期,第25页。

[24] Leslie Swartz. *Disabled Persons' Knowledge of HIV Prevention and Access to Health Care Prevention Services in South Africa*. Aids Care – psychological and Socio – medical Aspects of Aids/hiv – AIDS CARE,2011; Leslie Swartz. *No Reductions and Some Improvements in South African Lay HIV/AIDS Counsellors' Motivational Interviewing Competence One Year after Brief Training*. Aids Care – psychological and Socio – medical Aspects of Aids/hiv – AIDS CARE, 2011; Leslie Swartz. *HIV/AIDS and Disability Organisations in South Africa*. Aids Care – psychological and Socio – medical Aspects of Aids/hiv – AIDS CARE,2010; Leslie Swartz. *Support Group Processes:Perspectives from HIV – Infected Women in South Africa*. Qualitative Research in Psychology,2012.

的研究是在同一群艾滋病防治专员中进行一个为期一年的随访能力培训。结果证实,艾滋病专员的能力和水平在一年的时间内得到不断增强和提高。

南非学者 Alan J. Flisher 对青少年防治艾滋病进行了深入的研究。㉕ 在艾滋病日益蔓延的南非,面对青少年无保护措施的性行为,如何进行干预显得越来越重要。研究表明,在 2001 年到 2009 年期间,撒哈拉以南非洲地区接受性风险行为干预的年轻人日益增多。撒哈拉沙漠以南非洲地区的青年理解性风险干预的意图并接受该行为,以有效减少艾滋病的感染和传播。同时,关于调查冰毒使用与青少年性危险行为之间是否有关联的研究也显示,干预使用冰毒的青少年不断减少,这有利于减少艾滋病在开普敦的流行和传播。研究再一次警示,青少年高危性行为将产生严重的不良后果,包括艾滋病毒在内的性传播疾病、意外怀孕,这迫切需要有效的干预策略来解决这个风险。研究的目的就是要开发一个理论上接受和文化上适当的干预措施。实验表明,在学校接受干预的青年学生可以比他们的同龄人更能控制性行为,控制无保护的性交和结交多个性伴侣,从而减少艾滋病经由性途径的传播和蔓延。

从以上分析可以看出,艾滋病研究是一个全球共同面对的课题。不论是艾滋病的医学和流行病学研究,还是人类学、社会学和经济学视角的研究,不同国籍的学者采用不同的研究方法和研究途径,对艾滋病问题进行着多视角、多领域、多途径、多学科的研究。总体来讲,医学和流行病学的研究已经取得了相当的成果,这为人类从病理上防控艾滋病提供了科学依据。但是,艾滋病不是一个仅需要单一研究的传染病,更需要人类学、社会学、心理学、经济学和法学等多学科的综合研究。从人类学、社会学来研究艾滋病问题已经在欧美发达国家取得了可喜的进展和良好的反响,但是发展中国家在这方面的研究明显落后。从经济学和法学的视角研究艾滋病问题是 21 世纪以来艾滋病研究的新领域,尽管发达国家的法治进程和法治文明优于发展中国家,他们的研究能为发展中国家提供借鉴,但是,经济学和法学研究的地域性和差异性尤为

㉕ 主要研究有 Alan J. Flisher. *The Theory of Planned Behaviour as a Framework for Predicting Sexual Risk Behaviour in Sub – Saharan African Youth:A Critical Review*. Journal of Child & Adolescent Mental Health,2012;Alan J. Flisher. *Methamphetamine Use and Sexual Risk Behavior among High School Students in Cape Town,South Africa*. Journal of Child & Adolescent Substance Abuse,2012; Alan J. Flisher. *The Reasoned Action Approach in HIV Risk – Reduction Strategies for Adolescents*. Annals of The American Academy of Political and Social Science, 2012.

明显。没有适当的经济发展水平和法治水平,艾滋病的经济学研究和法学研究只是空中楼阁、镜花水月。因此,非洲国家本土学者的研究更多的是在医学和流行病学研究的基础上,运用人类学、社会学理论来研究分析艾滋病的防治途径与措施。他们的研究更贴近非洲的实际与需要,也为非洲的艾滋病防治提供了理论基础和科学依据。

在全球化进程日益加快的今天,非洲的艾滋病问题已经不再是非洲国家的单一事务,非洲艾滋病的流行与蔓延是一个全球性的难题,需要全世界的共同面对。联合国艾滋病规划署和世界卫生组织等国际机构在非洲艾滋病防治开展的国际合作已经取得良好的效果。这再一次说明,共同研究和应对非洲艾滋病问题是当今国际社会的共同任务。因此,从社会发展和法律视角来研究非洲艾滋病问题是一项新的课题,有待我们的共同努力。

三、非洲国家防治艾滋病社会学研究的主要缺陷

针对非洲国家艾滋病防治问题,学者的科研成果不少,欧美或非洲本土学者或从医学角度或从流行病学角度对艾滋病的防治问题进行了较深入的研究,但是多学科综合研究方面依然存在诸多缺陷,主要有以下三点:

首先,非洲防治艾滋病社会学研究的学者较少。绝大多数学者对非洲防治艾滋病的研究目前主要集中在医学、流行病学领域,如南非学者 Alan J. Flisher、莱斯利·斯沃茨。极少数欧美学者对社会学、心理学、伦理学的艾滋病防治有一定的研究,代表性学者如从心理学、伦理性角度研究防治艾滋病的欧美学者 Ashley M. Fox、James Pfeiffer、Collins O. Airhihenbuwa 等,从社会学角度研究防治艾滋病的加拿大学者 John Illife 和英国学者 Dennis Altman 等,非洲本土从事艾滋病防治多学科研究的主要是社会学领域的如纳塔尔大学教授艾伦·怀特塞德、马克·亨特、克莱尔·劳里埃等,从人类学、法学等多学科角度进行研究的学者更是罕见,跨学科研究防治的学者几乎为零,大部分学者对艾滋病的治疗进行深入研究,却鲜有人将艾滋病的预防、控制、治疗结合起来,从医学、流行病学、社会学以及人类学、法学等多学科领域进行综合探讨,提出具有贯通性的建议。

其次,非洲防治艾滋病社会学研究的成果不多。由于研究学者的匮乏,因此带来的研究成果也比较稀有。非洲本土学者对艾滋病防治研究由浅入深进行了不同程度的探讨,从整体情况看,绝大部分成果是从流行病学和医学视角对艾滋病防治进行研究,为非洲艾滋病防控的医学病理学分析提供了依据,但

从医学和流行病学角度研究防治艾滋病，提出的防治措施较为单一，虽然在一定程度上能控制艾滋病的蔓延，却并未能从根本上根治艾滋病的传播，医学和流行病学视角防治艾滋病更多的是对艾滋病的治疗手段。非洲本土主要从事多学科研究的代表性学者艾伦·怀特塞德出版了《面对艾滋病：南非社会经济学影响》和《艾滋病与国家管理方式》，克莱尔·劳里埃出版了《抗逆转录病毒治疗：南非后种族隔离时代的艾滋病病毒/艾滋病》，马克·亨特出版了《爱在艾滋病时代》，其他从事多学科研究的学者通过社会调研、理论调研和实地走访等方式，对艾滋病的蔓延与防治进行了社会学、人类学的探讨，并将相应的研究成果作为专著出版，此类专著出版物真实反映了非洲艾滋病对国家、社会经济、家庭个人的影响，但专著出版物较少，整体研究成果有待增多。

最后，非洲防治艾滋病社会学研究的内容有待进一步深化。非洲防治艾滋病的多学科研究已经初获成果，但研究内容仍不够深入、彻底，学者从人类学、社会学对艾滋病的研究都只停留在种族隔离、社会贫穷等表面问题上，对社会文化、社会变迁的研究较少，没有深入多学科的研究中，仅通过单一学科的研究来防治艾滋病，效果不显著。社会学对吸毒群体的行为和健康问题虽有相当广泛的讨论，艾滋病的社会行为调查工作也已日益广泛，但大多数只是对吸毒行为的频率及其相关的人口统计数量、社会背景、知识水平和心理等因素进行一般描述性的社会调查。很少以艾滋病预防和干预为目的对吸毒及相关的高危行为实践进行实证性的社会学分析，从而使预防干预失去针对性。目前，非洲国家对防治艾滋病的法学研究还是鲜见，从法学角度研究防治艾滋病的范围不够广泛，往往局限于与盗窃、吸毒、卖淫、嫖娼等有关的犯罪行为方面，既缺乏对民事的、行政的法律问题的研究，又缺乏对艾滋病相关问题的研究，如艾滋病违法与犯罪原因问题、故意传播艾滋病问题、输血致艾与赔偿问题、艾滋病犯人关押与收监问题、艾滋病保险问题等。其次是研究深度不够。大多数研究者只是就事论事，没有深入到法哲学、法理学等更深层次研究问题。提建议的多，出具体对策的少。最后是研究的成果实用性不强，研究队伍单薄。据统计分析，一些法学专家尚未关注艾滋病的法学问题，积极研究的多半是法学圈子外的医学、社会学工作者。

四、非洲国家防治艾滋病社会学研究的未来发展

如前所述，对于非洲艾滋病问题的研究不应局限于医学或流行病学领域，而应该认识到艾滋病的影响是多方面的，对其研究应该综合人类学、社会学和

法学等多学科展开。因此,未来非洲防治艾滋病多学科研究将朝着多学科、多角度的综合研究方向发展,并呈现以下趋势:社会经济文化与艾滋病蔓延的关系将成为人类学研究的焦点;艾滋病防治的支持体系和宣传教育将是社会学专家应关注的重点;艾滋病防治的法治化将是法学研究的新领域。

人类学研究起源于西方 19 世纪。人类学研究着重于人,着重于人文信息,从人本的角度研究群体的特质,侧重研究文化对人的影响;人类学研究主要是针对非工业化的、传统的、部落的、殖民地的群体或者社会。未来非洲防治艾滋病的人类学研究将脱离医学和流行病学的桎梏,而真正地以独立学科的身份,从人类学的角度,采用人类学常用方法研究防治艾滋病的对策。非洲防治艾滋病的人类学研究将从以下方面得到强化:首先,采用人类学对比研究的方法,以他者的视角,通过对比不同国家的经济发展水平,研究艾滋病蔓延与经济发展的关系。从目前情况来看,艾滋病的传播是不平衡的。贫穷国家、贫困地区最集中、最突出地受到艾滋病的困扰。比如乍得、喀麦隆等中部非洲国家由于经济和医疗技术落后以及人民传统观念根深蒂固,艾滋病传播速度快、覆盖人群广。可以说,贫困和不平等是造成艾滋病广泛传播最重要的原因,是艾滋病流行的多种政治、经济和社会文化原因中重要的一种,因此研究者应通过不同国家之间的经济发展水平对比研究贫困与艾滋病之间的关系。其次,从人类学社会理论视野,研究非洲独特文化背景与艾滋病之间的关系。人类学研究者,必须具有深厚的社会学理论基础,但这不意味着要复制或者照搬西方的社会科学理论,沿用西方的惯常方式来研究非洲的艾滋病,其实每一个社会群体或者民族都有自己的组织生产生活的社会理论。因此,未来非洲艾滋病的人类学研究,应该立足于本土社会现象和理论,在这个认识上,以他者的视野,才能真正地做到对比研究。目前,非洲艾滋病人类学研究学者,大多是直接拿西方的概念和公式,来研究本土艾滋病问题,有些学者甚至在研究的过程中,步入了用非洲艾滋病问题来验证西方理论的歧途。作为社会文化动物,人类在认识客观世界时会对所有事物赋予社会文化意义,HIV/AIDS 也一样成为人们表达社会意义的对象。艾滋病的流行与人类的各种社会文化行为及关系密切相关,因此,通过研究可以发现,在同等经济条件下,性观念越是开放,艾滋病的蔓延速度越快,性传播是非洲艾滋病传播的主要途径,而这与非洲国家的传统观念有关,而且非洲大陆各地区之间文化习俗存在差异,既受欧美等国文化观念影响,又受本土价值观念的约束。在这种文化冲击与交融的状态下,导致非洲国家文化生态异常复杂,从人类学视角研究艾滋病离不开社会文化的因素。[26] 最后，艾滋病防治的人类学研究应广泛地采取人类学田野研究的方法，广大研究者应深入民间、深入乡间部落掌握第一手数据和信息，甚至可以采取参与调查的方式，暂时地加入非洲国家基层社会组织，成为其中一员，用观察的方法去了解和研究非洲社会变迁与艾滋病问题。从根本上防治艾滋病，就应当着重研究艾滋病泛滥的重要背景。艾滋病在撒哈拉以南非洲地区的蔓延与殖民时期许多传染病在非洲传播的方式一样，是沿着贸易和移民的路线展开的。外来资本入侵及严酷环境迫使非洲男性改变了原有的性交往模式，多性伴和性消费成为普遍，性暴力也日益增多，女性则由于就业机会上的不平等、技能的缺乏和教育程度的低下，致使她们中的多数人落入性服务业和低等工作中。在深入民间调查研究的过程中，应贯彻人类学关注人本身的精神，通过数量较多的个体研究，来探寻性别与艾滋病防治的关系。社会性别关系影响着艾滋病的传播方式，在被感染的过程中，男女的社会角色并不相同，受 HIV/AIDS 感染的男性和女性面临的社会歧视和污名的压力也不相同。在以男性为中心的主流文化中，男女的权利关系决定了两性接触过程中的主动及被动关系。[27]

从社会学的角度研究非洲防治艾滋病问题，最大的特点就是从整体、宏观的角度关注社会构架和组织体系。艾滋病防治需要构建一整套支撑体系，从个体出发到整个社会的支持体系建设都应包含在内。因此，社会学家研究艾滋病问题，首先，应关注艾滋病预防的个人宣传教育。目前，预防艾滋病流行的重要途径之一就是宣传教育，南非的一些学者已经就防艾宣传教育展开研究，通过研究发现，青少年在校防艾教育能有效地预防艾滋病流行，因此拓宽宣传教育渠道，采取灵活多样的宣传手段将成为社会学研究的方向。其次，重视家庭的作用。家庭是社会的细胞，是最小、最初的社会组织，研究结果表明，家庭正成为艾滋病从高危人群蔓延至普通人群的桥梁，家庭交叉感染是艾滋病传播的重要途径。据研究表明，百分之八十的同性恋者选择与异性结婚，他们在心理上是同性取向，但是在行为上是异性取向，他们将在高危的同性性行为中感染的艾滋病再传染给配偶或者以血液传播、母婴传播等方式传染至其

---

[26] 兰林友：《中国艾滋病防治的人类学研究——性工作者艾滋病防治知识的 KAP 调查》，载《中央民族大学学报（哲学社会科学版）》2010 年第 6 期，第 57－67 页。

[27] 靳薇：《人类学关注艾滋病》，载《广西民族学院学报（哲学社会科学版）》2005 年第 2 期，第 2－12 页。

他家庭成员。从另一个层面来说,家庭成员可能将在城市感染的性病甚至艾滋病传染给家人,造成艾滋病在农村的蔓延。家庭传播痕迹明显的母婴传播比例近年也逐步增长,因此,在艾滋病的预防体系建设中,家庭具有重要的地位,但目前非洲国家社会学研究在此方面较为薄弱。近年非洲国家妇女感染艾滋病的病例不断增加,这更是印证了家庭在艾滋病防治过程中的重要性。妇女并不是传统意义上的高危群体,但全世界三千九百多万艾滋病感染人群中一半是妇女,东亚及中亚在过去两年中妇女感染率上升了百分之五十左右,这些妇女大多是通过家庭成员之间的传播而感染艾滋病的。因此,非洲家庭需要更多的政府和社会支持,如艾滋病防治知识的培训、抵御艾滋病的家庭责任意识的培养等。最后,艾滋病防治的社会支持体系建设将成为社会学研究的重点方向。在艾滋病蔓延的非洲大陆,预防艾滋病、遏制艾滋病的扩散,不仅需要政府的积极作为,也需要社会的共同努力。实际上,在许多非洲国家,社区往往早于国家对艾滋病的传播作出反应,在国家预防艾滋病传播社会体系建设中起着基础性的作用。非洲国家乌干达,在防治艾滋病方面的成功经验就是社区动员,政府和社区联动㉘,这对非洲其他国家的艾滋病防治工作有重要的启示意义,也是未来艾滋病防治在社会学领域研究的主要方向。

艾滋病防治的法治化是非洲防治艾滋病多学科研究的新领域,并将重点关注这三个方面:第一,艾滋病人人权保护问题。非洲国家立法中对具体人权的规定都是采用列举的方式,几乎没有对艾滋病患者人权保护的具体条款。因此,未来应将艾滋病人人权保护作为立法的一部分,体现国家对人权保护的价值确认,重点规制艾滋病人权救济面临的健康权问题、自主选择和人身自由权问题、隐私权问题及反歧视问题,使艾滋病患者的人权保障有法可依。第二,艾滋病防治的法律构建问题。非洲各国的法律体系不完善,合宪性审查标准的不确定性,使得到目前为止,非洲国家还没有制定出一部完整的艾滋病防治法。在研究艾滋病防治的策略中,政策和立法具有不可替代的作用。有鉴于此,未来研究和趋势应关注非洲国家艾滋病防治法律的制定与实施问题、艾滋病地方立法问题、宣传教育法制化问题、职业暴露问题、艾滋病保险法律问题等,为非洲国家制定集民事、刑事、保险和赔偿于一体的艾滋病防治法律体系提供理论基础。第三,艾滋病防治的民间法角度问题。民间法是相对于国

㉘ 罗建波、黄文静:《非洲艾滋病问题的社会文化因素分析》,载《非洲:变革与发展》,世界知识出版社2002年版,第233-243页。

家法而言的。民间法类似于软法,但依然具有强制力,民间法的强制力来自社会权威人物、公众舆论谴责、传统惩罚等方面。民间法主要包括社会习惯、行业规范、权威人物或组织告令。在非洲艾滋病防治法治化的过程中,制定法或判例法固然重要,但也应该注意到,非洲国家地区发展不平衡、贫富差距大、族群多样的实际国情,在防治艾滋病过程中,更应该针对不同地区采取不同举措,在经济发达地区强调国家制定法或判例法有利于统一人们的言行,而在落后地区更应注重民间法的作用。因此,从法学角度研究非洲国家防治艾滋病问题,民间法的研究视角将是独到而具有实际意义的,这也将是艾滋病法学研究的重要课题。

Research on AIDS Prevention in African Countries from the Perspective of Sociology of Law

Abstract: Africa has the highest AIDS infection, mortality and transmission rates. The research of AIDS prevention, has obtained some achievements in the past 30 years, from the field of medicine to multi - disciplinary, such as sociology, history, anthropology and law. The United States study AIDS prevention from the perspective of anthropology, while China from sociology, for African countries, which are both quotable experiences. In fact, African countries´ AIDS prevention and treatment, which has transit the perspective from medicine to multi - disciplinary research, such as sociology and law, has made some achievements, it is a new subject. However, African countries´ multi - disciplinary research of AIDS prevention and treatment also has many defects, mainly for the following: fewer scholars, lack of academic achievements and research needs to deepen. Therefore, multi - disciplinary research should be strengthened and show a new trend that the relations between social economic and the spread of AIDS, will be the focus of anthropology research, while the support system and education of AIDS prevention will be the sociology research's main point, and the legalization of AIDS prevention will be a new field in legal research.

Key Words: AIDS; Africa; Research Method; Social Development and Law

(责任校对:刘明萍　李松榆)

海峡两岸比较视野下交叉询问制度之规则构建

姚　舟*

摘　要:台湾地区于2003年大改其“刑事诉讼法”,将交叉询问制度引入刑事庭审,在追求事实真相、保护被告权利等方面发挥了巨大的作用,而大陆目前推行的以审判为中心的司法改革又与交叉询问制度之功用天然契合。为此,笔者拟从文本比较、实务探究的角度,展示台湾地区刑事交叉询问制度在权利属性、规则制定、配套制度等方面的优点,剖析其在法官检察官定位、卷证移送制度等问题上的困惑,并以此为基点,从设立关键证人出庭审批、控辩证卷一同移送、交叉询问专审法官等方面,尝试进行适合大陆司法实情的刑事交叉询问制度的规则构建,从而为检察机关适应司法改革背景下的庭审中心化、实质化要求提供参考。

关键词:交叉询问　两岸比较　实务困境　关键证人　专审法官

一、台湾地区和大陆交叉询问制度的文本规定与功能意义

2003年对于台湾地区司法改革而言是具有十分重要意义的一年,以“诉讼模式由职权主义向改良当事人主义演进”为总体的改革趋势指引,台湾地区在当年对其“刑事诉讼法”进行了大刀阔斧的修改。相比较前几次修法,如1998年增设第248条之1,专就被害人权益保障制度进行修补;1997年增设第451条之1,尝试性引进“认罪协商”这类单一功能的新制;2003年的“刑事诉讼法”修改在深度和广度方面俱为空前。被删除、修正、增订条文的总数多

* **作者简介**:姚舟(1983—),男,福建莆田人,福建省莆田市涵江区人民检察院副检察长。

达133条,其中最引人瞩目的当属修正的第166、167、170、171条,增订第166条之1至之7、第167之1至之7,也就是俗称的"交叉询问制度细则"。借由上述细则,"刑事诉讼法"从询问分类、范围、参与者、规则以及不当询问时的异议及其处置等方面为台湾地区的刑事庭审询问活动设定了崭新而又详尽的游戏规则,从而一举改变了刑事庭审中证据调查部分的传统模式和重心,连带推进了"检察官莅庭制度""庭审录入规则""案件流量管制"等相关刑事制度的变革。① 无怪乎有台湾学者在该部分修法之后就表示"尽管近年来司法改革成为流行词汇,但就刑事司法改革而言,几乎没有一项措施受人瞩目及影响深远,能与到庭诘问制相提并论并同时受到审检辩三方法律人的高度赞扬"。②

作为这出焦点剧主角的交叉询问制度,台湾地区称之为交互诘问,其广义上指在对抗制庭审中由当事人双方主导的,包括主询问、反询问、再主询问、再反询问等几个阶段组成的法庭言词证据调查制度,而狭义上的交叉询问则仅指"一方当事人对对方提供的证人所进行的反询问"。③ 交叉询问制度作为古希腊辩士学说与英国16—17世纪普通法规定的被告人对质权的混合产物,能够为控辩两造提供一个直面对方人证的机会和场合,促使双方利用逻辑及经验法则,通过提问和回答的方式来向居中法官揭示对方人证陈述之可信与否,从而让事实真相得以明白呈现,故而美国证据法大师威格摩尔将交叉询问制度赞誉为法律史上为发现真实而发明的最伟大的法律器具。④ 台湾地区于当时既以推动庭审实质化和加强庭审对抗性为修法之明确指向,则引进此等利器自属应有之义。

而大陆,尽管在1996年修订《刑事诉讼法》时学术界已经就是否引进交叉询问制度展开了热烈的讨论,且近年来不断有论文论著深入分析,然而立法层面对此回应却十分有限。1996年和2012年两版《刑事诉讼法》仅在第48、59、189条等条文中对庭审人证调查做了原则性的规定,如设置庭审质证为证言采信的前提,规定当事人、公诉人、辩护人皆可成为询问主体等。此外,就是在最高人民法院《关于适用〈中华人民共和国刑事诉讼法〉的解释》(以下简称

---

① 陈健民:《中国台湾地区刑事诉讼制度之变革与前瞻》,四川大学2013年博士学位论文。

② 林钰雄:《严格证明与刑事证据》,法律出版社2008年版,第275页。

③ 薛波:《元照英美法词典》,法律出版社2003年版,第352页。

④ 王兆鹏:《刑事被告的宪法权利》,翰芦图书出版有限公司1999年版,第135页。

《解释》)第198条至第217条对庭审中的人证调查设定了一些相对细化的规则,如《解释》第212条规定,向证人、鉴定人发问,应当先由提请通知的一方进行,又如第213条规定部分发问的基本规则等。然而上述相对细化的规则只能说是包括一般询问、交叉询问、轮替询问等在内的所有类型的询问都应遵循的共性规则,很难说是为交叉询问所专门造法设定。正如部分学者所言,我国目前的刑诉法规只能说设定了控辩相互质询的基本格局,同时规定了证人由传唤方询问再由对方询问这样类似交叉询问的基本方法以及通过这种方法来验证言词真实性的基本原则,其余部分全为空白。⑤

笔者认为,交叉询问制度除了具有发现真相、制约公权、保护人权等自身价值功能外,与大陆目前由以侦查为中心向以审判为中心转移,庭审实质化、去形式化的司法改革也是无比契合的。台湾地区作为交叉询问制度的先行者,一方面关于交叉询问的制度更为周全,在实施的过程中也摸索出了一些行之有效的做法,这都是值得学习和借鉴之处;另一方面,同源的传统诉讼文化背景、同样是延续了几十年的强职权主义诉讼模式造成的巨大惯性、同样在诉讼模式改革时遭遇到的巨大阻力等同质化的环境条件,决定了台湾地区在实施交叉询问制度过程中所面临的问题和实务困境也很可能是大陆在强化该制度过程中所无法避免的。故而唯有对交叉询问制度在台湾地区实施的情况进行正反两面的考察研判、吸收拣取,才能为交叉询问制度在大陆的实施提供更为全景的考察样本,从而弯道取直,建立一套适合本土实际的交叉询问制度。

二、台湾地区交叉询问制度之评介与比较

(一)交叉询问权的高阶化

交叉询问权在诞生初始并无特殊,1730年英皇乔治二世仅是以颁布普通法的形式将被告律师询问对方证人的权利法定化。随着法治文明的进步,交叉询问的权利位阶不断上升,美国于1788年在增补其《权利法案》第1至10条的过程中,将交叉询问权纳入了宪法性权利的范畴,从而对美国的刑事司法审判产生了巨大的影响,⑥我国台湾地区立法体例对于交叉询问权的位阶定位亦遵循了这一进路。台湾地区1968年修正之"刑事诉讼法",明确规定"兼

---

⑤ 龙宗智:《我国刑事庭审中人证调查的几个问题——以"交叉询问"问题为中心》,载《政法论坛》2008年第5期。

⑥ 陆润康:《美国联邦宪法论》,书海出版社2003年版,第63页。

采当事人进行主义,改订证人、鉴定人由审判长讯问后,当事人及辩护人有直接相互诘问之权”⑦,此时的交叉询问权也仅是被告人各项诉讼权利中的普通一项。然时至1995年,台湾司法部门大法官会议释字第384号解释理由书中明著:庭审当事人有与证人对质或交互诘问之权利,属实质正当之法律程序中程序法规定之内容,为宪法保障之基本人权。该号解释虽将交叉询问权的位阶显著提升,但定位有瑕,似将交叉询问权归类至人身自由保障之权而罔顾其庭审属性,则有可能造成羁押、拘提、换押等涉及人身自由但与庭审无关的程序中也要去讨论交叉询问权的行使问题,徒费司法资源,故而遭到了很大的非议。直到2004年7月23日的第582号大法官会议解释,指出:“宪法”第16条规定人民有诉讼之权……就刑事审判上的被告而言,应享有充分之防御权,其对证人之诘问权自属该权之一。该解释进一步明确了交叉询问权的宪法性权利的地位,同时将该权利划定在审判活动的范围内,从而精确地校准了交叉询问权的位阶和定位。就世界范围内的造法活动来看,无论是主权国家的宪法,如《日本宪法》第37条第2款规定刑事被告人应充分予以对于一切证人交互诘问的机会,抑或大型国际组织公约,如《公民权利和政治权利公约》第14条第3款规定对质诘问权属于被告人的基本人权⑧,将交叉询问之权利高阶化都是不可逆转的大势,台湾地区的造法活动顺应了这一趋势,是先进和值得借鉴的。

反观大陆,无论是《宪法》或《刑事诉讼法》都未明确规定和阐述当事人当庭交叉询问的权利,仅在《解释》第212条规定当事人可以交互询问人证,对于该项是否为权利,性质如何和侵犯者要承担何责任等均未涉及。笔者认为,要建立交叉询问的制度,将其权利化后高阶化是前提。如果交叉询问并非是当事人的基本权利,而不过是法庭认为有必要时才“赏给的恩赐”;如果剥夺了当事人交叉询问的机会却不被认为是侵犯了其基本权利,且不会当然性地触发任何的权利救济机制(如上诉),那么即使大陆之后建立起了交叉询问制度,也将难以发挥其应有功效而成为摆设性的空壳工程。

(二)周全的询问规则设计

交叉询问制度既为控辩两造提供了一个正面对抗的竞战场合,则此间规

---

⑦ 详见台湾地区“立法院”1967年第38会期第29次会议议事录,“立法院”公报第38会期第13期,第15-16页。

⑧ 赵建文:《〈公民权利和政治权利国际公约〉第14条关于公正审判权的规定》,载《法学研究》2005年第5期。

则就显得尤为重要,谁有权踏入该竞技场、出招顺序如何、何种招数可被允许、阴招将被如何惩戒等都将关系到交叉询问的公平性和有效性。规则过于粗陋,则交叉询问制度将陷入无章可循的混乱状态,丧失其揭示真相之效果;规则过于偏倚,则强势或得利一方必然借机打压,误导居中法官审视事实的目光。故而作为交叉询问制度发端地的英美法系国家经过数百年的摸索和总结,无不设定了一整套严密的询问规则体系。以交叉询问制度最为发达的美国为例,通过不断修正联邦证据规则(FRE)和补充各类相关判例,美国的交叉询问规则已经庞大到几近繁琐,甚至到了被人讥诮为“例外数倍于原则”的地步,以至于初涉交叉询问的司法工作人员需要像学徒学习操作机床那样,捧着如说明书般厚重的询问规则集合来边学边做。⑨ 再举一个更为直观的例子,FRE 在规定询问禁止规则的条文中,将不当询问分为 20 种不当发问和 10 种不当回答,下文将要提及的台湾地区交互诘问细则分为 10 种,而大陆的《解释》仅仅规定了 4 种,其间严谨性差距可见一斑。

台湾地区的交叉询问规则虽然不像英美法系一般繁多,但在 2003 年修法后也形成了总计 18 项 53 条的规则系统,其完整度和严谨度在实行传统职权主义诉讼模式的国家和地区的法律中可列前茅。⑩ 其中,第 166 条规定了交叉询问的主体和对象,并将交叉询问规则依先后顺序划分为主、反、覆主、覆反四类;第 166 条之 1 至之 5 阐述了上述四类询问的内容和范围并规定了包括主询问禁止诱导、7 种诱导例外等规则;第 166 条之 6 赋予了法院依职权询问的权力;第 166 条之 7 列举了 10 种不当询问的类型;第 167 条之 7 则完整地规定了不当询问的异议规则、裁处程序及救济机制。相比较之下(参见表 1),大陆的《刑事诉讼法》和《解释》中有关交叉询问的条款,不仅缺失了大量的必要规则,仅有的几条询问规则还存在值得商榷之处:

1. 关于询问主体。台湾地区的询问规则将询问主体缩限于控辩两造,有助于推动更为专业和精纯的两级对抗的形成。而大陆的询问主体则更为庞杂,不仅被告人可以询问,被害人亦享有此权,被告人不同的辩护律师还可分别参问。这些不同利益格局主体的加入,一方面会导致对抗性的削弱,另一方面会引发新的规则问题,如被害人能否基于自身利益考量而质疑公诉人传唤

---

⑨ 王国忠:《刑事诉讼交叉询问之研究》,中国人民公安大学出版社 2007 年版,第 68 页。

⑩ 如《德国刑事诉讼法》仅在第 239 条至第 241 条第 1 项和第 2 项设定了寥寥数条交叉询问规则,显较台湾地区的询问规则更为简略。

的友性证人从而对其进行反询问等。

2. 关于诱导性询问。台湾地区对于诱导性询问明确划分了适用和禁止的场合,并设定了详尽的例外规则,而大陆则对诱导性询问一概禁止,须知诱导性询问是反询问中的重头戏,也是最能检验证言真实性的利器,如此一概禁止无异于使得交叉询问制度自废武功,其功力还能剩几成?

3. 关于不当询问。不当询问犹如体育比赛中的犯规动作一般,非得明令禁止以维护竞技之正常进行。为此,台湾地区交互诘问细则明定了10种不当询问之类型,虽无法做到如美国一般事无巨细,但也已完整地涵盖了常见的不当询问情形,辅以“其他为法令禁止者”之兜底条款已足供控辩两造小心遵守。反观大陆之不当询问条款,不仅粗陋(仅规定了4种类型),还存在禁止一切诱导询问之内容,距离一个合理、翔实、涵盖面广的不当询问分类体系还有很长的路要走。

4. 关于异议规则。台湾地区以占交互诘问细则半壁江山的“刑事诉讼法”第167条一整条的篇幅对不当询问的异议规则(英美法庭的Objection! My honor)和处理程序加以规定,诸如异议后要简要阐述理由、异议后到法官裁断之前被询问者必须停止回答、对异议之裁定不得声明不服等,这些规则细节使得受不当询问侵害之一方有充分的路径救济其合法权利,从而维持交叉询问制度的良性运转。而大陆虽也规定异议权利,但对该权利如何行使、如何维护等具体细节完全放任空置,立法技术显待加强。值得一提的是,由于异议可能导致发问被阻止,在一定程度上是对控辩双方交叉询问权的限制,对于此等重器,台湾地区仅将启动扳机交于控辩双方,“除有不当者,审判长不得阻止”,而大陆《解释》第214条却规定审判长有权在控辩双方并无异议的情况下,主动制止询问。后者显然给予法官更多的干预交叉询问之权限,足见在职权主义向当事人主义模式转变道路上,大陆与台湾地区存在差异。

表1　两岸交叉询问规则对照表

	大陆	台湾地区
法规名称	2012年版《刑事诉讼法》及司法解释	2003年修订之“刑事诉讼法”第166~167条
询问主体及对象	《刑事诉讼法》第186、189条,《解释》第198、210、212、217条等:询问主体为公诉人、被告人、被害人、附民原告、代理人、辩护人;询问对象为被告人、证人、鉴定人、被害人、专门知识人。	第166条:诘问主体为当事人(不含被害人)、代理人或辩护人。诘问对象为证人及鉴定人,不含被告人。

续表

	大陆	台湾地区
法庭依职权询问	《刑事诉讼法》第186、189条,《解释》第215条:审判人员可以依职权主动询问证人、鉴定人、有专门知识的人。	第166条之6:法庭可依职权传唤证人、鉴定人并讯问,后由当事人、代理人、辩护人诘问,诘问顺序由审判长定。
诱导性发问	《解释》第213条第2项:诱导性一律禁止。	第166条之1、2:主诘问不得为诱导诘问,反诘问在必要时,得为诱导诘问。
异议规则	《解释》第214条:赋予询问主体提出异议和法官主动提出异议的权利。	第167条之1至之7:规定主体可对诘问及回答表示异议,规定了异议的程序、异议的处分、不服救济及责任后果。
询问禁止规则	《解释》第213条:禁止4类询问:无关、诱导、威胁、损害尊严。	第166条之7:禁止9种不当诘问,如无关诘问、侮辱诘问、重复诘问、推测诘问、非法诱导等。

(三)周密的配套制度

正如部分学者有关“法律有机体”的倡言所述,任何诉讼规则都不是孤立存在的器物,可以随便装卸,而是和诸多其他规则相互交织,共生共存⑪,交叉询问制度亦不例外。台湾地区亦为交叉询问设定了较为丰富的配套机制,以保障其功能运转。

1. 律师扶助机制。交叉询问乃高度专业化、复杂化与技术化之操作规则,非经过长期培育的法律专才才能掌握,若无辩护人在旁扶助,毫无技巧的被告人只能在交叉询问环节任公诉人屠宰。为了解决这一实质不公现象,实现控辩平等武装,台湾地区采强制辩护和公设辩护双轨并行之举措,尽可能保障被告人的受辩护权。一方面其“刑事诉讼法”第31条第1项将强制辩护的门槛降至最轻本刑为3年以上有期徒刑之案件,同时赋予审判长在自认有必要和低收入户被告申请时指定辩护之裁量权,强制辩护之覆盖范围明显广于大陆。另一方面积极发挥律师公会作用,由各地地方法院出面,与相对应的律师公会协商,每年再议定一定人次的公设辩护名额,这些名额于强制辩护之外另行单列,足见台湾地区律师公会作为第三方社会团体的公益性质。台湾地区“法

⑪ 陈瑞华:《刑事诉讼的前沿问题》,中国人民大学出版社2005年版,第169页。

务部"于2008年调研统计得出,2003年至2009年间,实行交叉询问的案件辩护率达52%⑫,虽仍有改进余地,然较苗栗地方法院2000年自测本地区仅为28.6%的辩护率⑬已有明显改观,足见律师扶助工作之效用已全面发酵。

2.交叉询问环节的庭审笔录制作规则。交叉询问本应充满战场氛围,双方激烈对攻,不给对手喘息之机,使得被询问人不得不以最为真实的第一反应回答攻势问题,展露证言真假。然而在苗栗等三地施行交叉询问制度的过程中却发现了一个重大实务问题——书记员打字速度跟不上了!逼迫部分法官随时喊停询问,待记录跟上进度后方重开询问,有时候甚至弃进行中的询问于不顾,专注于指导书记员如何记录,令控辩双方面面相觑。大陆同样存在类似的问题,笔者作为公诉人在出庭指控过程中数次看到控辩双方在庭后对庭审笔录制作的不满,大喊"我问的这个问题你怎么没记下来""我根本没说过这句话"云云,从而使得法庭不得不重开当庭录像,逐祯鉴别修正,甚至发生过因为录音模糊,无法鉴别而使得勃然大怒的法官强留已欲收工的控辩双方当场重启调查程序的个案,这其中书记员打字速度过慢是导致庭审笔录粗陋的重要因素。交叉询问的中心本应在询问本身,如今却将焦点转移至笔录跟得上与否,显属偏离。而且因此导致的问答断续,将使得交叉询问中常见的"通过环环相扣的连续问题迂回包抄而导致被询问者不自觉说出真相"的策略完全失效,因为被询问人完全可以借助等待书记员记录的间歇期反思、自查后说出精心准备的回答,则真实性大打折扣。为了解决上述问题,台湾地区"司法院"于2006年对全台包括"高等法院"在内28个法院的书记员庭审打字数据进行统一收集后(平均速度为刑事庭每分钟100个、简易庭每分钟85个)⑭,于当年度5月29日制定实施了《法院刑事审判期日法庭录音委外转译为文字试办方案》,有选择性地将重大、复杂且实行交叉询问的刑案庭审录音交由专门聘用的委外人员翻译为文字后再交书记员转化为庭审笔录,并规定了具体操作细则,如翻译必须于48小时内完成,翻译的报酬不超过每分钟60元新台币,书记员自委外人员处拿到文字后必须于24小时内制作成庭审笔录等。这一制度有效地缓解了庭审记录速度不足和交叉询问制度高强度展开之间的矛

---

⑫ 陈耀南:《台湾地区交互诘问制度法制与实践之研究》,台湾海洋大学海洋法律研究所硕士学位论文,第107页。

⑬ 台湾地区苗栗地方法院检察署检察官全程专责实行公诉业务检讨报告,2000年。

⑭ 台湾地区司法部门编印:《司法业务年报案件分析》2006年版,第270页。

盾,还控辩两造的询问人一个自由发挥的空间,值得参考借鉴。

3. 连续庭审制度。交叉询问制度有赖于你来我往的询问中,双方对抗冲突的热度逐渐升高、证人证物逐渐高度集中,不宜冷却不来,十分需要集中之审理。⑮ 上文中打字速度偏慢造成的"小停顿"尚且会影响询问效果,遑论不连续庭审造成的"大停顿",故而无论是英美法之交互诘问或德国法之轮替诘问均以集中审理为其当然配套措施。⑯ 台湾地区在其"刑事诉讼法"第293条规定"审判原则上应连续审理,一日未能审毕,则于次日连续开庭,若间隔超过十五天者,必须更新审判程序"。此连续庭审条款较德国同类条款更为严苛,足可借鉴。大陆虽在实务中原则上也要求对重大、复杂案件采连续开庭之原则,然大陆案多人少之矛盾尤甚于台,加之办公条件之限制,法院每每以月或半月为期,在全院范围内统一安排法庭使用计划,除非明显看上去就不可能在一日内审结的案件,否则法院在安排法庭使用计划时往往仅安排一日为限,如在一日内无法审结,则下次使用法庭,也就是续开庭审,至少要到7天或半月后,庭审断续情况较台湾地区更为严重。值得一提的是,台湾地区的上述条款虽然严苛,但各地法官却往往以"调查庭不是庭审"为借口,断断续续召开大量调查庭来完成庭审的大部分工作,之后以一次正式的庭审来"完美收官"。此等"窃书不算偷"的规避方法实际上已经造成了庭审的无端断续,影响了交叉询问之效果。让人在感叹"上有政策、下有对策"之普适性的同时,也警醒后来立法者应未雨绸缪,堵塞上述制度漏洞,以避免规定被虚置。

(四)实施过程中的详尽调研与适时调整

询问作为庭审证据调查环节的重要部分,其方式的改变对实务工作影响甚巨,如此重大的改革,绝不能在没有进行充分的实证调查、定点试行的基础上就盲目进行,即使进行后还必须对新制度的运行实效进行全面收集,以资调试。在这个问题上,台湾地区在改革交叉询问制度过程中的做法值得借鉴。

1999年7月召开司法改革全会就刑事诉讼制度做成结论,决定落实及强化交叉询问之要求后,台湾地区并没有急着建章立制,大行推广,而是由"法务部"特别指定士林、苗栗两地的地方法院检察署自2000年6月1日起推动检察官专责全程到庭实施公诉暨交叉询问的试点工作。实施3个月后,"法

---

⑮ [美]伯纳姆:《英美法导论》,林利芝译,元照出版公司2001年版,第73-74页。

⑯ 林钰雄:《轮替诘问之法庭活动(上、下)》,载《台湾本土法学》2000年第12-13期。

务部”再度指定台北地方法院检察署自2001年6月1日起实施试点。在此期间,2001年1月,也就是士林和苗栗两地实施交叉询问试点工作的半年后,“法务部”又先后组织民间司改会对台北律师公会会员、士林地方法院对参与刑事审判程序的被告及辩护人、士林地检署对诉讼关系人(即法官、检察官、被告人、辩护人、告诉代理人及告诉人)进行了三次大规模的问卷调查,不仅发出的问卷总计达6707份,覆盖面极为广阔,而且问卷设计的取样问题富有针对性,如面向律师公会会员的问卷侧重于对律师义务担任辩护参与的意愿、障碍、成本的调查,面向诉讼关系人的问卷侧重于对开展交叉询问的效果、观感、不满意之处和改进意见的调查等,保证了问卷调查不流于形式。⑰ 这些调研工作并没有因为2003年交叉询问正式入法而停止脚步。“司法院”和“法务部”仍于2003年至2005年连续三年时间进行了大规模官方性质的相关数据收集和统计,以评估交叉询问的运行实效。这些数据是台湾地区在交叉询问工作全面实施后,建立或者调试相关配套制度的重要导向。如法务部统计制作的“各地检察官办案绩效及工作负荷表”,揭示了检察官全程到庭实施交叉询问后人员严重短缺的现象,推动法务部自43期司法官检方员额计划起大大增加检方人力配备,以达致一名检察官对应一个合议庭(三位法官)之比例标准等。

笔者认为,将来大陆在全面实施交叉询问制度的过程中,亦可学习上述“事前充分调研、试点推行,事中收集数据、不断调试”的台湾模式,杜绝盲目上马和造法了事,保证询问方式的平稳更迭。

三、两岸交叉询问制度共同面临的实务困境

日之灼热亦有其黑子,台湾地区自实施交叉询问制度以来固然在推进庭审实质化、揭示真相方面颇有成效,广受赞誉⑱,然此等影响甚巨的制度移植不可避免地受到水土不服的排异困扰,遭遇种种实务困境。而这些实务困境的发生都和台湾地区长期处于职权主义模式而形成的制度惯性息息相关。大陆至今未摆脱职权主义模式,台湾地区所面临的实务困境也是大陆不得不面

---

⑰ 前引③,《元照英美法词典》,第276-280页。

⑱ 上文提及台湾地区于2000年开展的大规模问卷调查中,受调查者对于交叉询问是否有助于发现真实、维持审判公正等问题的肯定率均为7成以上,台北律师公会问卷调查的满意率甚至高达91%。

对或者说在1996年"刑事诉讼法"司法解释确立法庭交互质问的大原则开始就已经部分面对的,也就是将其中的主要部分系统整理并分析实为本文之必要工作。

(一)关于法官的定位:澄清照料还是不动如山?

台湾地区于2002年将"刑事诉讼法"第163条修正为"法院为发现真实,得依职权调查证据。但于公平正义之维护或对被告之利益有重大关系事项,法院应依职权调查之"。该项修正虽将法院依职权调查的范围和主动性大大缩限,但仍应认为台湾地区的法官因此而负有主动查明事实真相之"澄清"义务。此外,司法界在台湾地区实施交叉询问制度后,一再强调法官有必要保护无力招架的被告人不要被公诉人生吞活剥⑲,此即为法官的"照料"义务。身负"澄清""照料"义务实为职权主义模式下法官的应有之义,大陆的法官亦不例外。⑳ 然而若主持交叉询问的法官也是如此角色定位,则实务问题就会浮出水面,其中矛盾的焦点集中于"法官依职权询问"部分。

1.法官依职权询问控辩证人时存在的问题。台湾地区"刑事诉讼法"第166条赋予法官对控辩两造传唤之证人之发问权原为补充辅助之用,如今却成为法官干涉交叉询问之利器。台湾地区常常发生控辩双方在询问过程中,法院突然中途插话的情形,理由是制作判决时需要澄清更多细节,若控辩问话的细节延展度不足而需要在交叉询问过后再由法官补充询问的话,会有所遗漏,故而有此打断。此等做法令控辩双方均大为不满却又无可奈何。㉑ 除此之外,实务中法官在控辩交叉询问后之补充发问不仅逢案必行,而且往往事无巨细、连篇累牍,不仅使得询问环节的重心转移到法官发问部分,而且容易引发新的争点,使得原已搞定收工的控辩双方不得不在法官补充发问后再次申

⑲ 士林、苗栗两地试办交叉询问,开办当天和隔天台湾地区之各大晚报大幅报道,其中特别强调无辩护人的被告人无力招架检察官的强大攻势之弊端,并期望法官能有效保护被告人且检察官应承担起客观义务。

⑳ 2013年《最高人民法院关于切实践行司法为民,大力加强公正司法,不断提高司法公信力的若干意见》第27条规定:从现阶段当事人参与诉讼的能力和条件差异较大的实际出发,在保证程序公正和平等对待的前提下,注意为当事人特别是没有委托律师辩护、代理的当事人参与诉讼提供必要的程序性指导与帮助。强化诉讼权利义务、举证责任、诉讼风险等事项告知工作。当事人提出调取证据申请,符合法律规定的,或者法庭认为有必要调查、核实的证据,应当依职权调取、核实。

㉑ 上引⑬,台湾地区苗栗地方法院检察署检察官全程专责实行公诉业务检讨报告,施庆堂发言部分。

请重新询问,如此反复,徒增浪费。大陆仍属职权主义诉讼模式,则上述法官在询问环节喧宾夺主之现象只重不轻。而且需要注意的是,大陆长期存在检法两家配合打击犯罪之传统,基于此种合作关系,大部分检察官对于法官在询问环节的“抢戏”行为都是放任和默许的,甚至对于部分询问能力较差的检察官而言,如果遇上一个言词严重不利指控且态度极为顽横的人证,由法庭来帮助控方进行询问,形成庭审打击合力反而是更为轻松的选择。所以大陆庭审上控辩双方对人证的询问只有寥寥几句,反倒是法官问得事无巨细的情形并不鲜见,如此情形下的交叉询问制度还有存在必要吗?

2. 法官询问其依职权传唤的证人时存在的问题。法官依职权传唤证人的现象在两大法系国家中均有存在,对这类证人的询问往往取两条路径:一是如FRE第614、706条规定的一般,经由庭前会议确认证人阵营后仍采正常的控辩交叉询问顺序,后由法官补充发问;二是如德国刑事诉讼法,明文规定此类证人不适用交叉询问规则。台湾地区“刑事诉讼法”既要对该类证人实施交叉询问,又要规定由审判长先行询问后再进入交叉询问环节,此时审判长经过全面询问,对该类证人的证言心证早已确定,事后的交叉询问岂非徒劳?无怪乎实务中屡见控辩双方在审判长询问后拒绝再问的情形。此外,依照台湾地区“刑事诉讼法”第166条之规定,审判长询问后有权确定控辩双方的询问顺序,如果此时根据该类证人在审判长询问环节的表现,控辩均认为该证人为各自方的敌性证人而拒绝首先发问该怎么办?此等阵营争议何不在庭前调查阶段就解决而不必拖延至庭审当场,但如果能在庭前就确定证人阵营,为何不在庭审阶段先执行交叉询问规则后再交法庭补充发问呢?这些问题实际上体现了法庭依职权传唤证人和交叉询问制度的天然相斥,如果不予解决,将使得制度之间相互拆台,一损俱损。大陆虽未直接规定法官享有依职权传唤证人之权,然实践中,法庭在通知证人出庭的过程中往往会去主动了解证人证言的内容,极易导致法官在庭前就形成了对该证言的直观印象和心证倾斜,实际上也相当于台湾地区的法官依职权传唤证人后先询问的制度,而且这种先询问还是发生在庭外,对庭审询问的伤害更为巨大。

上述实务难题实可化约为一核心问题,即交叉询问制度需要一个什么样的法官来主持实施?是不动如山、稳坐倾听,还是严格履行“澄清照料”义务,四处主动出击?后者看来已带来不少实务问题,然施行前者是否可行?会否产生新的弊端?此间选择值得慎重思考。

(二)关于检察官的定位:两面兼顾还是侵掠如火?

检察官应有其客观义务,正如美国大法官萨瑟兰在伯格诉合众国一案中指出:美国检察官应负客观义务,应当公平地行使自己的职责,不能仅仅以追求胜诉作为自己的目标,还应当确保实现公平公正。㉒ 台湾地区和大陆亦均以明文形式为检察官固定该职责。㉓ 然法庭毕竟是两极对抗的竞战场,无论是出于业绩、企图心或其他任何目的,控辩双方都难免将胜诉视为第一追求。而交叉询问对于"利用相互对立的当事人对胜诉结果的追求,使当事人在诉讼中充分展开攻击和防御,穷尽一切手段竞技对抗,任何一方的退缩和保留都将使得裁断者无法获得最全面的案件信息"㉔的提倡无疑会进一步助长此种对抗气氛,使得作为局中人的检察官陷入其中而不能自拔。

实务中,苗栗等三地试行交叉询问制度一段时间后,台湾地区的检察官就曾自省到"检察官原应以发现真实为唯一目的,针对有利不利指控的都应注意,但到了公判庭后就变成像'狼人'一样,完全只看到对检方有利的,所有主诘问设计的问题都是朝有利检方的方向进行,遇到不利证人所有反诘问就以攻击对方为第一要务,这是扭曲了人还是交叉询问制度本该如此?"㉕事实上,这一实务难题不仅发生在台湾地区,交叉询问在已经成熟如斯的美国亦难幸免。沸沸扬扬的马丁被枪击案中,担任指控工作的佛罗里达州独立检察官 Angela Corey 不仅被质疑隐匿证据,而且故意以马丁年幼可爱的照片作为交叉询问环节的屏幕背景来博取陪审团同情而不顾马丁在案发时已是身高 1.8 米、体重接近 80 千克的壮汉,上述做法引来司法界阵阵声讨,被斥为胜诉而不择手段。大陆也难逃此咎,为全国所熟知的张氏叔侄案的原审阶段就发生过公诉人不顾客观义务,拒绝出示不利指控之鉴定,直到律师当庭念出鉴定文号后才勉强拿出的情形。而且大陆检察系统普遍实施的院际考评制度使得检察官的无罪压力空前巨大,导致各种检察官无端影响不利证人作证、拒不撤诉的现象屡见不鲜,他日若配备交叉询问这一攻击利器,难免刺激此类现象愈演愈烈。正如学者所担心的:英美法系对抗制度之下必将引发双方狂热地运用一

㉒ 陈光中:《关于检察官客观义务的几点看法》,载《检察日报》2009 年第 3 版。

㉓ 如台湾地区"刑事诉讼法"第 344 条第 3 项、第 427 条第 1 款,大陆《人民检察院刑事诉讼规则》第 61 条第 3 款等。

㉔ 张卫平:《交叉询问制:魅力与异境的尴尬》,载《中外法学》2001 年第 3 期。

㉕ 台湾地区"交互诘问"制度研讨会暨刑事程序法第八次研讨会,林钰雄、蔡兆诚、蔡秋明、陈瑞仁等:《法庭诘问活动》,第 166 - 177 页。

切技巧以求胜为唯一目的,这难道不会违背检察官"客观性义务"? 则吾人还应采用"交叉诘问"制度吗?[26]

简言之,交叉询问既要求控辩两方之全力竞技以揭示真相,则必使身负客观义务的检察官陷入两难,要做侵掠如火的斗士就难为两头兼顾的圣母,这种角色撕裂可能带来的实务难题应引起试图引进交叉询问制度国家的立法者之重视。

(三)关于心证影响:交叉询问应与何种卷证移送制度配套?

随着大部分国家的刑事证明模式由法定证据主义演进为自由心证主义,控辩双方都将焦点集中于如何在庭审中成功地影响法官之心证偏向己方,在这一点上,采直接言辞原则的大陆法系和采传闻证据排除的英美法系并无不同。然而,在如何保持法官心证最为公平纯正的问题上,两大法系理念却相左。大陆法系认为法官既为富有专业素质之司法精英,那么即使在开庭之前接触了案卷证据,也能洞悉疑点、排除干扰,以最为公平的心证主持庭审攻防、聆听双方意见;而英美法系则认为"或许有些人会把法官当神看,先阅卷而心证不受影响,反正我是做不到……基本上要有比较空白的心证莅庭,方能达成公平审判"。[27] 由此,欧陆法系以全案卷证移送为准则,而英美法系则衍生出了起诉状一本主义。笔者无意也无能力对上述争议论断出个高下,笔者只想指出,交叉询问制度是源发于英美法系并与整个英美法系的法律制度系统相配套,其作用就在于"当事人及证人在法庭审判过程中的语速语调、表情、姿态、听觉灵敏度及瞳孔变化等微妙的证据信息,对法官判断证据的可信度及证明力大小"[28],而这些细微的证据信息只对心证空白的法官是有意义的,如果是早已阅卷的法官,那么除非交叉询问能导致证人完全崩溃并改变证言,否则仅凭这些细微信息就想扭转该法官通过阅卷而初步形成的心证倾向是十分困难的,这无疑将大大限制交叉询问制度的作用。可以说交叉询问和卷证不并送是天然匹配的制度。若采交叉询问,则应卷证不并送,若实行卷证并送,则不如采德国法之轮替询问。然台湾地区和大陆皆采或欲采交叉询问制度,却又几经周折后皆重采全案卷证并送制度,则制度排异导致的矛盾不可避免。

---

[26] 林立:《论台湾刑事诉讼采用美国司法"交互诘问"制度之难题——一个欧陆与英美文化根源差异的反思》,载《法律方法与法律思维》2003年第100期。

[27] 台湾刑事法学会:《交互诘问制度之理论与实践》,学林文化事业有限公司2002年版,第399页。

[28] 林睦翔:《直接言词原则的诉讼价值》,载《法学杂志》2005年第6期。

台湾地区对于采交叉询问制度后仍维持卷证并送的反对之声甚巨,曾从事多年法官工作的吴从周学者就从其自身体会出发,表示“阅卷后,法官一般会形成被告人有罪之心证,一旦开庭被告人辩解,就会遭到‘为何你在警讯处如此交代’,判决书也每每写为‘显属卸责,不足采信’,足见阅卷心证影响之坚定”㉙,到台教导交叉询问技巧的美国律师 brian kennedy 在实地考察了大量台湾法庭运作后,表示“这种制度(卷证并送)已经不可避免地导致了司法不公,是不可接受的”,交叉询问和全案卷证移送之不匹配,可见一斑。大陆曾一度在 1996 年版《刑事诉讼法》中采主要证据复印件移送制度,似拟在起诉状一本主义和卷证全案移送制之间行一折中之举,这一尝试显然失败了。法官心证污染的问题不仅没能解决,还导致了诉讼拖延的效率问题,这也证明了改革彻底性之必要。新《刑事诉讼法》重回全案移送制,无疑加大了大陆诉讼模式由案卷笔录中心主义向审判中心主义改革的难度,法官庭前阅卷预判、庭后读卷定案,纵有证人出庭也难以改变大局,使得庭审完全流于形式。笔者统计了福建省设区市级检察院一审案件证人出庭及采信情况并进行了分析(参见表 2),从以下表格可见市级重、特大案件的证人出庭和采信情况尚且如此,何况大量的基层轻微案件。在大陆立法暂无法改变的前提下,如果要使交叉询问制度发挥功用,则必须对全案卷证移送制度有所应对。

表 2　2014—2016 年某市市级检察院一审案件证人出庭及采信情况　单位:件

年度	开庭件数	证人出庭件数	辩方证人件数	采信辩方证人庭审证言件数	无罪件数
2014	49	10	6	1	1
2015	86	9	8	5	0
2016	71	12	12	10	0

上述三点实为两岸同属于传统欧陆法系版图,浸淫职权主义模式多年而向当事人主义转型过程中吸纳交叉询问这一最具当事人主义色彩的制度时所要面临的最为根本也最为顽固的难题。其余在台湾地区实施交叉询问过程中遭遇的一些难题,如证人阵营难以确定、询问时不知采一问一答还是连续陈述、逢案必交叉询问将导致检法员压力过大等都属于适应新制过程中的技术性问题,碍于篇幅不在此一一赘述。

㉙ 前引㉗,《交互诘问制度之理论与实践》,第 395 页。

四、大陆实施交叉询问制度的必要性与可行性

自台湾地区以苗栗等三地试行交叉询问制度以来，对该制能否生存于台湾司法之土壤的质疑声就未曾停歇过，上述实务中的种种理念、技术困境更助长了这一质疑，部分学者甚至认为在台湾地区强行推广交叉询问制度无异于“为到庭而到庭、为诘问而诘问”的面子工程，不若采德国法之轮替诘问更为切合实际。㉚ 而在大陆，自1996年《刑事诉讼法》修改时试图引进对抗制来改革庭审方式，从而初步确立交叉询问制度的基本格局至今已有20余年，然交叉询问在各级庭审环节的存在感微乎其微，一副南橘北枳的模样。这使得部分学者对交叉询问制度在大陆的生存远景产生了怀疑，“在我国建立起英美国家那样的交叉询问制度并且发挥程序作用是不现实的”。㉛ 到底大陆强化交叉询问的远景如何？会否如反对者所言“必定如交叉询问在德国的命运一般，成为与刑事诉讼整体制度不相称的异类”？笔者认为答案是否定的。

首先，仅以德国为例举证交叉询问制度在传统职权主义国家无生存空间的做法，似乎故意对同样是传统职权主义的日本、意大利、中国台湾等国家和地区成功引入交叉询问制度的事实视而不见，显有断章取义之嫌。其中日本因其在战后深受美国法律影响而大量吸收当事人主义的因素，在其《刑事诉讼法》和《刑事诉讼规则》中详细规定了交叉询问制度的各项规则和相关配套措施，如起诉状一本主义的卷证移送制度及类似小陪审团的裁判员制度，保证了交叉询问在各级法庭的有效有序开展。意大利自1988年向当事人主义模式演进以来，虽面对传统职权主义延续的改革阻力，但却坚持走出一条符合自身司法实情的改革之路，其独创的预审、庭审“两步走”的卷证移送制度，不仅保证了其交叉询问制度的实效，也为其他国家的相关改革提供了借鉴。中国台湾地区虽存在上述困境、争议，但推进检察官全程莅庭实施交叉询问的决心却不动摇。时至今日，交叉询问已经成为台湾地区刑事案件庭审中一道亮丽的风景线，例如陈水扁龙潭购地弊案庭审过程中和控方对关键证人辜仲谅、辜成允等人的交叉询问一度成为社会关注的焦点，足见交叉询问在台湾地区虽

㉚ 前引②，《严格证明与刑事证据》，第272页。

㉛ 李声让：《刑事诉讼交叉询问制度实证研究——以我国刑事审判实践为视点》，载《第二届证据理论与科学国际研讨会论文集（上卷）》，中国政法大学出版社2009年版，第162页。

然磕磕碰碰但仍坚定前行的良性态势。故而以德国为例之观点,取证样本实为不足。

其次,诚如学者所言,任何朝向当事人主义进行的制度修改,所秉持的都是“相信人不如相信制度”的理念,此点亦应为权衡大陆交叉询问制度存在必要性的必要考量。否定交叉询问制度的人认为其抛弃了法官应有的“澄清”和“照料”义务,又与检察官的“客观”义务相冲突,前者导致法官沦为控辩对抗的旁观看客,后者使检察官成为只知胜诉而罔顾公平的竞技者,这与我国法律赋予法官、检察官的职能是相违背的,与其司法现状亦难相容。然而大陆新近提倡的审判中心的诉讼模式要求控辩审三方形成均势稳定的三角结构,任何试图突破这一结构和各自职权范围的主动作为,其出发点是好的,但却可能造成哈耶克口中“秉持着通向天堂的美好愿望,却铺设了一条通向地狱之路”的结果。㉜ 与其寄希望于法官基于其个人心中所谓的真相来控制庭审、调查真相,不如放开让控辩双方猛烈对攻,让真相在彻底的撕扯中浮出水面;与其寄希望于检察官既当斗士又当圣母,不如在禁止捏造事实、炮制证据的前提下让检察官充分履行控诉职能,为裁断提供尽可能多的素材,在证据确凿时永不言弃,在确实无罪时坦然接受败果,这又何尝不是客观义务的体现呢?故而交叉询问制度可能不符合大陆目前法官、检察官身兼数职,对其有过高期许的司法现状,但却和审判中心主义要求控辩审各司其职,以制度约束行为的改革趋势相互吻合。

最后,大陆想要改变强权主义模式的现状则必须大力推广交叉询问制度。有人说,职权主义是大陆法系国家站在个人信任国家、国家亦如“古罗马父权者”一般关护个人的理念上构建起的司法制度。㉝ 基于此设定,法官对证据的主动调查、对询问的恣意介入都如父亲教训孩子一般自然并且永恒正确。而交叉询问这种将调查之权完全交予当事两造的制度无异于“对审判长地位的篡夺并且是对其主持询问能力不信任的信号”㉞,自然会遭到愤怒的“父亲们”的排斥而显得格格不入。然而诉讼模式的当事人主义改革已经是全球刑

㉜ [英]哈耶克:《通往奴役之路》,王明毅、冯兴元等译,中国社会科学出版社 1997 年版,第 29 页。

㉝ 前引㉖,《论台湾刑事诉讼采用美国司法“交互诘问”制度之难题——一个欧陆与英美文化根源差异的反思》,第 151 页。

㉞ 肖晋:《德国刑事庭审询问方式改革:司法对立法的背反及启示》,载陈兴良主编《刑事法评论(第 23 卷)》,北京大学出版社 2008 年版,第 325 页。

事司法改革的共同趋势，先进者如日本、意大利已经分别通过改革卷证移送制度和引进交叉询问制度，尽可能蒙住法官的双眼，捆住其双手，减少其对庭审的无限干预，后进者如中国台湾地区、德国，虽仍是卷证移送制度，但也纷纷修改刑事诉讼法，将法官依职权调查限定在"对被告利益有重大关系"和"公平正义之维护"等少数极端场合下。对于法官整体素质仍有待加强，法官及其他因素不当干预庭审调查的情况还十分严重的大陆而言，当事人主义改良不仅必要而且步子还需迈得更大一点。此间若能设立一整套科学的交叉询问制度，由控辩两造熟练掌握、严格遵守，使得事实调查在法官尽可能少地主动介入下就可顺利完成，这恰恰契合了当事人主义的改革方向。放眼未来，交叉询问制度必将成为大陆当事人主义庭审模式改革的浓重一笔。

综上，大陆司法现状中交叉询问的种种不足，宜认为是新生事物所遭遇的成长困难以及周遭司法环境在改善过程中的种种阵痛，不能成为否定其生存远景的理由，反而应成为改革其弊病、完善其制度，使之发挥更大功用的动力。下一部分笔者将就一套符合大陆目前司法实际的交叉询问制度展开讨论。

五、关于建立完善交叉询问制度的若干思考

（一）交叉询问制度之前置条件准备

1. 在广泛实证调研基础上增强司法资源配置。交叉询问制度需要思考的第一个问题是，大陆应以什么状态的司法资源负担起该制度的建立和运转。交叉询问制度一旦全面铺开，控辩双方自然不能再如从前一般随意应付、走过场。非得仔细备战、全面推演，正所谓交叉询问者需要像科学家一样准备，像艺术家一样表演[35]，此间工作量之翻倍自不待言，诚如学者所言："到庭诘问制耗费司法资源相当可观，除非能够有效管制案件流量、配齐司法资源，否则该制前景并不乐观。"[36]台湾地区虽已将退案审查、认罪协商、建议判决处刑案件范围等举措尽可能地压缩流向法院的案件数量，然交叉询问制度实施后，实际办案时间延长3倍以上，对检法两家，尤其是人数配比不足的检察院造成了巨大的办案压力。台湾地区"法务部"在充分收集、研判数据（见表3、表4，关于

---

[35] 前引⑦，详见台湾地区立法院1967年1月13日第38会期第29次会议议事录，第8页。

[36] 林钰雄：《轮替诘问之法庭活动（上、下）》，载《台湾本土法学》2000年第12－13期。

检察官工作绩效)的基础上,自第43期司法官培训班开始依比例增加检察员额,以达到了力量平衡。笔者认为,大陆一旦强化交叉询问制度,办案压力必然陡增,实可采上述台湾地区做法研判司法资源配备问题。笔者收集了本市某区检察院公诉科近三年的工作绩效(见表5)[37],足见在目前大陆交叉询问工作还未深入开展的情况下,只要涉及证人出庭则案件办理期限必然大大延长25%以上。建议在开展关键证人交叉询问制度后,以设区市为单位收集相关数据,并以此为基础增强检法人员配备,提供强有力的司法资源保障。

表3　台湾地区检察官办案数量一览表

年度	侦查受理件数	办理侦查检察官人数	平均每人每月办侦查案件数	执行受理件数	办理执行检察官人数	平均每人每月办执行案件数
2003	320099件	6979人	45.86件	221752件	433.5人	511.54件
2004	333304件	6092人	54.71件	202948件	390人	520.35件
2007	375417件	6664人	56.37件	217145件	396.5人	547.65件

表4　台湾地区刑事案件数量与处理情况一览表

年度	地方检察署新收案件数	地方检察署起诉案件有罪率	地方检察署侦查案件终结平均每件所需日数
2002	1372456件	91.1%	63.8日
2004	1341302件	92.2%	56日
2005	1505472件	94.9%	51.7日

表5　福建省某基层检察院公诉部门办案数量一览表

年度	办案人数	人平均办案数	人平均办“证人出庭”案件数	平均办结普通案件所需日数(排除危险驾驶罪)	平均办结证人出庭案件所需日数(排除危险驾驶罪)
2014	8人	94.8件	3.5件	81.1日	133.4日
2015	8人	92.75件	4.25件	73.2日	124.4日
2016	8人	68.1件	3件	74.5日	112.3日

2. 建立证人出庭的合议审批制度。交叉询问制度需要考虑的第二个问题

---

[37] 表中所谓办结日数指的是自公诉人受理审查起诉至法院判决所需天数。

是其启动设置的问题。大陆目前已在《解释》第202条、第203条、第205等条中规定了控辩双方申请证人出庭的启动程序,显有值得商榷之处:首先,该程序规定于《解释》的“宣布开庭与法庭调查”章节,时间节点过于延后,导致实务中的控辩法三方往往在开庭期间或者即将开庭前商讨该程序的启动问题,而证人出庭所涉甚繁,单就确定何人出庭、如何出庭、如何保障等就需不短时日,更重要的是在不少案件中,找到并协调证人出庭难度很大,需花费大量时间和精力为之。如果启动程序过于靠后,一旦发生如暂时找不到证人等启动障碍,法庭在办案期限的压力下就有可能放弃证人出庭,导致程序虚置。此外,依照《解释》第205条的规定,是否启动证人出庭程序完全在于“人民法院认为有必要”,且不论该前置程序赋予法院的权限是否过大㊳,控辩双方如不服法院批准或不批准证人出庭时能否异议?如何救济?检察院对法院决定不服时如何监督?此类规定不见于《解释》《人民检察院刑事诉讼规则》中任一条文,显然严重侵犯了被告人的对质诘问权,也无益于检察诉讼监督职能的全面展开。

基于上述弊端,笔者建议构建起一套控辩审三方相互监督、相互制约,同时又赋予对审批结果异议一方充分救济权利的关键证人出庭审批机制。首先,检察院在将案件移送起诉至法院时,如果认为有必要申请关键证人出庭的,应将申请书附起诉书一并送达法院,法院立案庭在收案后,应尽快通知辩方有权申请关键证人出庭,辩方应在接到通知数天内将具体申请提交法院立案庭,立案庭将控辩两方的申请书连同卷证一并移交业务部门。由此,程序被提前至法院立案初始,从而为之后的交涉、协调、执行赢取了大量的时间和空间。其次,法院在收到案件后,应尽快召开庭前会议确定关键证人出庭事项。会议应在控辩双方充分发表意见的基础上,由主持会议的法官当庭对证人是否出庭作出决定,并说明理由。最后,对于上述决定,控辩双方均有权当庭提出复议请求,合议庭可在庭前会议后审核复议并于较短的数天内对复议再次作出决定。对于复议决定,控辩双方不得不服,必须依照决定参加庭审调查,但在法院判决后,可以以“证人不出庭决定不当剥夺被告人之对质诘问权”等理由提出抗诉、上诉。二审法院应将证人出庭或不出庭之不正当性作为撤销原判决的理由。

㊳ 台湾地区“刑事诉讼法”第163条规定,在当事人等申请证人出庭时,“审判长认为有不当者,不得禁止之”,权限较大陆显为缩限。

笔者认为,上述关键证人出庭审批制的设立将实现以下三个目的:一是通过审批来有效管制案件流量,筛选出那些最需要交叉询问这种耗费甚巨的武器来查清真相的案件,使得交叉询问不必每案并行,增强了可行性;二是使得法院在充分听取控辩双方意见并有效接受监督的基础上决定证人是否出庭接受交叉询问,确保了审批的合理性和公信力;三是通过异议和救济机制有效保护被告人向证人发问的机会,这是对被告人"对质诘问权"的明文权利化和有效保护。

(二)改良型卷证移送制度和关键证人专审法官

如上文所述,对交叉询问制度之实效影响最为巨大的配套制度当属卷证移送制度。如果笔者也秉持本文第四部分中"相信人不如相信制度"的理念原则,则目前两岸共性的全案卷证移送制度必然会导致阅卷法官在庭前产生预判,从而使得交叉询问制度成为闲置的门面工程,基于此,卷证移送制度确有改良之必要。关于如何改良,直接跳跃至当事人主义发达国家的起诉状一本主义无异于搞大跃进,不足采纳。而传统职权主义国家意大利在向当事人主义改良过程中采取"两步走",由预审法官对案卷证据进行筛选和剪裁,进而为庭审法官准备出专门的一本"庭审卷宗"的卷证移送模式虽然值得借鉴;然而,大陆的立案庭虽然承担了部分的案件预审职责,但仅限于形式审查范畴,一般不涉及案件事实和证据本身,如果要采意大利制度,则有必要修改立案庭职责范围或新设置预审法官职务一角,现实可能性较低。笔者认为,最切合目前大陆实际的改良是采取所谓的"控辩卷证并送制度",即在法院收到起诉书后,由立案庭将起诉书送辩方答辩,并将答辩书和辩方提供的证据(包括辩方先期接触关键证人后制作的笔录,还有上文提及的关键证人出庭申请)连同控方的卷宗一同移交给庭审法官。庭审法官同时接触控辩说辞,虽仍难以做到完全心证中立,但其先入为主的预判会遭到明显削弱,改良的价值就在此体现,且该改良无涉大型制度修正,最具可行性。

然而,众所周知,即使聘请了辩护人,但控辩两造之实力对比仍属悬殊,上述附卷的答辩和辩方证据能平衡心证的程度实为有限,故而进一步的改良还得从法官本身着手。笔者建议依托合议庭,建立关键证人专审法官制度。具体而言:首先,一旦经庭前会议讨论,庭审法官审批决定启动关键证人出庭,则由其挑选没有参加庭前会议的专审法官加入合议庭,确定由该法官负责关键证人的证言审核;其次,庭审当日,在开庭顺序方面应有所调整,在讯问被告人后应立即进入证人交叉询问环节,防止上述专审法官接触过多证据而影响心证;再次,在进入交叉询问环节后,庭审法官应将庭审交由专审法官主持,由其维持询问秩序、听取询问进程;最后,在合议庭合议案件判决时,由专审法官对关键证人能否采信提出意见并说明理由,但最终采信权仍由庭审法官行使,如其不采纳专审法官的意见,必须将专审法官的采信意见写明于判决书上,同时附带其不采纳专审法官意见的理由及分析,公开其心证历程,以便监督并增强判决公信力。

该专审法官制的理念基础在于,在无法改变卷证全案移送的大框架下,尽可能地将阅卷者和聆听者分割为两个角色而不集中于一人之上。事实上意大利的"两步走"制度,也秉持了这一理念,只不过其将分割的时间点提前至预审阶段,并分割为"预审法官"和"庭审法官"两个角色,而专审法官制的分割时间点较为延后,分割的角色为"庭审法官"和"专审法官"。笔者认为,专审法官制和"两步走"制一样,既呼应了我国向当事人主义演进的改革要求,又适应了还将存续良久的职权主义要素,后者在意大利的成功应能为前者提供充分的参考模板和制度信心。

(三)重视并充实庭前会议

采上述关键证人专审法官制,还有一实务障碍需要克服。此制度中的专审法官和起诉状一本主义中的庭审法官一样,对案件事实仅有依起诉书记载的整体认知,而无具体把握,部分学者就怀疑此种认知状态下的法官,"有无可能仅凭粗浅的记忆和概念来准备庭审、主持交叉询问、进行判决并撰写判决理由"。[39] 笔者认为,此类担心并非无据,一片空白的法官固然有利于交叉询问的实质化,但面对越来越复杂的案件事实,其有效聆听控辩询问并准确抓住证言要点的能力也确实令人怀疑,否则庭下激烈攻防,庭上却一片茫然,岂非对牛弹琴?此时应充分发挥庭前会议的作用,由已经充分阅卷的庭审法官与控辩双方在庭前会议中细致讨论关键证人的出庭问题,后由该法官整理出一份相关报告供专审法官庭前准备所用。该报告应详细写明涉案关键证人出庭所要解决的问题,也就是所谓的"争点",并列举控辩双方在庭前会议中所表达的对该争点的各自意见,以供正反参考。报告的详略程度应由参加庭前会议的庭审法官自行把握,过于粗略或过于细致都有可能妨害交叉询问的效果,十分考验庭审法官之文字水准。专审法官凭借该报告,再结合起诉书所载内容,已能形成对争议事实的大概把握,足以主持、聆听控辩攻防并判断被询问

㊴ 前引②,《严格证明与刑事证据》,第248页。

证人证言的真实性。

除了为专审法官归纳争点外，庭前会议还应在以下几个方面为交叉询问制度的顺利展开提供帮助：

1. 确定证人阵营。证人归属何方阵营关系到询问其的顺序、对其适用何种询问规则等问题，关系重大，必须明确。庭前会议中，主持会议的庭审法官应要求控辩双方详细说明其所申请出庭的关键证人最近一次对其所做证言的内容，并对其证言反复的可能作出评估，最终经由三方讨论后由庭审法官决定该证人的阵营归属。此外，如存在庭审法官依职权传唤证人出庭之情形，则其也必须对该证人的最近证言作出说明，并经商议后决定阵营归属。庭审当日，由该阵营一方先行询问，再反询问，不得由主持交叉询问的专审法官先行询问，防止心证被污染。上述阵营归属情况必须由参加庭前会议的庭审法官写入上文所述的"争点报告"中，供专审法官主持交叉询问时使用。

2. 预判庭审长短来服务连续庭审。连续庭审制度有助于保持交叉询问之攻防烈度，系其必要的配套。如上文所述，大陆由于案件密度、人力条件之限制，往往以一日为庭审预估时间，导致庭审长度或被强力压缩或被长时间撕裂，无法贯彻连续庭审之原则。而庭前会议系对证据之全面出示和对争点之协商讨论，控辩法三方凭借会议，无疑能对庭审长度得出一个较为准确的预估，从而有助于庭审法官在上报庭审预计长度时不再拘泥于一日之限，更为准确。由此，所属法院也就能更好地根据各法官之上报，统筹规划，安排法庭，从而为连续庭审创造最为基本的场所和时日条件。

3. 充分开示证据防止证人突袭性出庭。证据开示的目的在于防止证据突袭，提高案件审理效率，同时也能起到打击公诉方因信息不对称所占据的优势地位，实现平等武装之作用。此外，交叉询问需要庭前大量的准备和推演，一方证人在另一方毫无准备的情况下突然出现于法庭，必然使得后者临时准备的询问问题毫无杀伤力，问不出个所以然来，实为变相地绕开了交叉询问环节。由此，证据开示实为庭前会议的应有之义。大陆在2012年修改的《刑事诉讼法》第182条设置庭前会议之前，控辩双方皆以互相实施证人突袭为制胜武器，包括法庭依职权传唤的证人，法庭也往往在开庭当日才告知控辩双方该证人能否出庭。2012年后，此现象有所缓解，然并未根除。笔者认为，庭审当日能够出现在法庭上的，只能是经由庭前会议批准申请、确定阵营后的证人，非经此程序，该证人不得出庭接受交叉询问并发表证言。法庭如强行推动庭审询问，并将证言作为裁判依据，则控辩双方皆可以此为由提出抗告，对于法庭依职权传唤的证人尤应如此。

最后,需要注意的是,台湾地区审判实务中已频繁出现法官以庭前会议(调查庭)之名行庭审之实的情况,不仅破坏了连续庭审原则,而且使得大量证据调查程序完全违法,判决的合法性遭到质疑。大陆初采庭前会议不久,大部分法官还未尝此“甜头”,然应未雨绸缪,堵塞漏洞。建议相关造法应强调庭前会议仅为庭审准备之用途,“只能了解情况,听取意见,不能作出任何关乎事实的,具有法律效力的裁定或者决定”㊵,严禁直接举证、质证,更禁止证人出现在庭前会议上接受双方询问。扮演好庭前会议的服务角色,而非喧宾夺主。

(四)强化检察环节交叉询问工作

1. 检察官应摆脱法条庇护,自觉贯彻直接言词原则。贯彻直接言词原则是交叉询问制度得以开展的前提,然而大陆《解释》第78条却将“能否和其他证据印证”设置为采信证人当庭证言的前提,这是对直接言词原则的违背,相较台湾地区“刑事诉讼法”第159条设定的传闻证据排除规则显为落后。无怪乎有人认为《解释》过度保护了庭前笔录的证据能力,是以“口供印证主义”代替了直接言词原则。㊶ 而上述法条庇护迅速被不少公诉人利用起来,一旦遭遇证人当庭翻证,或是弃交叉询问制度不用,或是草草询问了事,只需在最后祭出“无其他证据印证”之七字真言自可渡过难关,这严重制约了公诉人整体询问能力的提高。笔者认为,公诉人不应再将上述法条庇护视为避风港、护身符而动辄法庭否决出庭证人对指控不利的当庭证言,而应在牢牢控制话语权的情况下,在反询问环节通过精心设计问题和追问,抓住人证当庭言词中不合实际之处给予反击。即使因为翻证事发突然或证人事先周密推演而导致反询问攻击效果不佳,也不应草草收场或试图硬熬过此环节后在辩论环节通过雄辩“拉回分数”,因为再好的口才在证据面前都是苍白的,事后试图协调法庭排除上述庭审言证则更是错上加错,此时宁可主动向法庭申请中止庭审、延期审理,待进一步研究庭审言证、收集新证后重新组织反询问攻势。无法离开庇护所者将永远不能成长,公诉人必须对此有清醒的认识。

2. 重视对关键证人的亲历询问。公诉人不能再延续之前坐堂办案的陋

㊵ 杨冠宇等:《非法证据排除与庭前会议实践调研》,载《国家检察官学院学报》2014年第3期。

㊶ 初殿清:《直接言词原则的双重价值维度及其在我国的适用》,载《法学杂志》2014年第10期。

习,应在条件允许下,尽可能多地与关键人证直接接触和交流,形成对该人证言词的全方位把握和评估。对其中的友性证人,可以适当进行庭前演练和引导,增加其在庭审作证时的感染力和流畅度,也可以对其进行模拟反询问,让其对庭审时可能遭遇的攻击性问题有所防备。笔者认为,只要没有唆使友性证人扭曲事实,则上述庭前准备是符合交叉询问规则的。而对于其中的敌性证人,尽早接触也有助于检察官做好应对预案和询问清单,设定好反询问问题,从而使得交叉询问制度更为实质化。值得一提的是,和关键人证接触不仅要了解其所掌握的案情事实本身,还需要了解其制作言证时的环境、心态及其本人与案件可能有关的身份背景、过往行为、社会评价等信息,切不可挂一漏万。如笔者承办的村支书王某受贿一案,笔者在和关键行贿人赵某接触过程中发现赵某在言语间对王某极为不忿,经了解,王某在任期间在赵某的宅基地搭盖一事上和赵某发生过矛盾。笔者预感辩护人必会在此大做文章,又了解到赵某是村中神社的长期主事人,遂经商议,在庭审对赵某询问过程中先是主动就其与王某矛盾一事进行询问,让其对该矛盾和行贿之间并无关联的事实进行了解释说明,防止该项被辩护人突然袭击,之后在询问尾声又问其如何保证其证言的真实性,其遂转身面对听庭的村民,大声以其神社主事人的身份向社中以神明的名义发重誓保证其证言真实。此举不仅导致律师事前准备的反询问攻势全部落空,使得法官心证向我方有利倾斜,而且有力地说服了旁听群众,大大增强了指控的社会公信力。

3. 活用异议规则,反制法庭不当行使调查权对交叉询问的干扰。笔者认为积极运用异议规则有助于公诉人打击职权主义对庭审询问的不当干涉。首先,有助于制止法庭的不当询问。法庭的职权询问同样应遵守询问规则,如不得随意打断控辩双方正在进行的询问,或突破其中立调查者的身份而对证人实施诱导询问等。一旦违反规则,公诉人有权当庭提出异议,阻止询问继续。其次,能有效监督法庭对询问的不当制止。异议规则原为控辩两造单独对抗所用,除非系威胁、侮辱等当然禁止性询问,否则只要对方不提异议,则视为默许,自无法庭介入余地。然而大陆赋予了法庭主动制止询问之权,为防止该专权现象,公诉人应在遭遇该情形时,积极运用异议制度中的“裁决不服”规则,以“询问没有违反当然禁止规则”且“辩方并无异议”为由,对法庭的制止行为提出不服,要求重新裁定,监督不当制止。最后,如果上述异议和监督当庭都遭实效,例如法庭仍坚持其不当询问并作为判决依据,或法庭当庭裁定其不当制止仍为有效从而导致检察官对人证无法开展合法询问等,则检察官仍可于判决作出后,以法庭严重违反程序为由提出抗诉并发出检察建议。FRE 第103 条(a)项规定,对于错误的异议处分可以成为撤销原判决的理由之一,此处可为参照。

The Construction of Cross – examination System in the Comparative Perspective of the Taiwan Straits

Abstract: The Taiwan region overhauled its criminal procedure law in 2002, introduced the system of cross – examination to its criminal trials。Then the system played a huge role in pursuing truth and protecting the rights of the accused. And this system is naturally fit the current Judicial reformation in mainland region. So, the writer based on text comparison and judicial practice, try to show this its advantage in attribution of right, construction of rule, system of Auxiliary, meanwhile, analyze its confusion in position of judge and prosecutor, and confusion of how to transfer the case files to the court。Based on these analysis, the writer try to construct some systems which is fit the current judicial situation in mainland region, such as key witness appear in court, transfer the proof from both prosecutor and defenders, specialized judge of presiding the cross – examination in court。Thus the writer can make some effort to help procuratorate to adjust to the Judicial reformation, and make the criminal trial more and more center, more and more essential.

Key Words: Cross – examination; Comparison of Taiwan Straits; Dilemmas in Practice; Key Witness; Specialized Judge

(责任校对:罗素敏)

试乘试驾的交通事故责任研究

潘家磊*

摘　要：针对涉事各方如何承担试乘试驾所引起的道路交通事故责任，我国民法学界和各级地方法院并无统一的看法。首先，由于道路交通事故所涉主体和驾驶车辆之方式对责任的分配有重大影响，因此有必要区分单方事故与双方事故、试乘与试驾，进而类型化为试乘引发单方事故、试驾引发单方事故、试乘引发双方事故、试驾引发双方事故四种情形，并分别探讨各情形下的法律适用与试乘试驾者、汽车经销商的责任承担问题。其次，汽车经销商在试乘试驾活动中往往存在过错，其作为试乘试驾活动的组织者，依法负有安全保障义务，包括审核、测试义务，适车义务，提供合适的试驾场地、选择合适的试驾路线的义务，介绍、指导、防范义务和签订《试乘试驾协议》义务。

关键词：试乘　试驾　单方事故　双方事故　安全保障义务

一、引言

近些年来，汽车交易市场的火爆在繁荣市场经济的同时，也给汽车经销商带来了巨大的竞争压力，因此许多汽车经销商为促进顾客的购买欲望，推出了名目繁多的促销活动，其中在购买汽车前允许顾客进行试车，待顾客试车满意后再下订单是现在业内普遍的营销模式。然而，试车过程中如果发生了道路交通事故，对于被侵权人所负之赔偿责任在试车者和汽车经销商之间如何承担，因现行法律法规的缺失，导致民法学界众说纷纭，在司法实践中更是出现了诸多同案不同判的现象。

* **作者简介：**潘家磊（1990—　），男，湖北襄阳人，中南财经政法大学法学院硕士研究生。

我国学者对试乘试驾交通事故责任如何承担看法多异:(1)针对汽车经销商与顾客签订的试乘试驾协议中所包含的免责条款之效力,有学者认为经销商事前拟定的“免责协议”未必能使其免责,协议书虽明确规定“试驾者对上路行驶过程中发生的一切事故与损害承担全部责任”,但该协议约定不能免除商家所提供的商品存在微小瑕疵之过错责任,商家应承担相应的过错损害赔偿责任①,也有观点认为正是因为试驾协议没签导致责任划分成难题,主张按照试驾协议划分责任②;(2)针对试乘试驾过程中发生人身财产损害是否都属于交通事故进而适用《道路交通安全法》,少数学者认为不是所有的撞车撞人事故都属于交通事故,事故发生地决定是否属于交通事故、是否适用《道路交通安全法》,且必须是道路上发生的事故,否则交管部门将不会参与解决该事故,只能由双方协商解决③;(3)针对汽车经销商在试乘试驾中所应负法律义务之性质,有学者认为,试驾过程是经销商和购买者之间缔结合同的过程,此时合同关系并未成立,因此,经销商此时承担的义务是缔结合同过程中的先合同义务,违反该义务将承担缔约过失责任,依据是《合同法》④,但多数学者认为经销商负有法定的安全保障义务,违反则承担侵权责任,依据是《消费者权益保护法》和《侵权责任法》的相关规定⑤;(4)针对顾客试驾造成车外第三人人身或财产损害时顾客和经销商责任如何分担问题,有观点认为双方承担按份责任,在确定双方责任时要适当平衡利益与风险,对连带责任的适用须持谨慎态度⑥,但另有学者认为受害者可任选其一索赔,经销商承担连带责任。⑦

---

① 谈卫峰、俞硒:《试驾引发的交通事故中汽车销售商责任之认定》,载《人民司法·案例》2013年第2期;杨学友:《购车“试驾”风险,责任咋划分》,载《山东人大工作》2011年第12期;潘家永:《购车时试驾出事故如何确定赔偿责任》,载《检察日报》2011年第3版。

② 张煜林、李立铎:《促销试驾出车祸 三不管难坏经销商》,载《中国汽车报》2004年第T0B版。

③ 李绍章:《试驾纠纷引爆责任主体之争》,载《法人杂志》2004年第1期;前引②。

④ 刘燕:《汽车试驾法律问题探析》,载《广西政法管理干部学院学报》2006年第6期。

⑤ 李玉骞:《试乘试驾交通事故法律救济分析》,载《学理论》2012年第29期;谢莉葳:《试驾车撞出法律问题一箩筐》,载《中国消费者报》2007年第B01版。

⑥ 前引①《试驾引发的交通事故中汽车销售商责任之认定》。

⑦ 前引⑤《试驾车撞出法律问题一箩筐》。

司法实践中同案不同判的客观事实将进一步说明研究该问题之必要性。

首先,对于汽车经销商的责任类型,法院判法不一。有判决承担补充责任的,也有判决承担按份责任的,更有判决承担连带责任的。判决承担补充责任的说理可归结为:试乘试驾活动具有危险性,因而其组织者应承担与活动相关的安全保障义务,若试乘试驾活动组织者在与试乘试驾人员人身安全密切相关的环节上存在致害疏漏,则组织者未尽到合理限度内的安全保障义务,依据《侵权责任法》第37条,组织者应当承担与其过错相适应的补充责任。⑧ 然而,也有法院判决承担按份责任的,其判决的法律依据是《侵权责任法》第49条,认为试驾者违反交通安全法规、未保证行车安全的驾驶行为是交通事故发生的直接原因,应负主要责任,汽车经销商如果对所选择的试驾路线未尽谨慎、合理义务,或者未采取有效措施及时制止试驾人的危险驾驶行为,亦是造成本次事故的原因之一,两者应依据上述法律规定承担按份责任。⑨ 亦有法院判决承担连带责任的,认为4s店作为车辆的所有人和销售者,组织潜在购车人进行试驾属于商业行为,系其经营活动的一部分,如果在试驾过程中4s店对于试驾路线未向试驾者进行充分的介绍和说明,4s店应承担连带赔偿责任。

其次,对于《侵权责任法》第49条在此类案件中是否应予适用,法院之间也存在分歧。在任传标诉姚乐、上海永达星田汽车销售服务有限公司、太平财产保险有限公司上海分公司试驾纠纷案中,二审法院法官就认为试驾者与汽车销售商之间的法律关系不适用《侵权责任法》第49条。然而吴文帅诉天津市空港斯巴鲁汽车销售有限公司侵权责任纠纷一案,一、二审法院均认为在此

---

⑧ 典型案例如冯亮诉吴文帅、天津空港斯巴鲁汽车销售有限公司等机动车交通事故责任纠纷系列案,选自最高人民法院法学研究所《人民法院案例选》(2014年第1辑)(总第87辑),第204-210页。原审一审(天津市滨海新区人民法院〔2010〕滨功民初字第554号),再审审查(天津市第二中级人民法院〔2012〕二中民再字第1号),一审再审(天津市滨海新区人民法院〔2012〕滨功民再字第2号),二审终审(天津市第二中级人民法院〔2013〕二中保民终字第37号)。

⑨ 见冯兴明诉刘磊、天津市中乒北越汽车销售服务有限公司、安邦财产保险股份有限公司天津分公司机动车交通事故责任纠纷案(天津市北辰区人民法院〔2013〕辰民初字第2065号)。同样判决承担按份责任的,见任传标诉姚乐、上海永达星田汽车销售服务有限公司、太平财产保险有限公司上海分公司试驾纠纷一案(上海市浦东新区人民法院〔2011〕浦民一(民)初字第20437号,上海市第一中级人民法院〔2011〕沪一中民一(民)终字第2959号)。

情形下，应适用《侵权责任法》第49条。

最后，被告签署的试驾声明是否在双方之间成立合同关系？少数法院认为试驾声明只载明了汽车经销商告知顾客在试驾过程中应当注意的事项，并未对双方的权利义务进行约定，不具备合同成立的形式及实质要件，双方未形成合法有效的合同法律关系。[⑩] 抑或即使存在合同关系，合同所约定的免责条款是否有效？大多数法院对免责约定效力持保留、否定态度，但也有少数法院认为该协议中的"全免"条款是当事人的真实意思表示，未违反法律、行政法规的强制性规定，依法成立并发生法律效力，双方均应依约行使权利、履行义务。[⑪]

以上争论和歧见只是冰山一角，事实上，我国民法学界和各级地方法院对试乘试驾尤其是试驾过程中发生的交通事故责任如何承担这一问题，要么众说纷纭、争论不休，要么法官观点严重相左以致同案不同判，司法的统一性和权威性受到侵蚀。因此，探究该问题并提出解决方案，对统一司法裁判、树立法院公信力具有重大的现实意义。

二、试乘与试驾、单方事故与双方事故区分后的责任承担

交通事故的形式多样，根据事故是否给车外第三人造成损失，可以将交通事故分为单方事故和双方事故。单方事故是不涉及第三方人员人身伤亡或财产损失的交通事故，即碰撞外界物体，致车内人员或自身车辆受损，未损坏车外第三人的权益。双方事故则涉及第三人的损失和责任认定，如驾车与其他机动车发生碰撞或者撞到行人。由于单方事故和双方事故所涉主体不同，故二者的区分对试乘试驾交通事故责任的认定应具有重要意义。同样，试乘和试驾的区分对此类纠纷的解决也有所助益。试乘和试驾，同是汽车经销商的促销手段，两者的目的都是增加汽车购买者的消费体验，激发消费者的购买欲望，两者的区别在于体验车辆的方式不同，试乘活动是消费者经汽车销售商邀请或同意，通过亲身乘坐方式体验待售车辆性能，消费者本人不亲自实施对待售车辆的掌控、操作；试驾中的驾驶人则是准备购买车辆的消费者本人，试驾

---

⑩ 见云南中升雷克萨斯汽车销售服务有限公司诉李想财产损害赔偿纠纷案（昆明市官渡区人民法院〔2014〕官民一初字第2564号）。

⑪ 见中国人民财产保险股份有限公司广州分公司与彭健、广州市意美汽车销售有限公司保险代位求偿权纠纷一案（广州市天河区人民法院〔2013〕穗天法民二初字第4645号、广东省广州市中级人民法院〔2014〕穗中法金民终字第1426号）。

活动服务商的员工在车上指导顾客试驾。

下面笔者将试乘与试驾、单方事故与双方事故进行排列组合，在试乘引发单方事故、试驾引发单方事故、试乘引发双方事故、试驾引发双方事故这四种情形下，分别探讨各自的法律适用和试乘试驾者、汽车经销商双方的责任承担问题。

(一)试乘引发单方事故

指汽车经销商的员工驾驶车辆导致试乘车辆损毁或试乘者遭受损失。此时，只有汽车经销商或试乘者受损失，未造成车外第三人损失。

首先，试乘者在乘坐过程中遭受损害，可要求汽车销售商承担侵权责任，但不得要求交强险赔付。试乘者在乘车过程中遭受损害，其维权的法律依据有多个：(1)依据《侵权责任法》第37条第1款，要求经销商承担未尽安全保障义务的侵权责任；(2)援引《最高人民法院关于审理道路交通事故损害赔偿案件适用法律若干问题的解释》(以下简称《解释》)第8条“机动车试乘过程中发生交通事故造成试乘人损害，当事人请求提供试乘服务者承担赔偿责任的，人民法院应予支持”的规定作为请求权基础；(3)作为“为生活消费需要购买、使用商品或者接受服务”的消费者，试乘人员还可依据《消费者权益保护法》(以下简称《消法》)第11条“消费者因购买、使用商品或者接受服务受到人身、财产损害的，享有依法获得赔偿的权利”，要求汽车经销商承担侵权损害赔偿责任。交强险是为不特定的第三人利益而设立的，旨在保障第三人因交通事故受到损害时能够从保险人处获得救济赔偿，从而保证最大程度上为交通事故受害人提供基本的经济保障，因此机动车交通事故责任强制保险的理赔范围仅限于车外第三人遭受的损失。我国2006年3月21日颁布了《机动车交通事故责任强制保险条例》(以下简称《条例》)，其中第3条规定：“本条例所称机动车交通事故责任强制保险，是指由保险公司对被保险机动车发生道路交通事故造成本车人员、被保险人以外的受害人的人身伤亡、财产损失，在责任限额内予以赔偿的强制性责任保险。”第21条也有类似的规定。⑫既然车上人员的损失不在交强险理赔范围内，那么试乘致试乘者受到损害的，试乘者就无法获得交强险理赔，其损失只能由汽车经销商负责赔偿。

---

⑫ 第21条规定：“被保险机动车发生道路交通事故造成本车人员、被保险人以外的受害人人身伤亡、财产损失的，由保险公司依法在机动车交通事故责任强制保险责任限额范围内予以赔偿。”

其次,试乘者致试乘车辆损毁的,试乘者应当依法承担侵权责任或者违约责任,经销商有过错的可减轻赔偿。承担侵权责任的法律依据在于《侵权责任法》第6条:“行为人因过错侵害他人民事权益,应当承担侵权责任。”为防范和转嫁事故风险,汽车经销商往往会要求试乘试驾者签订一份《试乘试驾协议》,要求消费者听从驾驶员安全指令,不得有妨碍驾车安全的行为,否则应承担全部法律责任。试乘者导致车辆受损的,汽车销售商可以依据《合同法》第107条的规定要求试乘者承担违约责任,也可依据《侵权责任法》第6条的规定要求其承担损害赔偿的侵权责任,此时请求权竞合,汽车销售商可择其一行使。如果汽车销售商一方对损害的发生也有过错,依据《侵权责任法》第26条和《合同法》第119条之规定,汽车经销商应承担与其过错相适应的损失,从而减轻试乘者的赔偿责任。

(二)试驾引发单方事故

指消费者亲自驾驶车辆导致试驾车辆损毁或者自身、车上其他人员受损,而未导致车外第三人受损。现实生活中因试驾发生的交通事故要远远多于因试乘发生的交通事故。

首先,消费者在试驾过程中导致试驾车辆毁损的,理应承担侵权或违约责任,这与试乘导致车辆毁损是一个道理,此处不赘述。虽然车辆在试驾者操控之下发生交通事故,但如果销售商一方对交通事故的发生存在一定过错,可适当减轻试驾者的赔偿责任,其过错包括但不限于未合理审查试驾者驾驶执照、未安排适合的试驾场地和试驾路线、试驾之前未尽详尽说明车辆各方面性能之义务、试驾过程中未及时制止试驾者的危险驾驶行为。

其次,消费者试驾时导致车内其他人(包括但不限于一同前来看车的亲朋好友)受到损失的,汽车经销商有过错的应当承担补充赔偿责任。在冯亮诉天津空港斯巴鲁汽车销售有限公司等机动车交通事故责任纠纷系列案中,被告之一吴文帅驾驶车辆发生交通事故,导致同乘人冯亮人身健康权受到损害,二审法院审理后维持了一审法院关于“被申请人斯巴鲁公司在赔偿数额40%的范围内承担补充赔偿责任”的判决。法院认为,试乘试驾活动不同于一般的住宿、餐饮、娱乐等经营活动,本身具有较高的人身危险性,试乘试驾的组织者对试乘试驾活动具有事实上的控制力,是负有安全保障义务的主体,同时又是该活动的受益者,其安全保障义务理应更高。斯巴鲁公司对试驾车辆的提供和对试驾人驾驶资格的审查只是达到了普通人驾驶车辆上路行驶的基本法定要求,其在试驾线路的规划、试驾场地的选择、驾乘人员的安排、试驾途中的警示等此类与试乘试驾人员安全密切相关的环节上存在多处疏漏，显然未尽到合理限度内的安全保障义务，存在过错。本案经历了一审审理、再审审查、一审再审、二审终审四个审理审查环节，最终二审法院援引《侵权责任法》第37条第2款“因第三人的行为造成他人损害的，由第三人承担侵权责任；管理人或者组织者未尽到安全保障义务的，承担相应的补充责任”的规定判决斯巴鲁公司承担补充赔偿责任。

（三）试乘引发双方事故

指汽车销售商一方人员驾驶车辆，发生交通事故，致车外第三人损害。

首先，依据《道路交通安全法》第76条第1款“机动车发生交通事故造成人身伤亡、财产损失的，由保险公司在机动车第三者责任强制保险责任限额范围内予以赔偿”之规定，如果试乘车辆只投保了交强险，在保险期间发生交通事故的，应由承保交强险的保险公司理赔。对于超出交强险限额的损失，由于该工作人员的驾驶行为属于职务行为，依据《侵权责任法》第34条之规定，作为用人单位的经销商将依法承担替代侵权责任。

其次，如果该试乘车辆既投保了交强险，也投保了商业险，且发生交通事故时均在保险期间内，我国对此也有立法。《解释》第16条规定：“同时投保机动车第三者责任强制保险（以下简称‘交强险’）和第三者责任商业保险（以下简称‘商业三者险’）的机动车发生交通事故造成损害，当事人同时起诉侵权人和保险公司的，人民法院应当按照下列规则确定赔偿责任：（一）先由承保交强险的保险公司在责任限额范围内予以赔偿；（二）不足部分，由承保商业三者险的保险公司根据保险合同予以赔偿；（三）仍有不足的，依照道路交通安全法和侵权责任法的相关规定由侵权人予以赔偿。”据此，应当依照“先交强险后商业险”的顺序予以理赔，如果还有未弥补的损害将由汽车经销商承担剩下的损失。相关案例如黄虎林诉王明、江苏苏舜明达汽车销售服务有限公司、中国人民财产保险股份有限公司南京市分公司机动车交通事故责任纠纷案⑬，法院认为：被告王明所驾车辆在被告保险公司处投保了交强险及第三者责任险，故被告保险公司应在交强险限额范围内承担赔偿责任，超出交强险部分由保险公司根据商业三者险保险合同予以赔偿，尚有不足的由交通事故责任方赔偿。因本案中原告所受损失并未超出交强险限额范围，故应由保

⑬ 江苏省句容市人民法院〔2013〕句民初字第1158号。

险公司赔偿,试驾者和经销商不承担赔偿责任。⑭

最后,如果销售商违反法律强制性规定未投保交强险,对于交强险限额内的损失应由销售商负责赔偿,《解释》第 19 条对此作出了规定:“未依法投保交强险的机动车发生交通事故造成损害,当事人请求投保义务人在交强险责任限额范围内予以赔偿的,人民法院应予支持。”

(四)试驾引发双方事故

指消费者主要依赖自身的行为能力和驾驶能力来实现对车辆的掌控和操作而致车外第三人受损的交通事故。试驾引发双方事故在四种情形中最为普遍,学者讨论最为激烈,法院受理案件最多。有以下两个问题需要注意:

1. 关于是否应适用《侵权责任法》第 49 条处理试驾者和汽车销售商责任承担的问题。试驾活动的驾驶人系为准备购买车辆的消费者本人,其驾驶车辆的情形属于车辆的驾驶人与车辆的所有人不一致的情形,对此情形下发生交通事故的责任承担问题,法院有不同的看法:案例一,吴文帅诉天津市空港斯巴鲁汽车销售有限公司侵权责任纠纷一案,一、二审法院均认为在此情形下,应适用《侵权责任法》第 49 条,即机动车驾驶过程中发生交通事故造成损害的,由机动车使用人即试驾者承担赔偿责任;机动车所有人即提供试驾服务的一方对损害的发生有过错的,承担相应的赔偿责任。而案例二,任传标诉姚乐、上海永达星田汽车销售服务有限公司、太平财产保险有限公司上海分公司试驾纠纷一案,法官认为试驾者与汽车销售商之间的法律关系不适用《侵权责任法》第 49 条。笔者同意案例二中法官的观点。《侵权责任法》第 49 条“机动车所有人与使用人不是同一人”是指在机动车占有发生了移转之下的机动车所有人与使用人不是同一人,而在试驾活动中机动车的占有移转并未发生。之所以说试驾活动的车辆的占有移转未发生,理由有二:

第一,试驾者未取得试驾车辆的占有,汽车经销商也未丧失对车辆的占有。所谓占有,是对物有事实上的管领之力,即对物得为支配,排除他人的干

---

⑭ 相同判决结果的案例还如谢颖诉杨帆、徐州金源汽车服务有限公司、中国人民财产保险股份有限公司徐州市泉山支公司机动车交通事故责任纠纷一案(徐州市鼓楼区人民法院〔2014〕鼓民初字第 0297 号),法院认定原告在诉讼中主张的多项损失经审查确认,未超过交强险和商业三者险限额,应当由中国人民财产保险公司泉山支公司承担赔偿责任,其余两被告不承担赔偿责任。

涉。[15] 占有为法律事实,认定占有是否成立需考虑空间与时间因素。空间关系是指人和物在场合上须有一定的结合关系,足以认定该物为某人事实上所管领。时间关系是指人与物在时间上须有相当的继续性,足以认定该物为某人事实上所管领,如其仅具短暂性,不成立占有。[16] 在试驾活动中,首先就试驾者而言,因其与试驾车辆在空间上具有密切联系,足以认定其对该车在空间上有事实上管领,符合占有的空间要素,然而汽车经销商往往会对试驾时间和试驾路线作出安排和限制,尤其是试驾时间较为短暂,故试驾者与试驾车辆在时间上显然缺乏继续性,欠缺时间要素,因此试驾者对试驾车辆并不构成占有;而就汽车销售商而言,其通常会指派工作人员作为陪驾人指导试驾人进行试驾,采取有效措施防止试驾者出现危险驾驶行为,陪驾人因受雇并被指派陪驾可视为汽车销售商之占有辅助人,且依据《试乘试驾协议》汽车销售商有权随时终止试驾活动而收回试驾车辆,这说明汽车销售商并未丧失对试驾车辆的占有与控制,试驾车辆的占有也就并未由汽车销售商转移至试驾者。

第二,试驾者无占有之目的。在借用、租赁等法律关系中受让人取得占有的目的在于取得标的物的使用价值或者收益价值。而在试驾活动中,试驾者更多地是借助试驾行为来了解、体验试驾车辆的性能情况,作为待售商品本身的交换价值,并没有占有的目的。

综上所述,不应适用《侵权责任法》第 49 条处理试驾者和汽车销售商责任承担的问题。

2. 关于试驾引发双方事故到底应当适用何种法律依据以及试驾者和汽车销售商应当如何承担责任的问题。笔者认为,结合审判实践和相关法律规定,此处应区分汽车销售商是否已依法投保交强险:

(1)销售商依法投保交强险

在此情形下应先由承保交强险的保险公司先行赔付,不足部分由汽车销售商和试驾者按各自过错比例在交强险限额之外承担按份责任。笔者之所以支持按份责任说而非连带责任说,有以下几点理由:

首先,我国《侵权责任法》在划分多数人侵权类型方面进行了立法重构,

---

⑮ 王泽鉴:《民法物权》第二册《用益物权 · 占有》,中国政法大学出版社 2001 年版,第 155 页。

⑯ 上引《民法物权》第二册《用益物权 · 占有》,第 155 页。

确立以有无意思联络为划分标准，有意思联络的数人侵权系狭义的共同侵权⑰，立法课以其连带责任，包括共同加害行为和教唆、帮助的侵权行为。《侵权责任法》第8条、第9条对此作出了规定。⑱ 共同加害行为最本质的特征在于数人存在共同的主观过错，包括：①共同故意；②共同过失，即数行为人对损害发生的可能性有共同的认识或预见，但均有回避的自信⑲；③故意和过失的混合。⑳ 在试驾活动中一般不存在一方教唆、帮助另一方实施对第三人的侵害；汽车销售商与试驾者对交通事故的发生一般也无共同故意或者故意与过失的混合；交通事故具有偶然性且发生在一瞬间，正常驾驶对交通事故及损失的发生无法预见，只有在进行飙车等危险性较大的行为时才能够提前预见，因此双方也不宜认定为有共同过失。综上，汽车销售商与试驾者不构成狭义上的共同侵权，不应承担连带责任。

其次，判断是否构成共同危险行为。《侵权责任法》第10条规定："二人以上实施危及他人人身、财产安全的行为，其中一人或者数人的行为造成他人损害，能够确定具体侵权人的，由侵权人承担责任；不能确定具体侵权人的，行为人承担连带责任。"共同危险行为又称"准共同侵权行为"，是指数人共同实施危及他人人身安全的行为并造成损害结果，而实际侵害行为人又无法确定的侵权行为。其构成要件除具备主体的复数性以及损害结果的同一性外，还须：①数人的行为均具有共同的危险性质；②实际侵害行为人不明；③整个共同危险行为与损害结果之间具有关联性。试驾显然不是危险行为，且具体侵权人就是销售商和试驾者，因此也不构成共同危险行为。

再次，判断是否构成无意思联络的数人侵权。无意思联络的数人侵权可分为两类：①直接结合的，承担连带责任，《侵权责任法》第11条规定："二人以上分别实施侵权行为造成同一损害，每个人的侵权行为都足以造成全部损

---

⑰ 广义的共同侵权行为，是指两个或两个以上加害人实施的导致同一损害结果的行为，包括：狭义的共同侵权、共同危险行为、无意思联络的数人侵权。

⑱ 第8条："二人以上共同实施侵权行为，造成他人损害的，应当承担连带责任。"第9条："教唆、帮助他人实施侵权行为的，应当与行为人承担连带责任。"

⑲ 例如：甲、乙共同肩扛重物登高，甲觉得负重的木棍似乎不足以承重并对乙表示了此种担忧，乙则称没问题，甲亦表认同，二人遂继续登高，不久木棍断裂，重物滚落砸伤随后之人丙。

⑳ 如甲杂志社为诋毁丙故意捏造虚假故事并撰文刊发，乙报社觉得该不实报道颇具市场价值并予以转载。

害的，行为人承担连带责任。”②间接结合的，成立“多因一果”侵权，承担按份责任，《侵权责任法》第12条规定：“二人以上分别实施侵权行为造成同一损害，能够确定责任大小的，各自承担相应的责任；难以确定责任大小的，平均承担赔偿责任。”试驾发生交通事故主要是由驾驶人不慎驾驶引起的，销售商往往也存在过错，如果汽车销售商尽到了相关义务，一般情况下交通事故也不会发生；同样，汽车销售商未尽义务的不作为也无法单独造成损害后果的发生，即任何一方的行为并不会单独地引发交通事故，因此不属于直接结合的无意思联络数人侵权。而间接结合的无意思联络数人侵权则要求各行为主体的行为单独不能致损害后果发生，必须是因偶然因素间接结合在一起，共同作用导致了同一损害后果的发生，试驾能引起交通事故往往是双方共同作用的结果，故应当适用《侵权责任法》第12条，由双方承担按份责任。

复次，探究《侵权责任法》在归责上的立法态度。《侵权责任法》在连带责任的适用范围上采取谨慎的态度，须以法律有明文规定或当事人之间有明确约定为前提，以限制连带责任的过度适用。因此，在司法实践中认定当事人是否应当承担连带责任时亦应慎重，不能仅考虑连带责任对被侵权人的保护力度较强而任意适用，以免不合理而加重责任人的负担。

最后，消费者和汽车经销商承担按份责任有相关裁判的支撑和学者观点的支持。案例如任传标诉姚乐、上海永达星田汽车销售服务有限公司、太平财产保险有限公司上海分公司试驾纠纷一案，法官认为本案汽车销售商与试驾者对受害人均存在过错，应对受害人在交强险责任限额之外的损失部分承担共同赔偿责任，且这种共同责任应确定为按份责任；冯兴明诉中乒北越汽车销售服务有限公司、刘磊、安邦财产保险股份有限公司天津分公司交通事故责任纠纷一案，法院认为原告主张由被告刘磊和被告中乒北越汽车销售公司在限额之外承担连带责任于法无据，不予支持，后法院判决被告刘磊承担60%的责任，被告中乒北越承担40%的责任。有学者也持相同观点，认为不足部分由试驾车辆的驾驶人承担损害赔偿的责任，汽车经销商如果在试驾过程中存在过错，则要承担与其过错相对应的赔偿责任。㉑

(2)汽车销售商未依法投保交强险

首先，试驾者和汽车经销商应在交强险限额内承担连带赔偿责任，这有法律的明确规定和法院判决的支持。《解释》第19条规定：“未依法投保交强险

㉑ 前引⑤《试乘试驾交通事故法律救济分析》。

的机动车发生交通事故造成损害,当事人请求投保义务人在交强险责任限额范围内予以赔偿的,人民法院应予支持。投保义务人和侵权人不是同一人,当事人请求投保义务人和侵权人在交强险责任限额范围内承担连带责任的,人民法院应予支持。"审判实践中,法院认为车辆出卖方在明知车辆未投保交强险的情况下将车辆交付给他人上道行驶,如果使用人试驾发生了交通事故,此时出卖方本身存在一定过错,应在交强险范围内与试驾人承担连带赔偿责任。㉒

其次,是否投保交强险只对交强险限额内的责任承担产生影响,不会对超出交强险限额的责任承担产生影响,在投保交强险情形下双方对超出限额的损失承担按份责任,在未投保情形之下双方仍应按照过错比例承担按份责任,其仍应适用《侵权责任法》第12条之规定。

3. 汽车经销商负有安全保障义务

笔者经过整理发现几乎所有审理试乘试驾纠纷的法院都认为作为试乘试驾活动组织者的汽车经销商存在一定过错,目前尚无经销商不承担过错责任的判例。针对汽车经销商的过错认定,学者们意见不一致:有人认为应将注意义务和提醒义务作为经销商是否有过错的衡量标准㉓;有人认为经销商作为专业人士,应承担更为严格的责任,应认识到为试驾者提供试驾车辆所面临的风险,并采取措施防范风险,如陪驾人员应当给予充分的安全指导,试驾场所应备有足够的安全措施,试驾车辆应购买保险㉔;还有学者认为汽车经销商指定的试乘路线的路况过于复杂、对试乘车辆的驾驶人作出不合理指令的即有过错。

法院对此也是看法不一:试乘试驾活动具有危险性,其组织者应承担活动要求的安全保障义务。若试乘试驾活动在与试乘试驾人员人身安全密切相关的环节上存在致害疏漏,应认定为组织者未尽到合理限度内的安全保障义务㉕;销售者对试驾者的注意义务要低于对试乘者的注意义务,销售者的过错

㉒ 李红艺诉赵高峰、张德荣、双星汽车贸易有限责任公司机动车交通事故责任纠纷案(陕西省蒲城县〔2014〕蒲民初字第00431号)。相关案例还如刘文书、曹加兰等与郑恩旭、徐则丰机动车交通事故责任纠纷案,二审法院认为涉案车辆所有人郑恩旭没有为事故车辆投保交强险,其应当与实际侵权人徐则丰在交强险限额内承担连带责任。

㉓ 前引⑤《试驾车撞出法律问题一箩筐》。

㉔ 前引①《购车时试驾出事故如何确定赔偿责任》。

㉕ 冯亮诉天津空港斯巴鲁汽车销售有限公司等机动车交通事故责任纠纷系列案。

考量和安保义务主要体现在对试驾者的驾驶能力资格审查和保证试驾车辆处于安全运行状态方面,提供专业的场地、提供专业的陪驾人员以及为试驾车辆投保均不是必备义务㉖;在试乘试驾过程中,汽车销售商应该承担提供技术性能可靠、法律手续齐全的试乘试驾车辆的义务,消费者应该承担谨慎驾驶的义务。㉗

笔者认为,汽车经销商的过错在于其对安全保障义务的违反。安全保障义务的法理背景肇始于德国法的一般安全注意义务理论,是以利益平衡为裁判基点,在诚实信用原则之下基于分配正义的需要发展起来的。在我国立法明文规定安全保障义务之前,张新宝教授于2003年就撰文认为,经营者在其服务场所对消费者等的人身和财产安全负有保障义务;经营者对服务场所的安全保障义务,是指经营者在经营场所对消费者、潜在的消费者或者其他进入服务场所的人之人身、财产安全依法承担的安全保障义务。这是一种法定义务,其法理依据在于收益与风险相一致原理的要求,危险控制理论的要求,节省社会总成本的要求,公司社会责任的要求,实质平等理念的要求,国际民商事立法和比较法上的启示。㉘ 我国首次提到安全保障义务的民事立法是《最高人民法院关于审理人身损害赔偿案件适用法律若干问题的解释》,后来《侵权责任法》也将安全保障义务的规定纳入其中,安全保障义务主体也不仅限于经营者,公共场所的管理人或者群众性活动的组织者都是安保义务的承担者。

关于安全保障义务的范围,法律未作明确规定,仅规定"合理限度范围内"及"能够防止或制止损害的范围",法律留给法官较宽松的自由裁量权。在司法实践中,以下几个判断因素可以借鉴:(1)营利性。营利性活动组织者的安全保障义务应严于非营利性活动组织者,例如社会募捐活动组织者的安全保障义务程度应低于商场经营者。(2)风险性。具有较高风险性的活动组织者或管理者的安全保障义务程度更高,例如赛车、试乘试驾活动的组织者应负有较之广场舞组织者更高标准的安全保障义务。(3)专业性。具有专业知识的组织者负有更高的安全保障义务,具有专业知识的安保义务人更加了解

㉖ 吴文帅诉天津市空港斯巴鲁汽车销售有限公司侵权责任纠纷一案。

㉗ 益阳申阳汽车销售服务有限公司诉郭凯合同纠纷一案。

㉘ 张新宝、唐青林:《经营者对服务场所的安全保障义务》,载《法学研究》2003年第3期。

整个活动的实际情况,更能预见可能发生的危险,并且最有可能采取相关措施以防止损害的发生或者降低损害发生的概率,同时其防止损害发生的成本也是最低的。(4)开放性。向社会开放程度高的活动的组织者防止或者制止损害发生的义务应重于开放程度低的活动的组织者,例如完全向社会公开的运动会组织者和仅在单位内部举行的运动会组织者在安全保障义务的范围和程度上应有所区别。(5)平衡性。安全保障义务人的经济能力往往也是判断标准之一。[29]

试乘试驾虽然一般不收取费用,不直接产生利润,但却是汽车销售的一环,属于销售行为的前奏,因此具有营利的性质[30];众所周知,驾驶机动车上路行驶具有危险性,试驾的危险系数则更高;4s店作为专业的汽车销售者,应当知悉试驾过程中的危险,积极采取措施避免损害的发生;试驾活动还面向社会大众进行,公开程度较高。综上,无论是试乘试驾的营利性、危险性,还是试乘试驾专业性、公开性,都要求试乘试驾活动的组织方——汽车销售商应当承担更高的安全保障义务,从严把握,这也是法院普遍认为汽车经销商在试乘试驾活动中存在过错的一个重要原因。综合学者见解和审判实践,笔者认为试乘试驾活动组织者主要负有以下几项安全保障义务:

第一,审核、测试义务。汽车试驾属于机动车的驾驶,机动车辆具有速度快、技术性强的特点,一旦发生事故就会造成人身和财产的重大损失。世界各国对机动车驾驶实行行政许可制度,只有通过驾考才能上路行驶。因此,在签订《试乘试驾协议》之前,汽车经销商应当认真审核报名参加试驾活动的人是否持有真实有效的驾照[31](且必须是驾驶证原件,必须在汽车经销商处登记备案),驾照表明的准驾车型是否与预备试驾的车辆车型相符,是否有一定驾龄(汽车经销商一般会要求有一年以上驾龄),并通过一定方法测试试驾者的驾驶水平,最终决定是否交由其试驾。

---

[29] 《试乘试驾活动组织方的安全保障义务》,载 http://www.zwjkey.com/onews.asp?ID=14345,访问时间:2015年10月29日。

[30] 榆林市杰隆汽车销售服务有限责任公司诉王某某机动车交通事故责任纠纷一案(陕西省横山县人民法院〔2014〕横民初字第00782号)。法院认为原告享有商业利益,理应对试驾活动承担相应的风险责任。

[31] 《男子拿假驾照试驾百万跑车,撞坏后被判赔88万》,载中国法院网 http://www.chinacourt.org/article/detail/2014/11/id/1478050.shtml,访问时间:2015年10月29日。法院认定原告审查试驾资质时疏忽,担责10%。

第二,适车义务。汽车经销商的适车义务是指试驾车辆交付给消费者试驾前,汽车经销商应保证其所提供的车辆性能良好、手续齐全。如果刹车或转向系统存在安全隐患、车辆未上牌照、未投保交强险的,汽车经销商应对其未尽适车义务承担相应的责任。一般来说,法律规定驾驶员应承担适车义务㉜,但在试驾过程中,由于此时汽车的驾驶者处于消费者、购买者的角色,与所使用车辆建立的是一种即时、临时、短暂的驾驶关系,且试驾者对车辆的所有性能并不可能在短时间内熟悉,因此试驾车辆的适车义务应该由经销商承担。

第三,提供合适的试驾场地、选择合适的试驾路线的义务。不合适的试驾场地是交通事故发生的重要原因,因此在试驾过程中选择合适的试驾场地应该是汽车经销商应尽的法律义务。由经销商设置专门的试驾场地,这个设想当然可以实现,但从经销商的现状来看,寸土寸金,要求对方专门开辟专门的空地来作为试驾场地似乎过于苛刻,但选择一个允许机动车通行、相对安全、对行人威胁较少、让试驾者在驾驶时顾虑较少的场地应该是经销商可以尽到的义务。㉝ 同样,经销商应选择合适的试驾路线。经销商应在试驾道路上设立明显的指示牌、指示标语,划定指示标线等,有必要事先带消费者走一圈试驾路线,帮助试驾者熟悉试驾路线,以此来提高安全系数,减少事故的发生。

第四,介绍、指导、防范义务。如前所述,由于消费者对即将驾驶的车辆的性能不可能完全熟悉,因此,在驾驶车辆前,汽车经销商应该尽到必要的介绍告知义务,即将试驾车辆的基本操作、配置、特性和其他应注意事项告知试驾者。在试驾过程中应采取一人一车方式,除陪驾之外不得安排其他人员同乘,陪驾人员应坐在副驾驶位置,对前方可能发生的意外进行明确提示,必要时经销商可以在车内安装摄像头进行监控。如果试驾人员为充分测试车辆性能而作出一些带有危险性的驾驶操作,如超速驾驶,陪驾人员应有预见能力,提前制止危险驾驶行为,及时地把危险系数降到最低,保证车辆处于安全运行状态。

第五,签订《试乘试驾协议》的义务。依照《合同法》第 40 条㉞,协议中

㉜ 《道路交通安全法》第 21 条:"驾驶人驾驶机动车上道路行驶前,应当对机动车的安全技术性能进行认真检查;不得驾驶安全设施不全或者机件不符合技术标准等具有安全隐患的机动车。"

㉝ 前引④《汽车试驾法律问题探析》。

㉞ 第 40 条:"格式条款具有本法第 52 条和第 53 条规定情形的,或者提供格式条款一方免除其责任、加重对方责任、排除对方主要权利的,该条款无效。"

“试驾人在试驾中造成的人员伤亡、车辆损坏等事故,应由试驾人承担全部责任”的条款虽系经销商刻意回避自身责任、加重试驾者责任,属“霸王条款”而归于无效,但并不影响协议中的其他条款效力,如“试驾人必须在试驾时遵守操作规则及交通法则,做到安全文明驾驶,并按照指定的试驾路线正常行驶”“对操作若有不明,应询问本专营店同乘工作人员,并听从工作人员的合理建议或意见”“试驾前严禁喝酒,试驾时严禁吸烟及接听电话,必须系好安全带,严禁进行危险驾驶动作”。这些条款并未违反法律、行政法规的强制性规定,应认定为有效。这些条款一方面可以督促消费者谨慎驾驶,保护了汽车经销商的利益,另一方面也保障了试驾者的权利不受侵犯,如果经销商未在协议中写明这些内容,可认定为未尽安全保障义务。

三、结语

针对如何解决试乘试驾活动中试乘试驾者和汽车销售商的责任承担问题,学者们各持己见,司法实践中更是同案不同判,因此对该问题的研究颇有必要。根据交通事故所涉主体之不同,可将交通事故分为单方事故和双方事故;同理,由于体验车辆的方式不同,应区分试乘与试驾,然后采用排列组合的方法将试乘、试驾分别与单方事故、双方事故结合,形成试乘引发单方事故、试乘引发双方事故、试驾引发单方事故、试驾引发双方事故四种情形,探讨各自情形下法律适用问题和试乘试驾者、汽车经销商的责任承担问题。

在试乘引发单方事故情形下,试乘者若在乘坐中遭受人身财产损害的,可依据《侵权责任法》《解释》《消法》要求汽车销售商承担侵权责任,但不得要求交强险赔付;同理,试乘者如果违反约定导致试乘车辆毁损,要承担侵权或者违约责任。

试驾引发单方事故的,对于试驾车辆的毁损,试驾者应对汽车销售商承担侵权或者违约责任,并对车内其他人员承担侵权责任;汽车销售商对车内其他人员的人身财产安全负有安全保障义务,未尽安全保障义务的销售商应对车内其他人员承担补充赔偿责任。

如果试乘引发双方事故致第三人受损,汽车经销商只投保交强险的,应由承保交强险的保险公司在交强险限额内赔付第三人;汽车经销商还投保了商业三者险的,应按照“先交强险后商业险”的顺序赔付,如果还有未弥补的损害,将由汽车经销商承担剩下的损失;汽车经销商未依法投保交强险的,证明经销商存在过错,法律规定应由经销商在交强险限额内赔偿第三人。

试驾引发双方事故的,因试驾者未取得试驾车辆的占有,汽车经销商也未丧失对试驾车辆的占有,试驾者亦无法律上占有之目的,因此不应适用《侵权责任法》第49条。投保义务人依法投保交强险的,先由承保交强险的保险公司在限额内赔付,余下部分应由试驾者和汽车经销商依据《侵权责任法》第12条承担按份责任;投保义务人未依法投保交强险的,应由汽车经销商和试驾人在应投保的交强险范围内承担连带责任。

汽车经销商作为试乘试驾服务提供者、试乘试驾活动组织者,依照《侵权责任法》第37条规定应当对消费者、潜在消费者或者其他进入服务场所的人承担安全保障义务,包括审核、测试义务,适车义务,提供合适的试驾场地、选择合适的试驾路线的义务,介绍、指导、防范义务和签订《试乘试驾协议》的义务。

Study on Liability for Traffic Accident during Test - drive and Test - ride

Abstract: Chinese Civil Law theory circle and people's courts have no consensus of methods to identify liability for traffic accidents during test - drive and test - ride. Given subjects in accidents and their ways of driving would have significant impact on identification of liability, it is essential to distinguish between unilateral accident and bilateral accident, test ride and drive, and then combine each other into unilateral accident caused by test ride, or unilateral accident caused by test drive, or bilateral accident caused by test ride, or bilateral accident caused by test drive. Generally, auto dealerships have faults for accidents during test - ride and test - drive. According to Tort Law of the People's Republic of China, auto dealerships, being the organizers, shall bear security obligations, which include checking and testing the test drivers, ensuring the vehicle is suitable for driving, providing a suitable site, selecting a appropriate route, providing safety guidance and signing an agreement on test - drive and test - ride.

Key Words: Test - ride; Test - drive; Unilateral Accident; Bilateral Accident; Security Obligation

(责任校对:曹亚雅)

立法与司法的互动：地方性法规司法适用研究*

凌艳怡**

摘　要：作为我国重要的法律渊源之一，地方性法规不仅数量繁多、类别复杂，而且因其直接贴近地情和民情，关乎公民的权利和义务，故而在地方性事务的管理中发挥着不可替代的作用。当前，我国地方性法规的司法适用存在“立法遗留之难”与“实践存在之难”。在“立法遗留之难”中，“无法适用”的先天不足和“难以适用”的后天缺陷，使得“纸面上的法”与“行动上的法”存在某种程度上的相互背离甚至对立。在“实践存在之难”中，围绕着地方性法规的司法适用，立法与司法展开了生动的互动。在“两难”处境中的法官通过其策略与技术的实践，缓和矛盾冲突，回避司法风险。基于国情、社情等多种因素的考量，我国不宜简单照抄照搬“西方分权制衡”原理，走通过司法权规制立法权的老路。现阶段，我们应以审慎的态度，采取稳妥的进路，在地方性法规司法适用中，属于立法领域的问题应通过立法途径解决，属于司法领域的问题应通过司法途径解决。

关键词：地方性法规　司法适用　法规冲突

地方性法规的司法适用是我国立法和司法过程中一个绕不开的问题。作为我国重要的法律渊源之一，地方性法规是地方立法机关制定的，在地方区域内发生法律效力的规范性法律文件。在我国现阶段，地方性法规不仅数量繁多、类别复杂，而且因为其直接贴近地情和民情，关乎公民的权利和义务，故而在

* **基金项目**：2011 年国家社科基金项目“《监督法》配套立法效果考察及其实施机制建构研究”（批准号：11BFX088）。

** **作者简介**：凌艳怡（1992—），女，湖南衡阳人，湘潭大学法学院法理学专业 2014 级硕士生。

地方性事务的管理中发挥着不可替代的作用,是中国特色社会主义法律体系中的重要组成部分。然而,在我国司法领域一直存在着重法律司法适用而轻地方性法规司法适用的倾向。本文试图通过分析地方性法规在司法适用中遭遇的多重困境,说明立法部门和司法部门围绕地方性法规的司法适用如何互动,并探讨在全面深化改革和全面推进依法治国的背景下,立法与司法如何更好地回应地方性法规司法适用实践中的具体问题,以及与此相关的对策和建议。

一、法官的困境:地方性法规司法适用的"两难"

法官在审理具体案件,尤其是行政、民事纠纷时,涉及有关地方性法规的司法适用,经常会面临"立法遗留之难"与"实践存在之难"的双重困境。

(一)立法遗留的难题:"无法适用"与"难以适用"

1."无法适用"——地方性法规适用的先天不足①

(1)地方性法规立法的局限。② 首先,法律法规的制定存在不同立法主体的利益之争,局部利益与整体利益、眼前利益与长远利益的冲突。"法律关系实质上就是利益关系,立法过程也就是利益的分配过程。"③地方性法规与部门规章相比较,地方性法规更侧重于当地经济社会发展,而部门规章所涉更多的是部委自身和某一行业的经济利益。现实中,地方性法规与行政法规、部门规章对同一违法事项作出不同的处罚设定,对同一事项的管理权授予不同对象,对同一事项的行政相对人的权利义务作出不同规定等情形不一而足。其次,多元立法主体造成的局限。宪法规定的一元性多层次的立法体制使我国立法主体多元化。辽阔的幅员、众多的区划以及庞大的机构使得立法主体数量多,规范之间协调的难度加大。我国地方性法规的立法主体数量最为庞大。除省、自治区、直辖市等省级行政单位和较大的市外,根据《立法法》,全国所

---

① 此处的"无法适用"是相对于全国性法律而言的,并不是绝对的"无法适用"。此外,本文着眼于地方性法规司法适用的问题(其中包括无法适用、难以适用),因此,对地方性法规适用的情况着墨较少。值得一提的是,在有些法院的实践中,地方性法规还可以作为审理案件的唯一实体法律依据。如重庆市第三中级人民法院在《人口与计划生育法》颁布以前,以《重庆市计划生育条例》作为审理计划生育行政处理、处罚等案件的唯一实体法律依据。参见李强、龚海南、陈立洋:《以司法职能助推地方民主法治建设:重庆市第三中级人民法院适用地方性法规情况的调研报告》,载《法律适用》2012 年第 2 期。

② 邵兴平:《论部门规章与地方性法规的冲突及其选择适用》,中国政法大学 2007 年硕士学位论文。

③ 付子堂:《法律功能论》,中国政法大学出版社 1999 年版,第 89 页。

有284个设区的市均拥有地方立法权。而部门规章的立法主体包括国务院各部委、直属机构等,数量多达数十个。如此多的立法主体很难就其起草的每一部法律规范进行一一协调,使得地方性法规与部门规章在某种程度上容易发生冲突。再次,立法技术的局限。因立法主体、条件等差异,相对于其他法律规范,地方性法规因立法技术的局限,使得地方性法规文字表述不规范,超越立法权限设定处罚主体、种类和权利义务内容的情况较为突出。另外,部分地方性法规照抄上位法,使得法律、行政法规等上位法存在的问题直接遗留下来。且法规的制定受到语言表达能力的有限制约,法规含义的不确定性,使得法规难免存在与现实生活不完全对应的地方。由法规的不确定性所造成的漏洞为法规冲突留下了“口子”。最后,法规的滞后性。《立法法》修改后,设区的市拥有立法权,这使得地方性法规立法主体大量增加。此外,各级人大不断加大立法力度,加之日新月异的经济社会发展对完善法制的迫切要求,越来越多的法律法规颁布实施。相较不断发展的“立”,它们的“废”与“改”相对落后与不及时;相较法规制定,法规清理工作较为迟缓。

(2)现行法规中有关地方性法规的适用规则存在漏洞。其一,《行政诉讼法》扩大了《宪法》所规定的法院审判依据的范围。根据《宪法》第126条以及《行政诉讼法》第5条的规定,法院行使审判权以法律为依据。而《行政诉讼法》第63条将行政法规、地方性法规及民族自治条例、单行条例也作为法院审判的依据。其二,《行政诉讼法》规定,法院对行政行为是否合法进行审查。如果合法性的审查对象包括法律法规等,那么法律和地方性法规等都是法院审判的依据。“这就出现一个层级必须服从另一层级的审判依据的局面,而法院对这两个层级的审判依据都只有服从的义务,没有选择适用乃至直接否定其中之一的权力,这就不可避免地使法院陷于无所适从的境地。”④其三,地方性法规与部门规章的效力高低不明确。根据《立法法》规定,当两者相冲突时,应通过裁决机制解决,地方性法规并不当然地优先部门规章得到适用。然而根据《行政诉讼法》第63条,地方性法规为审判“依据”,部门规章只处于“参照”地位,地方性法规优先于部门规章得到适用。《立法法》与《行政诉讼法》的有关规定相冲突,造成在行政审判中,地方性法规与部门规章的适用冲突问题更加复杂。⑤

---

④ 刘松山:《人民法院的审判依据》,载《政法论坛》2006年第4期。

⑤ 林明民:《试论地方性法规在行政审判中的适用》,华东政法大学2014年硕士学位论文。

2.“难以适用”——地方性法规司法适用的后天缺陷

(1)权力互动:立法解释 vs 司法解释

在我国“一元多级”的法律解释体制中,全国人大常委会、最高人民法院、国务院、省级人大及其常委会等主体均拥有法律解释权,它们之间的区别在于法律解释权的范围和层级。但是,在我国现行立法体制下,没有任何法律或法规授权同级或上级法院可以解释地方性法规,换言之,全国各级法院——当然包括最高人民法院——对地方性法规没有司法解释权。当最高人民法院全国性的司法解释权遭遇地方性法规的立法解释权时,因现有法律制度供给的缺失和不足,司法的全国统一适用被地方立法解释无情地切割,导致地方性法规司法适用的各自为政,助长司法地方保护主义。最高人民法院对地方性法规的司法解释都没有话语权,更遑论处于地方各级人大之下的地方各级人民法院在司法适用时面对“强势”人大时的“腿软无力”。

表1 法律解释主体的构成及依据

<table>
<tr><th rowspan="2"></th><th colspan="2">立法解释权</th><th colspan="2">司法解释权</th><th colspan="2">行政解释权</th></tr>
<tr><th>主体</th><th>依据</th><th>主体</th><th>依据</th><th>主体</th><th>依据</th></tr>
<tr><td>国家层面</td><td>全国人大常委会</td><td>《宪法》《立法法》</td><td>最高人民法院、最高人民检察院</td><td>《决议》⑥</td><td>国务院及主管部门</td><td>《决议》</td></tr>
<tr><td rowspan="2">地方层面</td><td>省、自治区、直辖市的人大常委会</td><td>《决议》</td><td rowspan="2">地方法院无司法解释权</td><td rowspan="2">无</td><td rowspan="2">省、自治区、直辖市政府及主管部门</td><td rowspan="2">《决议》</td></tr>
<tr><td>设区的市的人大常委会</td><td>根据立法相关规定的精神及多数地方立法条例⑦</td></tr>
</table>

(2)法规冲突:“相抵触”vs“不一致”

法规冲突包括法律规范之间的“相抵触”和法律规范之间的“不一致”两种情况。根据《立法法》的有关规定,前者发生在不同位阶的法律规范之间,后者发生在同一位阶的法律规范之间。在地方性法规的司法适用中,就存在

⑥ 全国人大常委会《关于加强法律解释工作的决议》(以下简称《决议》)。

⑦ 如在《景德镇市立法条例》在第四章法规解释的第43条中规定:“市人民代表大会及其常务委员会制定的法规,由常务委员会解释。法规有以下情况之一的,由市人民代表大会常务委员会解释:(一)法规的规定需要进一步明确具体含义的;(二)法规制定后出现新的情况,需要明确适用法规依据的。”

地方性法规与其他法律法规“相抵触”和“不一致”的多种情形。

第一种情形，地方性法规与法律、行政法规冲突。长久以来，我国地方立法一直存在着地方保护主义倾向。一些地方将地方性法规作为与国、与民争利的工具，对法律已经规定的事项作出变通或补充规定，变相地扩大地方政府的职权或者减小地方政府的责任。[⑧] 授权性地方性法规在审判中与法律、行政法规的适用冲突虽然相对少见，但其与上位法的适用冲突是客观存在的，主要表现为具体规定与上位法确立的法律原则或精神相冲突，而很少直接与上位法的具体规定相矛盾，因此，此类法规冲突具有很强的隐蔽性。

第二种情形，地方性法规与部门规章冲突。《立法法》与《行政诉讼法》的规定存在不一致，而学界对地方性法规与部门规章的位阶亦存在争议。从《立法法》规定的内容来看，两者属于同一位阶，在冲突时将其归于同一层级法律规范之间的“不一致”的情形。而依《行政诉讼法》的规定，地方性法规为行政审判的“依据”，部门规章只处于“参照”地位，在此地方性法规的层级明显高于部门规章。法律规定的不一致使两者的冲突在行政审判中的适用问题上愈加复杂。

第三种情形，地方性法规与省级政府规章冲突。2015 年新《立法法》进一步赋予设区的市的地方立法权。设区的市享有地方立法权后，设区的市制定的地方性法规与省级政府的规章相冲突，又该如何处理？其处理方法是否参照地方性法规与部门规章的冲突解决机制[⑨]：由省级政府提出意见，省级政府认为应当适用地方性法规的，适用地方性法规的规定；认为应当适用省级政府规章的，提请省级人大常委会裁决。此类问题在现有立法中并无明确规定，亟待研究解决。

（二）实践存在的难题：触碰“红线”的警示与司法解释的变化

在司法实践中，地方性法规与其他法律法规相冲突的案例并不鲜见，但办案法官因选择适用不同的法律规范而造成立法部门与司法部门“对峙”的情况却很少见，以下两个案例就是其中的典型。而最高人民法院有关司法解释对法官法律选择权的“暧昧”的变化给原本复杂的问题增加了更多的变数。

---

⑧ 郭道晖：《法的时代挑战》，湖南人民出版社 2003 年版，第 357 页。

⑨ 《中华人民共和国立法法》第 95 条规定：地方性法规与部门规章之间对同一事项的规定不一致，不能确定如何适用时，由国务院提出意见，国务院认为应当适用地方性法规的，应当决定在该地方适用地方性法规的规定；认为应当适用部门规章的，应当提请全国人民代表大会常务委员会裁决。

1. 法官的“错误判决”

(1)“甘肃酒泉案”。[10] 1998 年,甘肃酒泉地区中级人民法院在一个案件判决中以被诉具体行政行为依据的《甘肃省产品质量监督管理条例》(甘肃省人大常委会制定的地方性法规)与《行政处罚法》的相关规定相抵触为由,判决撤销被诉具体行政行为。高院再审[11]判决认为,不能以该地方性法规违反法律为由,直接评判地方性法规的效力,并依据《行政处罚法》第 61 条规定,撤销了原判决。

(2)“河南种子案”。2003 年,洛阳市中级人民法院在一起案件判决书中写道:“《河南省农作物种子管理条例》作为法律位阶较低的地方性法规,其与《种子法》相抵触的条(款)自然无效。”河南省人大认为该判决对省人大常委会通过的地方性法规的违法审查,违背了我国人民代表大会制度……洛阳市中级人民法院根据河南省人大常委会的要求,决定撤销民事庭赵广云的副庭长职务和李慧娟的审判长职务。[12]

2. 司法解释的“暧昧”变化

从“应当执行法律和行政法规的规定”到“根据法条精神进行选择适用”,再到“注意办案的社会效果,避免刻板僵化地理解和适用法律条文”,最后变成“不得自行在裁判文书中认定相关规范性法律文件的效力”。1993 年到 2009 年,这 16 年间最高人民法院的司法解释对法规冲突选择适用的措辞变化值得体味。从某种意义上反映了最高人民法院对与地方性法规有关的法规冲突的司法适用之越来越审慎,也可见司法部门在与立法部门互动中某种由“进”到“退”的趋势。

二、法官“法律选择”及结果:面对“两难”的实践策略与技术

霍姆斯有言:“法律的生命从来不是逻辑,而是经验。”法的适用是行为人、人文环境和制度环境、社会现实以及“纸面上的法”的基本逻辑等多种因素共同推进而形成“行动中的法”的过程。在地方性法规适用的司法实践中,

---

⑩ 酒泉地区惠宝家电制冷设备有限公司不服酒泉地区技术监督局行政处罚案,参见甘肃省高级人民法院〔1999〕甘行监字第 29 号行政判决书。

⑪ 甘肃省人大常委会认为甘肃酒泉地区中级人民法院“严重侵犯了宪法中地方组织法赋予人大及常委会的立法权,超越了审判权限……”随即,甘肃省人大常委会要求甘肃省高级人民法院对该案进行提审。

⑫ 曾金胜:《李慧娟事件再调查》,载《时代潮》2004 年第 10 期。

面对“两难”的困境，法官们从当前我国国情、社情的大背景出发，综合考虑法律效果、政治效果、社会效果等多种影响，通过其实践策略与技术，生动演绎“行动中的法”以弥补“纸面上的法”之不足。在立法与司法的互动中，法官群体“辗转迂回”的实践智慧也体现得淋漓尽致。

（一）法官的法律选择

有学者总结了实践中法官遇到法律规范冲突（法律规范之间“相抵触”）时的四种做法：一是拒绝适用违反上位法的规范，并指出这样做的理由；二是直接适用上位法，不对下位法进行评论，即不说明判决的理由；三是适用下位法；四是不作判决，向上报告。⑬ 此外，从逻辑的周延性考虑，笔者认为存在某些法官在遇到法律规范冲突时的“视而不见”的第五种做法。

在第一种的做法中，个别法官除了在内心对地方性法规具体规定的合法性进行判断外，还进一步在判决书中论证其违法、无效，进而拒绝适用违法的规定来审查行政行为。该做法的政治风险系数高，有“河南种子案”和“甘肃酒泉案”等案例的前车之鉴，因此在实践中出现较少。第二种做法违背了判决书加强说理性的要求，在实践中，由于一些地方性法规存在超越立法权限、与中央立法低触等问题，有一定司法经验且认真负责的法官对适用地方性法规比较谨慎。如果认为地方性法规与上位法抵触，一些法官会直接根据法律、行政法规来审理案件，甚至以行政行为缺乏法律依据为由判决撤销，而不走请示有权机关作出决定的程序。第三种做法不仅违背了法官的自由心证，而且明显违法。第四种做法往往发生在法官主动发现地方性法规的规定与上位法不一致的情形下。适用地方性法规可能导致明显的“错案”“冤案”，而不适用地方性法规又可能遭受地方人大施加的压力。在两权相害的情况下，法院一般采取向有权机关请示的做法（包括在法院系统内部向上一级法院或者最高人民法院请示，在法院系统外部向同级或者高一级人大请示），从而避免自行处理地方性法规适用冲突存在的审判风险，但也违背了独立审判原则。第五种做法无视地方性法规所存在的问题，对此，部分法官在判决中轻描淡写地认定地方性法规不存在与上位法相抵触的问题，或者干脆以当事人没有提交相应的证据为由不采纳其主张。

有学者通过对中部某省会城市中级人民法院的问卷调查得出以下结论：无论是在行政诉讼还是民事诉讼中，法官对法规冲突的存在有广泛认知，并事

---

⑬ 周永坤：《论法官查找法律的权力》，载《法学》2004 年第 4 期。

实上对法规进行了合法性审查。在处理上,民庭和行政庭法官均采用了"自行判决、谨慎表述"的做法,即由本庭或本院自行作出判决,但在判决中均不提及法规冲突的存在,而是径行选择适用相关法规。"谨慎表述"体现了中国法院的司法审慎,反映了法院在权力格局中的微妙处境。⑭ 该结论也从笔者与中部某省会城市中级人民法院的部分法官访谈中得到了印证。

面对"两难"的实践策略与技术,绝大多数法官更倾向于以一种更为审慎的态度面对以避免风险,一般谁也不愿简单地适用地方性法规,即便适用也只是通过"剪裁事实"和系列"法律选择"(效力判断机制)回避地方性法规,法官们通过"解释技术"对地方性法规"间接"地加以适用。如此一来,要么可能造成法院尽可能地少适用地方性法规,导致地方性法规形同虚设,要么可能造成法院对地方性法规的不当适用问题,导致国家统一司法权受影响。这"两难"问题,无论是哪种情况,都不利于发挥地方性法规的作用,同时也不利于司法权威的树立。

(二)法官法律选择的压力

虽然,法官群体通过"辗转迂回"的实践智慧,缓和了在地方性法规司法适用中立法与司法的矛盾,但是,随着司法改革的深入推进,法官的法律选择面临着来自内外更大的压力。

1. 内压:裁判文书质量和判决说理性的要求

近年来,随着"提高裁判文书的质量"和"增强判决的说理性"日趋受到重视,法官裁判的说理压力也随之水涨船高。《人民法院第四个五年改革纲要(2014—2018)》明确要求"推动裁判文书说理改革",⑮2016 年 8 月 1 日起施行的《人民法院民事裁判文书制作规范》在民事裁判文书内容的理由部分,指出"对争议的法律适用问题,应当根据案件的性质、争议的法律关系、认定的

---

⑭ 彭亚楠:《"自行判决"、"谨慎表述"——对某中级法院法官处理法规冲突案件的实证调查》,载《法学》2007 年第 3 期。

⑮ 《最高人民法院关于全面深化人民法院改革的意见——人民法院第四个五年改革纲要(2014—2018)》指出:"推动裁判文书说理改革……加强对当事人争议较大、法律关系复杂、社会关注度较高的一审案件,以及所有的二审案件、再审案件、审判委员会讨论决定案件裁判文书的说理性……完善裁判文书说理的刚性约束机制和激励机制,建立裁判文书说理的评价体系,将裁判文书的说理水平作为法官业绩评价和晋级、选升的重要因素。"此外,该纲要还提出:"完善法律统一适用机制。完善最高人民法院的审判指导方式,加强司法解释等审判指导方式的规范性、及时性、针对性和有效性。改革和完善指导性案例的筛选、评估和发布机制。健全完善确保人民法院统一适用法律的工作机制。"

事实,依照法律、司法解释规定的法律适用规则进行分析,作出认定,阐明支持或不予支持的理由”。

2. 外压:裁判文书公开的推动

《人民法院第四个五年改革纲要(2014—2018)》规定了完善裁判文书公开的举措。[16] 2016 年 10 月 1 日实施的《最高人民法院关于人民法院在互联网公布裁判文书的规定》进一步落实了裁判文书以“公开为原则,不公开为例外”的精神,确立了“依法、全面、及时、规范”的原则。通过提升对公开的力度、公开范围的要求,“倒逼法官强化责任意识”,以“提高审判质效”。[17] 可以预见的是,随着裁判文书公开工作的推进和社会各界对裁判文书公开的关注度的不断提升,法官通过实践策略与技术等回避地方性法规的司法适用的难度将越来越大,能够回避的空间将越来越小。

三、一种稳妥的破局:权责明确下的各司其职

在我国现行法律法规制度框架下,法院仅可在行政复议和行政诉讼中对规范性文件作有限的附带性审查。而对法律法规的审查,在我国目前的行政诉讼法和行政复议法中并无依据。笔者认为,就现阶段而言,属于立法领域的问题通过立法途径解决,属于司法领域的问题通过司法途径解决,不宜照抄西方“三权分立”理论,简单地通过司法权制约立法权。

(一)立法:强化地方立法职能,推动地方性法规的司法适用

地方立法是以地方性法规的形式,对地方发展面临的重大问题予以规范。地方立法作为衡量地方法治化程度的标志,有着平衡地方社会经济发展与民众利益的作用。地方立法的质量,影响到其能否为法院裁判案件提供明确具体的法律依据。

1. 推进立法工作的多方参与,推动地方立法民主化。地方人大在开展立法工作时,应听取政府职能部门、专家学者、社会民众的多方意见。实践证明,

---

[16] 《最高人民法院关于全面深化人民法院改革的意见——人民法院第四个五年改革纲要(2014—2018)》指出:“完善裁判文书公开平台。加强中国裁判文书网网站建设,完善其查询检索、信息聚合功能,方便公众有效获取、查阅、复制裁判文书。严格按照‘以公开为原则,不公开为例外’的要求,实现四级人民法院依法应当公开的生效裁判文书统一在中国裁判文书网公布。”

[17] 《提高司法公信 最高法院规范裁判文书上网工》,载中国法院网,http://www.chinacourt.org/article/ detail/ 2016/08/id/2071256.shtml,访问时间:2016 年 9 月 10 日。

民主的立法能有效降低实施的阻力,也能对社会冲突起到预防的作用。在立项时,地方人大应选择地方管理最迫切需求的立法项目。在立法过程中,人大应与政府职能部门等保持密切交流,听取意见,科学地分配权责,防止日后出现政府部门之间利益争夺或相互推诿责任等情形。立法草案在表决前应向社会全文公布,听取社会大众的意见。

2. 注重立法技术的运用。地方性法规是对地方政府行政经验的及时总结,并以立法形式转化。要定期组织对地方立法实施情况进行调研,发现问题及时通过法规的立、改、废等方式,维护我国法律体系的统一性。一些地方性法规存在用语不够明确等问题可以通过立法解释等方式予以界定。对社会管理及法院裁判急需明确,但法律法规没有规定或规定不明的事项,可以通过地方性法规予以规范。针对地方性法规杂而多,但适用不充分以及法规中存在的规定不一致、操作性不强等问题,要加强地方立法的针对性,定期对地方性法规进行修改、清理。⑱

3. 通过立法监督机制监督地方性法规立法。按照我国宪法和法律的基本精神,下位法不得违背上位法,同位阶法律法规应协调一致。《监督法》第29条规定:"县级以上地方各级人民代表大会常务委员会可以审查、撤销下一级人民代表大会及其常务委员会作出的不适当的决议、决定。"地方性法规作为行使地方立法权的一项重要规范性文件,其制定权亦无一例外地必须接受各级人大常委会基于合宪性、合法性以及适当性等原则的审查和监督。

(二)司法:发挥司法能动作用,促进地方立法完善

"法院是法律帝国的首都,法官是帝国的王侯。"⑲法院作为法律适用的中心,要提高对地方性法规重要性的认识。法院在司法适用过程中发现法规之间冲突、立法规则模糊等问题时,可以向人大及上级法院请示汇报。法院要防止自由裁量权的滥用,发挥地方性法规在规范公民在社会生活中的行为、监督行政机关履行行政职能和促进地方发展等方面的作用,为维护我国法律体系的统一性作出一定贡献。

1. 在认识方面,增强依法适用地方性法规的意识。笔者从调研中发现,法官对适用地方性法规的法律地位是认识到位的。但也存在遇到地方立法与上

---

⑱ 李强、龚海南、陈立洋:《以司法职能助推地方民主法治建设:重庆市第三中级人民法院适用地方性法规情况的调研报告》,载《法律适用》2012年第2期。

⑲ [美]德沃金:《法律帝国》,中国大百科全书出版社1996年版,第361页。

位法均有规定时,未适用地方性性法规而只适用了上位法,以及法官在判决书中分析说理部分,使用了地方性法规的相关原理却没有引用具体条文等问题。能用不用、模糊适用等问题妨碍了地方性法规在审判工作中应有功能的发挥。法院要强调地方性法规的重要作用,对地方性法规的适用作出明确具体的规定,规范自由裁量权的使用。

2. 在业务能力方面,加强对地方性法规的学习,提升法官审判技能。法院依法审判,对保障国家法治统一具有重要意义。与此同时,作为法院重要裁判依据的地方性法规,引导和规范着法院的司法活动。在法院内部学习中,应增加地方性法规特别是新颁布实施的地方性法规的内容,督促法官掌握地方立法精神和要旨,总结并讨论实践中地方性法规适用的案例,让地方性法规在各类案件审理中有理有据。通过关于地方性法规的适用相关培训,提高审判质量。防止能用不用、规避适用、模糊适用等情况的发生。

3. 开展对地方性法规司法适用的调研,总结地方性法规适用经验。地方性法规相较于国家法律法规而言更贴近地方的民情、更具有可操作性。法院审理涉及地区事务的案件时,适用地方性法规有助于实现法律效果与社会效果的统一。法院可以在深入调研的基础上,总结地方性法规适用经验,引导地方性法规的适用,规范法院的司法活动。第一,最高人民法院可以在全国范围内发布指导性案例,以个案引导的方式规范地方性法规的司法适用;第二,省级人民法院也可以对本辖区内的适用地方性法规裁判的典型案件予以总结、点评、报道,以从上级法院到下级法院的方式保证司法的统一;第三,各级人民法院应对地方性法规适用过程中存在的问题予以分析、解剖,并由下级法院向上级法院汇集,发现地方性法规需要立、改、废的,及时向立法机关、上级法院报告。地方人大可以通过地方性法规司法的适用的情况,总结立法经验,提升治理地方事务的能力。

四、结语

地方性法规的司法适用是法院将“纸面上的法”变成“行动上的法”的过程,同时也是立法与司法、中央与地方围绕该主题互动的过程。在“立法遗留之难”和“实践存在之难”的两难处境中的法官群体通过其策略与技术的实践,缓和矛盾冲突,回避司法风险。然而这种技术性处理只是“暂时性的回避”,无法从根本上解决问题。长远来看,基于国情、社情以及审慎稳妥的考虑,目前,我国不宜简单照抄、照搬西方“分权制衡”原理,赋予法院司法审查权规制立法。权责明确下的各司其职——属于立法领域的问题应通过立法途径解决,属于司法领域的问题应通过司法途径解决或许是当下一种稳妥的途径。

Interaction between Legislation and Judicature: On the Application of Local Regulations

Abstract: As one of the most important legal sources of China and an essential part of the socialist legal system with Chinese characteristics, local regulations, the role of which is irreplaceable in the areas of local economics and society, are not only in a large quantity and complicated with various kinds, but also have a close connection with local situations and citizen's rights and obligations. Currently, the Application of local regulations in China, more or less, faces the leftover problems in legislation and practice problems. On one hand, in the situation of the leftover problems in legislation, Interaction between Legislation and Judicature is active, which both focus on the application of local regulations; in the other hand, in the situation of practice problems, judges in a dilemma use their strategies and techniques to deal with conflicts of laws and keep away from jurisdiction risk. In consideration of the situation of the country and the society, it is not proper to apply laws transpiration theory of separation of powers and checks and balances to our practice directly with an old path. We should take steps with a sound policy prudent attitude, which is, taking legislative ways to deal with legislative problems and taking judicial ways to deal with judicial problems.

Key Words: Local Regulations; Application of Law; Conflict of Laws

(责任校对:林　源)

对我国《环境保护税法(征求意见稿)》优惠政策的思考

郑茗月　张　曼　张小冬伟*

摘　要:在我国工业化进程中,环境问题日益严重并亟待解决。而拟定完善的《环境保护税法(征求意见稿)》不仅能克服征收排污费制度在实施过程中所出现的种种不足,而且可借助税收上的优惠政策使相关单位及个人乐于守法。文中采取对比的方法,一方面借"以税改费"的优势来论证此税法出台的必然性,另一方面借鉴了西方发达国家有关环境保护税法优惠政策中的优势,指出在现有征求意见稿中存在着免税范围过大、监督体制不完善等问题,并提出相关的完善制度。最后就意见稿中的纳税期限、减排基金的建立、优惠种类等方面提出具体修法建议,以供立法者参考。

关键词:环境保护税　以税改费　税收优惠　免征减征　监管体制

"既能满足当代人的需要,又不对后代人满足其需要的能力构成危害的发展"①的可持续发展理念逐渐深入人心。近些年来,科学发展观、生态文明等国家政策理念的提出也于无形间提高了普通百姓对环境问题的关注度。

污染排放问题由来已久,而我国现行的征收排污费制度在实施过程中却出现征收范围过于狭窄、排污收费制度监督力度不够等问题。② 在质疑和困惑中,《环境保护税法》的推出显得尤为重要。笔者就征求意见稿第四章税收

---

* **作者简介**:郑茗月(1995—),女,浙江省温州大学法政学院本科生;张曼(1994—),女,浙江省温州大学法政学院本科生;张小冬伟(1994—),女,浙江省温州大学法政学院本科生。

① 文字源于1987年2月在第八次世界环境与发展委员会上通过的 *Our Common Future*(《我们共同的未来》)。

② 王萌:《我国排污费制度的局限性及其改革》,载《税务研究》2009年第7期。

优惠之相关条文进行思考探究,通过比较与分析条文的方法对观点进行阐述。一方面将征收排污费制度之优惠政策与意见稿的优惠政策进行比较;另一方面剖析英德两国环境税法中所规定的优惠政策,并比照我国的相关条款,在取长补短的基础上为立法者提供建设性意见。

有关环境保护税之研究,多侧重于讨论开征环境保护税的必要性③、提出征收突发环境保护税的想法④、如何借鉴国外环境保护税法规定来制定我国的税收规定⑤等方面,但都未曾从具体条文入手去探讨《环境保护税法(征求意见稿)》中所存在的具体问题。笔者以优惠政策为落脚点,就免征政策、减排措施等方面提出全新看法,并整理列出客观的借鉴意见与具体的修法措施。

一、"以税改费"的历史必然性

我国现行的与环境保护有关的税费政策如排污收费制度已实施了30多年,在控制污染、倡导资源节约等方面形成良好的政策导向,也为环境保护提供了一定的资金。但在实现加快生态文明建设和环境保护国家治理体系建设目标上,环境保护收费制度仍存在许多不足,主要表现在排污收费设计有缺陷、征管费用的力度不够、资金使用的效率低下等方面。

英国经济学家庇古支持,当税率足够高时才能对环境保护行为产生激励作用从而有效地约束污染。据数据显示,我国排污费的征收标准仅占治污成本的50%左右,甚至在某些项目上不及10%。如二氧化硫排污费的征收标准是0.63元/污染当量,但电力企业脱硫的治理成本在3~4元/污染当量。我国矿产资源补偿费的平均费率为1.18%,而国外性质相近的费率基本在2.1%~8%之间,也就是说我国现行的排污收费标准远低于目前的治污成本。⑥ 两相比较,企业自然会选择支出更少的方案,排污企业不愿将资金花在完善技术和引进环保设施来保护环境上,现行排污收费制度不但没能刺激各

---

③ 王译靖、梁飞媛:《关于我国开征环境保护税的问题思考及对策建议》,载《商业会计》2014年第11期。

④ 郭聪聪:《关于我国开征环境保护税的思考》,载《特区经济(*Special Zone Economy*)》2014年第9期。

⑤ 沙丽塔娜提等:《德国环境税的经验及其对中国的借鉴意义》,载《新疆环境保护》2014年第4期。

⑥ 张颖:《环境保护费改税的分析与思考——以江苏省为例》,安徽财经大学2015年硕士学位论文。

企业做到积极治理污染，反而对其行为进行逆向调节，“先排污后收费”的滞后征收以及“排污缴费比减排治理更划算”的消极观念使有的企业缺乏环保责任意识，依赖政府为其治污。排污收费设计的收费标准偏低以及征收方式滞后等缺陷，使减排环保的事实结果与目标之间相差甚远。由于以规章制度为依据，排污收费的法律效率较弱，且不具有强制性，对排污单位约束力不强，且存在征管不到位，协商收费、污染物排放量申报不实等问题，导致排污费征收率低下。⑦ 并且环境保护收费立法层次较低，又缺乏对环保部门应有的监督，在现实收费情况中，执法不严导致企业拖欠费用、征收不到位的现象屡见不鲜，征收率较低直接影响环保收费制度的成效。此外，环保收费规范性较弱，容易出现收费被截留、挪用、挤占、使用不明确等问题，故环境保护收费专款专用也难以得到体现和发挥。

具体而言，当因治理环境污染而产生外部消费的问题时，导致污染的产品的生产所带来私人成本的增量比社会总成本的增量要少得多。也就是说，从私人角度来看，生产该产品是盈利的，但对于整个社会而言是亏损的。这种矛盾原因在于环境污染的外部性，不可能靠市场力量解决，需要政府设计一种能将外部成本内部化的制度规则，将社会成本纳入企业的生产成本，从而解决环境资源分配的效率低下以及不公平问题。然而现有的环境保护收费制度的设立并非纯粹出于保护环境的目的，基于我国国情，环保收费制度也因缺少优惠政策而难以促进环境保护的主动性，以至于很难达到其应有效果。如 2003 年 7 月 1 日起施行的《排污费征收使用管理条例》中只有第 2 条提及免收排污费的情况，以及第 15 条的申请减半或免缴和第 16 条的申请缓缴的规定，此外并无其他优惠政策，对控制环境污染和减少生态破坏起的作用微乎其微。这就使得政府对环境保护的调控作用受到严重限制，且专门用于环境保护的资金收入来源也难以得到保障。故国家应该征收环境保护税，通过改变价格信号调节环境污染行为，促使企业和个人减少污染排放量。

环境保护收费制度改为征收环境保护税是国家财税体制改革的重要方面，目的是清理各种环境行政收费，把一部分国家强制征收的、实质具有税收性质的行政收费回归为国家法定税收。且排污收费制度为环境保护税的建立提供了良好的基础，就效率上来看，环境保护税明显要高于收费制度，且征税

---

⑦ 吴健、陈青：《从排污费到环境保护税的制度红利思考》，载《环境保护》2015 年第 16 期。

比收费更具有法律强制性、固定性以及法定性。环境保护税以法律为基础,其法定性决定了其法律依据由全国人民代表大会及常务委员会审议通过,立法层次较高,且程序要求严格,不易改变。而环境保护收费主要以规章制度为基础,凭借行政手段实施,且收费的设计由法规确定,调整和改变较方便。换言之,相对于环保收费,环境保护税有法律强制性,法律保障程度更高,具有强有力的征管法规保障。而环保税的固定性能保证税收政策持续、充分地发挥激励企业治理污染的作用,促使企业环境外部成本内部化,也将促进环保部门与税务部门的信息沟通与进一步协作,加强对企业污染行为的监管,且环境保护税中规定的奖惩条款能鼓励企业达标排放,从而实现总量减排。从世界范围的环境保护税的发展趋势来看,各国环境税的开征愈发普遍。当然在中国到底是通过收费还是课税来达到控制污染和治理环境的效果是与我国国情息息相关的,费改税并不能说明课税这种方式一定会比收费科学合理,而只能说,环保收费制度在我国国情下并不能达到应有效果。所以我们尝试另一种政策工具——环境保护税。国家可以通过征收环保税使污染者承担必要的污染治理与环境损害修复成本,但太过严厉的环保措施将会在实际上阻碍经济发展,使其急速衰退;反过来说,环保措施及其所促进的新工业也是经济可持续增长的条件和推动者。⑧ 故合理确定环境保护税的税负水平显得至关重要,这需要兼顾纳税人的实际承受能力和政府调节功能的发挥。当然,环境保护税的征管方式也需要科学设计,一个征管机制是否高效将决定环保部门和财税部门之间能否配合得当以及相关部门的法律责任是否明确。这些因素包括笔者所论述的环境保护税的优惠政策都将影响环境污染和生态破坏的控制与治理的最终效果。

总的来说,开征环境保护税很有必要,征收环保税不仅可以促进可持续发展,而且对推进经济发展以及税收体制改革的影响也不容忽视,而鉴于各国的国情、经济发展、社会现状以及所面临的环境污染问题和国家环保政策的差异,所设立的具体环境税税费结构也各有不同。我们必须结合中国国情,完善我国环境保护税制体系,科学合理地选择环境保护税税率、征收管理模式以及优惠措施,来推进绿色低碳经济发展。

---

⑧ [英]保罗·埃金斯、[德]斯蒂芬·斯宾克:《环境税改革与绿色增长:欧洲视角》,郇庆治译,载《中国地质大学学报(社会科学版)》2013年第1期。

二、从国外到中国——碰撞中的交流与借鉴

我国环境保护的需要以及可持续发展的需求使得“以税改费”成为历史必然,但现在我国《环境保护税法》仍处于意见征集阶段。那么,其征求意见稿中的优惠政策是否具有科学性?具体落实后能否为环境带来有益之处?又有什么不足之处?这都是需要探讨的问题。英国和德国都是很早开始试行环境税的国家,且都是欧洲大陆环境税典型代表国家。笔者将论述英、德两国环境保护税的具体优惠政策及其成效与不足,通过国外的环境税法经验来检视现有《环境保护税法(征求意见稿)》中优惠政策的利与弊,并结合我国实际国情,提出相关借鉴意见。

(一)英国的环境税

英国从20世纪90年代末开始实施环境税,在实践的过程中不断摸索环境税的发展与完善之路。如今,英国开征了多种环境税,其中主要的环境税包括气候变化税、机场旅客税⑨、机动车环境税、购房出租环保税、垃圾(填埋)税⑩、垃圾桶税、石方税(也称采石总量税)等。⑪ 为了环境税的顺利推行,更好地起到保护环境的作用,英国制定了一系列税收激励以及税收优惠政策,并在具体实践中取得了良好的效果。

英国的环境税优惠政策颇多,这点在气候变化税上体现得尤为突出。气候变化税的免征范围包括民用和非营利慈善机构使用的燃料、新能源和可再生能源发电。在减征措施上,农业部企业可以在五年内享受减半的优惠。企业也可根据自愿原则,依据企业的实际情况,与英国财政部核定每年的减排目标,企业一旦达成减排目标就只需支付20%的气候变化税。⑫ 在优惠政策以外,英国政府还针对大企业设立了一系列减排基金,针对小企业给予碳信托基金拨款。⑬ 与政府签订协议的企业可以申请一定数额的无息贷款来满足企业节能减排设备革新的需要。此类减排制度在英国推行得十分顺利,企业由于大幅的环境税减免,积极与政府签订减排协议,完成减排任务,更有不少企业

⑨ 为了对因航空排放造成的环境污染进行补偿,从1994年11月1日起英国开征了机场旅客税。

⑩ 英国从1996年10月1日开始对居民垃圾征收垃圾(填埋)税。

⑪ 李振京等:《英国环境税税收制度及启示》,载《宏观经济管理》2012年第3期。

⑫ 高世星等:《英国环境税收的经验与借鉴》,载《涉外税务》2011年第1期。

⑬ 谢颖:《英国环境税制的演变及效应评估》,载《生产力研究》2014年第9期。

超额完成任务,对英国环境质量改善起到了不小的作用。

(二)德国的环境税

德国是较早征收环境税的国家之一,经过几十年的发展,德国的环境税收已积累了较多的经验。德国的环境税主要包括三大类:石油税、机动车税和包装税。其环境税独立于其他税存在,税收体系较为完善,实践经验也较为丰富。自从实施环境税法后,德国的环境质量得到了明显的改善,经德国环境部测算,2003—2005 年德国二氧化碳的排放量下降了2% ~3%⑭,成效明显。

德国环境税税收政策严苛,因而设置了相当的优惠政策,且其条文具有针对性。就机动车环境税而言,德国对不同的车辆进行了“区别对待”,对如消防车、救护车等带有公务性质的特殊车辆采取尽量减免的政策;对电动车则采取5年内免征环境税的政策;相反对私家车则是以车重为标准加重征收环境税。对环保投资的税收优惠是德国环境税的一大税收优惠政策,对此纳税人可享受税前扣除和给予税收抵免等⑮,例如对于企业来说,投资污水处理设施可以在环境税上获得减免。在税收减免政策之外,德国政府还设立了税收返还政策将环境税税收以各种方式例如补贴养老保险来返还给纳税人,减轻纳税人的税收负担。

(三)我国的《环境保护税法(征求意见稿)》优惠政策

我国《环境保护税法(征求意见稿)》第四章中的税收优惠政策共四个条文。其免征范围包括农业生产(不包括规模化养殖)排放的应税污染物⑯;机动车、铁路机车、非道路移动机械、船舶和航空器等流动污染源排放的应税污染物;城镇污水处理厂、城镇生活垃圾处理厂向环境排放污染物,不超过国家规定排放标准的。第12条则规定了关于减税的相关政策即纳税人排放应税大气污染物和水污染物的浓度值低于国家或者地方规定污染物排放标准50%以上,且未超过污染物排放总量控制指标的,省、自治区、直辖市人民政府可以决定在一定期限内减半征收环境保护税。第13条和第14条则对国务院和各级政府就减免税方面的权力作了相关规定。国务院可以制定环境保护税专项优惠政策,而各级政府则有权对企业事业单位用于污染源自动监控专用

⑭ 沙丽塔娜提等:《德国环境税的经验及其对中国的借鉴意义》,载《新疆环境保护》2014年第4期。

⑮ 王政:《欧盟环境税制改革的经验和启示》,载《国际经贸探索》2013年第10期。

⑯ 《环境保护税法(征求意见稿)》第一章的第3条规定:“本法所称应税污染物是指大气污染物、水污染物、固体废物、建筑施工噪声和工业噪声以及其他污染物。”

设备的投资予以资金和政策支持。⑰

从英德两国和我国的优惠政策条文来看,有诸多不同的地方,下文就免征范围、减征措施和政府管理三方面作比较。从免征范围来看,英德两国都很少有对某一税种进行全部免征的情形,而是对其中的一些特殊情况进行部分免征,而我国的免征范围则是针对某一税种进行全部免征,范围较英德两国要大得多。当然这也是因为我国环境税尚处于起步阶段,征收力度不能太大,相信在环境税的逐步征收过程中,免征范围也会因实际情况作出调整。英德两国在他们的环境税法中牢牢把握了"污染者付费"这一原则,例如,德国的机动车环境税,对不同污染程度的机动车采取不同的税制。而在我国,享受到税优惠政策的主体是农业生产,各类交通工具以及污水、垃圾处理厂,但同时它们也是主要污染源之一。如果对这些情形都进行免征,容易被一些企业利用,以此钻空子规避缴纳税款,造成不公平现象。就减税措施方面来看,英德两国在开征环境税的同时,会降低或减免相关企业的部分所得税、企业职工的个人所得税以及环保产业的投资税。德国降低了国民年金保费,英国减轻了雇主的社会安全保费负担。⑱ 这种做法使得在开征环境税的同时,不会增加企业的税收负担。如今我国意见稿的条文中只涉及税收减免政策,建立类似的税收返还政策也是在逐步完善环境保护税优惠政策过程中值得考虑的一点。在减税标准方面,英国的减税政策建立在企业自身的实际情况上,通过考虑企业的各方面情况,综合核定企业每年的减排目标,以是否达到减排目标作为能否减税的依据。这种方法虽然体现了税收公平,但并不好操作。我国则有一个统一的标准,任何企业只要达到标准即可得到环境保护税减半的优惠。两相比较之后,对不同的纳税人定下统一的规定即低于标准50%以上似乎过于粗糙,如果某些企业排放的污染物浓度的高低与其处理成本有较大关系,就容易导致企业为了节省处理成本而超浓度排放污染物,这就无法达到限制排放的预期目的,与实行环境保护税的初衷相悖。同时,由于污水处理厂只要达到该标准就可以免征税,而其他纳税人则在低于该标准的50%以上还要缴纳一半的环境保护税,这不仅不能体现税收公平,还为纳税人提供了又一个可以规避缴纳税款的方法,即将污水交由污水处理厂处理。因而如何设置一个公平而

⑰ 引自《环境保护税法(征求意见稿)》,2014年6月19日。

⑱ 蒋海勇、秦艳:《发达国家环境税实施中出现的问题及启示》,载《税务与经济》2010年第4期。

又好操作的减税标准也是接下来需要考虑的问题。就政府管理方面,从征求意见稿来看,政府对企事业单位在环保上的资金扶持有很大的自主决定权,而没有相应的监督体制,这容易导致征收的环境保护税不能完全用于环境保护建设,同时也可能会引起企事业单位对征收环境保护税的不信任度。因而提高环境税的透明度,建立完善的监督机制十分必要。且我国环境税收体系并不独立,容易导致职责不明,责任不清,最终很可能使得环境保护税的执行力度不够,不能起到保护环境、节能减排的作用。

综上所述,可以发现意见稿中的优惠政策仍存在免税范围设置过大、鼓励减排的优惠政策设计不科学以及环境保护税的监督机制不完善等问题。对于这些问题,英德两国给出了一系列解决方案以供参考。结合我国实际情况以及英德两国政策实施的实践情况,提出以下借鉴意见,具体将会在下一部分中作详细阐述:由于环境保护税的设置本质上是为了保护环境,因而对于减免税的纳税主体范围不宜太广,否则很有可能达不到期望的实施效果。同时可建立相应基金,扶持企事业单位节能减排方案的设计以及设备的革新,并根据企事业单位的实际情况,制定相适应的减排任务,并抓紧后续跟踪工作,监督企事业单位确实完成减排任务。须建立环境保护税监管机制,评估其使用合理性,确保达到"专款专用",把保护环境的目标落到实处。同时也有利于评估环境保护税税收与污染水平的变化的相关关系,不断调整相关税率。

三、"费为税用",外为中用

在此次《环境保护税法(征求意见稿)》出台以前,我国并没有系统的环境税体系,仅有征收排污费以及一些针对高污染行业的零散税。但无论哪种方法,都存在不小的瑕疵:排污费法律地位弱,征收力度不强,在现实收费过程中出现了诸多问题;征收的零散税由于税制不规范,税率设计不科学,征收亦没有合理的制度,问题也是不少,这两者对环境保护的作用并不大。因而环境保护税的征收势在必行。但同时,征收环境保护税可能会引起部分民众的不满,因而其中的优惠政策就尤为重要。在此本节结合我国实际情况与国外先进经验对意见稿中的优惠政策及相关税制结构提出相应的建议,供大家参考。具体法条修改详见附件。

(一)绿化原有税制

此次意见稿中提及的免征政策较为笼统地覆盖了多种主要污染源,却缺乏对某一污染物的独立税务规定,因此可能不能很好地起到保护环境、厉行节能减排的作用。免征条款中所涉及的污染物主要包括农业、机动车、航空器、城镇污水处理厂、城镇生活垃圾处理场等。下文将主要对农业和机动车的免征条款进行思考和探究,以实现优惠政策的专门性。

农业污染作为环境污染的主要污染源之一,意见稿中却对于农业生产(不包括规模化养殖)排放的应税污染物进行全部免征,这无疑会导致难以根除农业污染。此处农业污染仅指农村农作物生产废物,如不合理使用导致污染的农药、化肥以及残留在农田中的农用薄膜。就此,我们应当从污染产品的源头出发,深入生产经营者当中去。例如,针对运用科技创新减少农药、化肥等农产品中污染物的厂商,可以实施优惠政策,对其生产经营、科研创新提供资金和技术支持,以此来减少农业的污染,还能提升企业以及其他生产经营者的积极性。不光是农业方面,机动车的污染排放也是一个亟待解决的问题。近些年来,机动车的尾气排放问题日益严重,雾霾、酸雨等环境问题都离不开汽车尾气这个诱因,对机动车的尾气排放物征税是个刻不容缓的问题。但在意见稿中,对机动车却实行免征政策。机动车环境税该征,但如何征收又是一个问题。本节将对机动车征税的优惠政策提出以下建议:根据我国汽车尾气排放的污染程度可将机动车具体划分为国Ⅰ、国Ⅱ、国Ⅲ、国Ⅳ和国Ⅴ,等级越高汽车尾气排放的污染物越少。我们可以针对不同等级的机动车采取不同的优惠政策,比如对国Ⅴ的车辆,省、自治区、直辖市人民政府可以决定在一定期限内减半征收环境保护税;对国Ⅳ、国Ⅲ的车辆也可以在一定期限内减少30%的环境保护税;而不将国Ⅱ、国Ⅰ的机动车纳入优惠政策当中。在这样的优惠政策驱使下,不仅会有更多的人选择污染少的国Ⅳ、国Ⅴ等级的机动车以减少大气污染,而且能够塑造国人的环保意识,促进生态文明的建设。

(二)完善减征措施

在意见稿中可以清楚地发现减征措施主体范围小,仅有水污染和大气污染而不包括其他的污染物。并且减征的标准单一,漏洞较多,容易造成不公平的现象。同时,减征措施较少。综合这几点来看,此次意见稿中的减征政策可能达不到预期的减排效果。因而提出以下几点意见(包括需要完善减征措施):首先,对投资绿色环保无污染的新能源的企业,可在一定范围内对相应环境保护税进行减征。对于采用先进技术或设备,有效地减少污染物的企业,可减征甚至免征环境保护税。对于纳税主体作出的其他有利于环境保护、节能减排的理论研究、技术创新等行为,政府部门可采取一定补贴或减征措施。其次,要实现减征标准多元化。政府可跟排污企业签订减排协议,并根据企事业单位的实际情况,每年都制定相应的减排任务,同时进行后续跟踪,监督企事业单位确实完成减排任务。若企业完成了当年的减排任务,便可减征环境保护税。且我国东西部贫富差距大,可区分减征标准,对于西部欠发达地区可根据其实际情况给予更多的优惠。最后,要扩大减征范围。意见稿中的减征主体只限于水污染和大气污染两种污染物,而意见稿中的应税污染物还包括固体废物、建筑施工噪声、工业噪声以及其他污染物。减征范围的扩大有利于社会公平以及在更大范围内推进节能减排、保护环境。

(三)设立科学合理的税收返还制度

在保护环境的过程中,我们仍不能忽略经济的发展,因而在合理的减免政策之外,税收返还制度也必不可少。对此,可建立减排基金,为企业提供内部节能减排设备革新所需资金的无息贷款。同时,对及时并确实缴纳环境保护税的纳税主体可在其他税收方面进行一定的减免。对有关环保方面的资金投入的纳税主体可以设定相当比例抵免环境保护税。

(四)建立专门的监督与评估机制

在上一部分,笔者指出优惠政策赋予了政府很大的权力却没有相应的监督机制,这不利于征收的环境保护税很好地作用于保护环境这一目的上。因此,建议建立环境保护税监管机制和评估机制。健全环境保护税监管机制,一方面是为了监督企业及其他纳税主体确实纳税,承担保护环境、节能减排的义务;另一方面是为了提高政府部门征税的透明度和科学性。要建立环境保护税的评估机制,建立专门的数据库,将环境保护税的征收与该地区环境改善状况确实联系起来,据此来科学地设定该地区每年的环境保护税税率及其优惠政策。同时要加强环保部门的介入。我国的税收一直是由税务机关进行征收管理的,但环境保护税作为一个与环保息息相关的税,采用由环保部门核定相关政策措施,由税务机关进行税的征收[19]的方式,最大程度上发挥环保部门在征收排污费时积累的信息与经验的作用以及环保部门强大的征收能力,让两者相互辅助又相互监督,更好地起到保护环境的作用。

四、结语

越来越多国家的实践证明,征收环境保护税是解决环境问题的有效手段。环境税虽在处理环境污染及促进减排方面仍有欠缺,但在对比法律的三性质

---

⑲ 黄玉林等:《OECD国家环境税改革比较分析》,载《税务研究》2014年第10期。

方面，环境税较排污收费制度在我国实行的优势更为明显。且我国《环境保护税法（征求意见稿）》中的优惠政策存在免税范围过大、政策设计不科学等问题，可通过借鉴和研究英国的协议减排制度以及德国的税收返还政策来获得改进的方向和灵感。

环境保护税的设立是顺应生态环保、绿色经济的世界大环境潮流的，相信在今后的立法实践中，环境税中优惠政策的种类会逐渐增多，并且更加有针对性，例如免征、减征的适用范围规定明确化，制定专项优惠政策条款等。

附录：

《环境保护税法（征求意见稿）》修正意见表

条号	意见稿内容	修正条文	理由
第四章第十一条之一	新增条款	第十一条之一： 下列情形，地方政府可予以资金和政策支持： 从事农业生产的企业事业单位和其他生产经营者，通过科技创新有效减少产品污染的。	从污染物的源头出发，促使企业和其他生产经营者生产出低污染的产品，以此对农业污染进行根除。
第四章第十一条第一款第二项	下列情形，免征环境保护税： （二）机动车、铁路机车、非道路移动机械、船舶和航空器等流动污染源排放的应税污染物。	下列情形，免征环境保护税： （二）铁路机车、非道路移动机械、船舶和航空器等流动污染源排放的应税污染物。	机动车作为当代社会的主要交通工具，其排放的大气污染量极大，且易造成严重的环境污染，因此对机动车征收环境保护税势在必行。
第四章第十一条之二	新增条款	第十一条之二： （一）省、自治区、直辖市人民政府可决定在五年内对国Ⅴ的车辆减半征收环境保护税；对国Ⅲ、国Ⅳ的车辆可在五年内减少30%的环境保护税； （二）国Ⅰ、国Ⅱ的机动车不享有优惠政策； （三）对使用太阳能、电能等无污染新能源的机动车可免征环境保护税。	环境保护税缺乏对机动车的征税条款，对于国Ⅰ～国Ⅴ机动车实施不同的优惠政策可以实现优胜劣汰，从而减少汽车尾气污染物。此外对于使用太阳能、电能等环保无污染新能源的机动车应当予以政策支持，由此来增大此类环保型机动车的市场，减少环境污染。

续表

条号	意见稿内容	修正条文	理由
第四章第十二条	纳税人排放应税大气污染物和水污染物的浓度值低于国家或者地方规定污染物排放标准50%以上,且未超过污染物排放总量控制指标的,省、自治区、直辖市人民政府可以决定在一定期限内减半征收环境保护税。	第十二条: (一)纳税人排放应税大气污染物和水污染物的浓度值低于国家或者地方规定污染物排放标准,且未超过污染物排放总量控制指标的,省、自治区、直辖市人民政府可以决定在五年内减半征收环境保护税; (二)大气污染物和水污染物的排放标准可由省、自治区、直辖市人民政府根据地方实际情况自行设定; (三)纳税人排放应税的固体废物重量值、建筑施工及工业噪声分贝值低于国家或者地方规定污染物排放标准50%以上,且未超过污染物排放总量控制指标的,省、自治区、直辖市人民政府可以决定在五年内减半征收环境保护税。	第一,条文中"污染物浓度值低于国家或者地方规定污染物排放标准50%以上",规定的标准过于单一,而我国具体国情复杂、经济发展水平不一,因此不适宜用统一的标准去衡量。由此可以做以下的规定:西部地区低于标准的80%以上、中部地区低于标准的50%以上、东部地区低于标准的20%以上即可享有在一定期限内的减半征收优惠。 第二,减征的污染物范围仅包括大气污染物和水污染,并没有囊括意见稿第三条的四类污染物。因此需要对固体废物和建筑施工噪声和工业噪声实施优惠政策。
第四章第十四条	各级政府应当鼓励企业事业单位和其他生产经营者加大环境保护建设投入,对企业事业单位用于污染源自动监控专用设备的投资予以资金和政策支持。	各级政府应当鼓励企业事业单位和其他生产经营者加大环境保护建设投入,可采取以下政策措施: (一)对企业事业单位用于污染源自动监控专用设备的投资予以资金和政策支持; (二)用税收款额成立各类环境专项基金,基金应适用于治理现有污染或为企业事业单位有关减污减排的科技技术革新提供资金支持; (三)对于及时并确实缴纳环境保护税的纳税主体,地方政府可以决定减免该纳税人的其他税务。	仅对"企业事业单位用于污染源自动监控专用设备的投资"予以资金和政策支持,显得政府的鼓励力度欠大、范围欠广。可以用环境保护税款来建立减排基金等专项基金,用于治理已经造成的环境污染或者反用于企业、减少企业其他方面的税务,为其科技技术革新提供资金支持,以提高企业事业单位的积极性。

续表

条号	意见稿内容	修正条文	理由
第五章第十五条第二款	环境保护主管部门依照本法和环境保护有关法律法规的规定，履行对应税污染物监测、监督和审核确认的职责，协同税务机关做好环境保护税的征收管理工作。	环境保护主管部门依照本法和环境保护有关法律法规的规定： （一）核定相关政策措施履行对应税污染物监测、监督和审核确认的职责，协同税务机关做好环境保护税的征收管理工作。 （二）建立环境保护税的评估机制以及专门的数据库。	环境保护税是与环保息息相关的税，我们可采取由环保部门核定相关政策措施的方法来加强环保部门的介入。此外，建立环境保护税的评估机制有利于提高政府的透明度和科学性。而建立专门的数据库，使环境保护税的征收与该地区环境改善状况确实联系起来，据此来科学地设定该地区每年的环境保护税税率及其优惠政策。
第五章第十九条	纳税人应当自纳税期限届满之日起15日内，向主管税务机关办理纳税申报并缴纳税款。纳税人应当对申报的真实性和合法性承担责任。	第十九条： （一）纳税期限为纳税人排放应税污染物之日起三个月。 （二）纳税人应当自纳税期限届满之日起15日内，向主管税务机关办理纳税申报并缴纳税款。纳税人应当对申报的真实性和合法性承担责任。	应增设一条有关纳税期限计算的条款： 条款中的“纳税期限”表述不明确。第十六条规定写到“环境保护税的纳税义务发生时间为纳税人排放应税污染物的当日”，但未明确指明纳税的期限于何时结束。

Thinking of the Preferential Policies of “Environmental Protection Law”

Abstract: In the process of industrialization in China, the environmental problems are increasingly serious and eager to solve the problem. And the development of the “environmental protection law” can not only overcome the tax system in the implementation process of the various problems, but also with the preferential policies to make the relevant units and individuals willing to abide by the law. In this article, we adopt the method of comparing the advantages of “tax” to demonstrate the necessity of the introduction of the tax law. On the other hand, we draw on the advantages of the western developed countries in the preferential policies of environmental tax law. In the end, the paper puts forward some suggestions on the tax payment period, the establishment of emission reduction fund, and the preferential type, which can be used for reference.

Key Words: Environmental Protection Tax; Tax Instead of Fee Tax Preference; Exemption Reduction Supervision System

(责任校对:文禹衡)

思想源流

Thinking Origination

我国法学研究生教育同质化现象之反思*

李喜莲**

摘　要：当前法学教育在课程设置、教育模式、人才培养规格上同质化现象严重。法学教育同质化的主要原因是，法律院校的法律人才培养目标不甚明确，法学教育的考评机制不合理。根据卓越法律人才培养计划，各法律院校唯有明确各自的法律人才培养目标，按照具体培养目标设置相应培养方案，并有针对性地实施教育，才能破解法学教育同质化难题。

关键词：法学教育　教育模式　分层教育

改革开放30余年来，我国法学教育在质量和规模上都取得了较大发展，为中国特色社会主义经济社会建设输送了大批法律人才。但是，面对日新月异的国内、国际环境，我国现行法学教育难以适应社会不断发展的需要。法学教育正遭遇着“热门专业，冷门就业”的尴尬。残酷的现实重重地拷问着我国的法学教育。我国法学教育暴露的问题是多方面的①，但就“冷门就业”而言，其根本原因是法学教育呈现同质化。法学教育输出的“产品”单一化，无法满足社会对法律人才多样化的需求。有鉴于此，本文拟从全面推进依法治国对法律人才需求的多样化出发，对法学教育同质化现象进行反思，以期对创新法律人才培养机制有所裨益。

---

* **基金项目**：教育科学十二五规划课题“协同创新视阈下湖南高等学校优质法学课程资源共建共享机制研究”（批准号：XJK015AGD011）。

** **作者简介**：李喜莲（1974—），女，湘潭大学法学院教授、博士生导师。

① 当前，我国法学教育尚存在以下问题：中国特色社会主义法治理论教育比较薄弱；法学教育与法律实践严重脱节；法律实践部门对法律人才培养参与不够等，这些问题笔者将另文论述。

一、法学教育同质化之表现

从广义上讲,法学教育包括对本科学生、硕士研究生、博士研究生等在校学生的法学教育,也包括社会上非在校成人的法学教育,以及在职法律工作者的继续教育。为使论述具有针对性,本文所指的法学教育,专指对在校法科学生的法学教育。截至目前,我国六百余所法律院校的教育门槛逐渐降低,法学招生人数不断攀升。然而,法学教育"量"的增长并未实现"质"的飞跃。其中,不可忽视的问题是现行法学教育的同质化现象严重,难以适应社会不断发展的需要。我国法学教育同质化现象表现在以下几个方面:

(一)法学教育的课程设置同一

虽然我国法学教育机构多样,教育对象学历层次不一,但是,法学教育的内容是共同的,即以法学基本理论和法律知识作为主要教学内容。以法学本科为例,在法学专业课程的设置上,各院校基本上趋同,即以教育部高校法学学科教学指导委员会 2007 年通过的 16 门课程(法理学、宪法、中国法制史、民法、刑法、民事诉讼法、刑事诉讼法、行政与行政诉讼法、商法总论、知识产权法、经济法、国际法、国际私法、国际经济法、劳动与社会保障法学、环境与资源法学)为主干课程。部分院校虽然设置了选修课程,但数量非常有限,而且选修课程范围较窄,难脱法学边缘。② 总体而言,现有法律院校除在师资、生源、资金投入方面有所差别外,法学本科教育内容基本上呈现"大一统"现象。研究生教育也不例外。尽管法学研究生教育门类繁多,有法学类硕士(按二级学科划分为十余类)和法律类硕士(分为法本法律类和非法本法律类),且教育行政主管部门对法学硕士和法律硕士确立了分类培养的目标并提出了具体要求,但是,有培养资格的法律院校在硕士研究生课程设置上大同小异。不同法律院校对同一专业研究生开设的课程几乎完全相同。以民事诉讼法学专业研究生培养为例,均设置诉讼原理、民事诉讼专题、比较民事诉讼专题、民事执行法、证据法等核心课程。即便同一学校的法学硕士和法律硕士,大部分课程也呈同一化趋势。而且,两类研究生教育都缺乏相应的实务课程,以致无法凸显法律硕士与法学硕士的区别。

(二)法学教育培养人才的规格同一

我国法学教育的学历层次有法律大专、法学本科、法学研究生;学位教育

② 一些法律院校将仲裁法、公证律师法学等非法学主干课程列为选修课程,难脱法学视域。

从法学学士，到硕士学位、博士学位，呈现出法学教育多层次的特点。然而，我国现有法律院校并没有结合地域、师资力量、学生生源等因素的差异，制定具体人才培养目标，法律人才培养的规格呈现同质化。不同“层次”（985 院校、211 院校与一般院校）和不同地区（东部地区、中部地区、西部地区）的法律院校法学教育输出的“产品”千人一面。尽管有学者从学理上将法律人才分为精英化、职业化法律人才和通识型法律人才，但在教育实践中，法律人才尚无精英化、职业化和通识型之“标签”。若不参考法律人才的实际能力，仅从他（她）所获得的法学学位来看，同一学位的法律人才几乎没有区别。不同层次的法律人才，除所获学位类别不同、受教育的年限有别外，在“外在特征”上也没有多少区别。法学教育培养的人才规格相同，无法满足不同地区对法律人才的多样性要求。“在中国东部，特别是沿海大城市，已经出现了法学毕业生的相对过剩，表现为法学院毕业生找工作越来越难，找到工作的工资水平也与其预期差距甚大。”③但是，我国西部地区却一直遭受着严重的法律人才“荒情”。④ 以法官队伍为例，贵州省“法院缺编 400 多人，有的法庭无法组成合议庭，影响审判工作的正常开展”。⑤ 外地的法律人才不愿意来西部地区，除了工资待遇偏低外，外地法律人才与西部地区的气候、文化、语言不适也是不可忽视的因素。正如郝时远先生所说：“在少数民族地区法律诉讼要用双语，可现在少数民族地区的法庭还严重缺乏双语人才。”⑥因此，各法律院校必须明确法律人才的培养目标，结合各地区社会经济发展的需要，通过比较大胆的改革举措，使其培养的法律人才从同质化向特色化转变。

（三）法学教育模式趋同

一般认为，“模式”具有“样式”“样态”之意。教育模式是从静态的横向观察和动态的纵向比较等角度来分析各法律院校的教育方式。我国传统法学教育以教师讲授为主，比较注重向学生灌输必要的法学原理和法律基础知识，

---

③ 苏力：《当代中国法学教育的挑战与机遇》，载《法学》2006 年第 2 期。

④ 杜萌：《化解西部司法官断层危机有望》，载法制网，http://www.legaldaily.com.cn/misc/2006-05/23/content_319864.htm，2006-05-23/2014-12-20，访问时间：2017 年 6 月 1 日。

⑤ 阎志江、李云超：《这里需要后备人才—— 贵州法官队伍人员缺失情况调查》，载《法制日报》2007 年 11 月 21 日，第 5 版。

⑥ 崔文苑：《郝时远委员——加强西部地区法律人才培养》，载《经济日报》2013 年 3 月 14 日，第 6 版。

疏于对学生的实践能力和操作能力的培养。具体而言,法理学课程注重法理学知识体系的演绎和研究(一般对本科学生鲜有涉及法哲学、法社会学、法律思想史等辅助性学科知识的介绍),部门法教学则注重对相应法律规范的注解,并辅以讲解法律概念和法律原理。相比之下,法学教育对实践教学不够重视,致使法律人才因"知晓"胜于"能做"而备受司法实务部门的批评和责难。为了改变这一现状,部分法律院校开始尝试引进"实践性法律教育模式"。具体包括"诊所式法律教育"和"模拟法庭训练"等教学方法。但时下已经展开的上述实践性教学,在力度和深度上都有待进一步提升。业内周知,法学理论只有付诸法律实践加以检验才能体现其"理论价值"。否则,其内容是苍白无力和毫无生命力的。正如霍姆斯所说:"一个时代为人们感受到的需求、主流道德和政治理论、对公共政策的直觉——无论是公开的还是下意识的,甚至是法官与其同胞们共有的偏见,在决定赖以治理人们的规则方面的作用都比三段论推理大得多。"因此,他得出结论:"法律的生命不是逻辑,而是经验。"⑦显然,各法律院校过分注重理论教学,致使法学教育的实践性品质黯然失色。而且,法学教育偏重理论教学的同质化模式,无法满足司法实务部门对法律人才提出的"用得上"的需求。

二、我国法学教育同质化之原因

法学教育是以传授法律知识、训练法律思维、培养合格法律专业人才为内容的教育活动。全面推进依法治国对法律人才的需求是多方面的,但是,我国法学教育却呈现同质化,无法有效地培养社会需要的合格法律人才。究其原因,主要有以下几个方面:

(一)各法律院校法学教育目标不明晰

法学教育的定位或者法律人才培养的目标是社会各界争论的一个焦点问题,到目前为止尚未达成比较一致的意见。事实上,我国法学教育在法律人才培养目标上长期陷入一种两难境地,即法学教育到底是职业化(专业化)教育还是通识教育。这两种不同的人才培养目标反映法学教育内在的二重性,

⑦ [美]小奥利弗·温德尔·霍姆斯:《普通法》,冉昊、姚中秋译,中国政法大学出版社2006年版。

即职业训练和通识法律教育的二重对立。[8] 由于不能很好地界定法学教育的目标,各法律院校长期在职业教育和通识教育之间徘徊,致使培养的法律人才既非“专才”,也非“通才”。为了改变这一现状,教育部和中央政法委员会联合发布了《关于实施卓越法律人才教育培养计划的若干意见》(教高〔2011〕10号,以下简称《意见》),明确提出“分类培养卓越法律人才”计划,即以培养“应用型、复合型法律职业人才”为重点,以适应多样化法律职业要求。此外,卓越法律人才又细分为涉外法律人才和西部基层法律人才。涉外法律人才培养对应适应世界多极化、经济全球化深入发展和国家对外开放的需要。西部基层法律人才培养对应适应西部跨越式发展和长治久安的需要。客观地讲,《意见》对法学教育面向社会需求培养人才,调整人才培养结构,提高人才培养质量,具有十分重要的示范和指引作用。但是,《意见》关于分类培养卓越法律人才的计划未能引起各法律院校的高度重视,绝大部分法律院校在法律人才培养方式、法学专业课程设置方面较之前并无改变。尽管有学者主张,法律人才应当实行分层培养[9],但在具体培养方案的设计方面过于牵强。

(二)法学教育考评标准不合理

法学教育的良性发展离不开完善的考评机制。由于法学教育是一种实践性活动,由实施法学教育的同行和法律人才的接受单位(司法实践部门)对法学教育主体(教师)和培养的对象(学生)进行评价,比较符合法学教育的规律。然而,长期以来,我国教育部门一直掌握着对法学教育主体的评价权,于是问题产生:一是对施教者的评价标准欠科学。教育主管部门对法学教师的评价和考核标准无外乎“学术”指标(鲜有参考教师培养的法律人才的数量和质量)。无论是教师工作考核还是职称晋升,所依据的标准是发表多少学术论文和出版多少专著。各种学术生产指标必然引导法学教师将资源和精力更多地投入法学学术产品的生产中,而不是投入法学教育中,法学教育“重业务、轻师德”“重科研、轻教学”“重数量、轻质量”“重理论、轻实践”等现象十分严重。法学教育模式也因法律院校偏重学术指标而趋同化(重视理论教学)。二是对受教者的考评标准不合理。对法学教育的对象(学生)的评价通

---

⑧ 王晨光:《法学教育的宗旨——兼论案例教学模式和实践性法律教学模式在法学教育中的地位、作用和关系》,载《法制与社会发展》2002年第6期。

⑨ 施建辉:《法学人才的不同层次与培养目标和模式的区分对待》,载《法学教育研究》2010年第2期。

常由实施教育的法律院校进行。考评方式通常以书面考试为主（研究生教育的考核则以提交学期论文为主）。考评的内容（包括名词解释、选择题、判断题、简答题、论述题等）大多以考查学生对知识的理解和掌握程度为目的。学生只要考试成绩合格，就能拿到相应学历文凭。由学校对学生进行考评，在一定程度上能反映学生对法学知识的掌握程度。但是，长此以往，考评方式自然而然左右着法学教育的方向，致使法学教育趋向同质化，学生毕业后陷入不能适应司法实践工作的窘境。

（三）法律人才就业呈现趋同化

我国法治工作队伍包括法治专门队伍和法治服务队伍。客观地讲，法学教育培养的法律人才可以为各行各业服务。法律人才可以进行公、检、法相应职业的角逐，也可以从事律师、公证、调解、陪审等法律服务工作。但是，很多法学本科生、硕士研究生，甚至博士研究生不约而同地以挤进公、检、法系统成为国家公务员为学习法学的毕生目标。为了成为法官、检察官和公安人员，法学本科学生对司法考试重视有加。⑩ 于是，普通法律院校逐渐成为司法考试的培训基地。由于就业意向趋同，司法考试已实实在在成为我国法学教育的指挥棒，法学教育自觉或不自觉地沦为灌输和训练法律知识的主要活动。各法律院校因都重视司法考试，所以在本科生课程设置上自然而然地趋同化。此外，法律硕士与法学硕士也在进行着“同业竞争”，各法律院校在两者教育培养方式上的差异也日趋消弭。⑪

三、法学教育去同质化之对策

事实上，没有哪一类法律院校能够全面满足社会各方面、各层次对法律人才的需求。正如美国学者约翰·S·布鲁贝克所指出的那样：“一所大学如果试图办成所有人需要的万能机构，那不是骗人，就是愚蠢。”⑫我国法学教育包括专科教育、双学位教育、本科教育、研究生教育。根据教育学的一般原理，教

---

⑩ 从笔者所在学校的情况来看，法学本科毕业生参加司法考试的比例高达90%以上（其中有一班级共34人，31人参加考试，通过司法考试的有17人），有的法律院校甚至是100%。

⑪ 王满生、谷声燕：《法学硕士与法律硕士教育同质化问题及其改革思路》，载《高教论坛》2011年第9期。

⑫ ［美］约翰·S·布鲁贝克：《高等教育哲学》，郑继伟等译，浙江教育出版社1987年版，第721页。

育的层次不同,其在培养目标、教学内容、教学方法上理应有所区别。事实上,随着社会的高速发展,同质化的法学教育模式越来越难以适应社会的需求。特别是,在全面推进依法治国的新形势下,社会和经济发展对法律人才的需求呈现多样化。法律院校唯有根据自己的师资条件、地理位置、学生生源、财政能力等要素理性地开展法学教育工作,才能满足社会对法律人才的多样化需求。

首先,各法律院校应明确法律人才的培养目标。社会对法律人才的需求呈现出多样化,因而有必要针对不同的法律人才进行分层教育培养。分层教育体现了"因材施教"和"因地制宜"的教学原则。法学分层教育理论的要旨是,根据各法律院校法学教育的具体目标,并参照学校层次、所处地区、学生生源等因素,有侧重地开展法学教育工作与实践活动。笔者认为,北京、上海、广州、深圳等地涉外法律业务较多,因此上述地区的"985"法律院校、"211"法律院校应以培养涉外卓越法律人才为主;东部地区和中部地区的法律院校,以及上述各地的一般法律院校应以培养应用型、复合型卓越法律人才为主要目标;中、西部经济欠发达地区,少数民族地区应以培养适应本地区经济社会发展的地方法律人才为主要目标。同时,各法律院校在凸显法律人才培养主要目标的基础上,也应兼顾法学通识教育目标。笔者认为,法学教育专业化、职业化与法学通识教育并不决然对立。法科学生只有在具备基本的法律素养的基础上,加以分类培养,才能成为卓越法律人才。因此,深化法学教育改革,把社会主义法治理念教育融入法律人才培养全过程,深入推动社会主义法治理念进教材、进课堂、进头脑,增强学生贯彻落实社会主义法治理念的自觉性和坚定性,增强学生服务社会主义法治国家建设的责任感和使命感,是各类法律院校培养法律人才的共同目标。

其次,各法律院校应根据自己所确定的人才培养目标,按照实际需要开设不同的法学课程。毫无疑问,法学是一门应用性很强的学科。法律来源于社会生活,法学的持久生命力更在于又回到实践中去 。"法律应该同国家已建立或将要建立的政体的性质和原则有关系……和国家的自然状态有关系;和寒、热、温的气候有关系;和土地的质量、形式与面积有关系;和农、猎、牧各种人民的生活方式有关系。法律应该和政制所能容忍的自由程度有关系;和居民的宗教、癖好、财富、人口、贸易、风俗、习惯相适应。"⑬中国是一个多民族大

⑬ [法]孟德斯鸠:《论法的精神(上册)》,张雁深译,商务印书馆2004年版,第7-8页。

国,各地区政治经济文化发展不平衡。在全面推进依法治国、追求法律统一的形势下,法治工作队伍必须尽可能地使法律适应当地的情况,有效解决现实生活中的问题。因此,作为法律人才培养主体的各法律院校应当根据不同的培养目标设置相应课程,以便使自己培养的法律人具备有效解决现实问题的能力。其一,对复合型法律人才的法学教育应融入其他相关学科的课程。随着社会的高速发展,复合型的法律人才越来越受到社会的欢迎,毕竟,单一的知识结构越来越难以适应某项工作。因此,针对复合型法律人才的法学教育内容应当多元化。它不仅包括法律专业知识、法律职业技巧、法律职业伦理,而且包括其他社会科学、人文科学以及自然科学的某些知识。在课程设置上应包括政治学、经济学、心理学、社会学、历史学、信息技术,甚至文学等领域的课程。其二,西部法律人才的培养应结合本地区社会经济的特点,不同民族特殊的风俗习惯、宗教信仰、语言文化等特点,有针对性地培养适合西部地区需要的法律人才。在课程设置上,应当增开本地区风俗文化、交易习惯、少数民族语言、宗教、伦理等课程。其三,涉外卓越法律人才应当凸显高、精、尖等特点,既要通晓中外法律知识,又要具备处理涉外法律事务的交际能力。因此,对于涉外人才的教育培养,应当增设法律外语(根据需求可以同时开设多门外语)、外国法律等课程。

最后,根据不同人才培养目标确定相应的培养方法。法学教育的内容和方法是多元的。就教育学的一般规律来看,不同的教学内容决定了不同的教学方法。其一,涉外卓越法律人才专业化培养方式。为了拓展法律人才的国际视野和思想选择范围,除沿用传统的法学理论教学方式外,在教育方法上应重视国际法、比较法、国别法的教育,注重双语教学,适当聘任外籍教师全外语教学,加强与外国相关机构的交流以及教学和研究合作。除此之外,对于涉外法律人才还应提供留学、访学以及海外研修的机会,以增强其涉外法律事务处理能力。其二,应用型、复合型卓越法律人才综合性培养方式。为了适应多样化法律职业要求,对应用型、复合型卓越法律人才培养应当坚持厚基础、宽口径培养目标,采取判例教学法、对话教育法、谈判教学法、诊所教学法、模拟教学法、解决个案作坊教学法等方法加强职业技能的培训。⑭ 强化学生法律职业伦理教育和法律实务技能的培养,提高学生运用法学与其他学科知识方法解决实际法律问题的能力,促进法学教育与法律职业的深度衔接。其三,对西

---

⑭ 季卫东:《中国法学教育改革与行业需求》,载《学习与探索》2014 年第 9 期。

部基层法律人才的应用性培养方式。探索“高校—实务部门联合培养”机制，加强西部地区高校与本地区实务部门的合作，共同制定培养目标，共同设计课程体系，共同开发优质教材，共同组织教学团队，共同建设实践基地，探索形成常态化、规范化的西部基层法律人才培养机制。

综上，各法律院校在法律人才的培养上应当因地制宜、因材施教。正如丘汉平先生所说：“所谓适当的法律人才，至少须具备五项条件：其一，要认识时代的精神及时代的倾向；其二，要了解法律的旨趣及现行法的文义；其三，须熟谙审判方法及应用心理学；其四，须知悉人情世故及社会的复杂组织；其五，须有道德的涵养并能舍弃小己。”⑮我国法学教育在法律人才培养目标上，既要考虑法律人才培养的一般性，也要考虑西部经济欠发展地区和少数民族地区法律人才培养目标的特殊性，考虑这些地区在法律思维方面应当具有的主动的社会适应性和文化语言自觉性。⑯ 各法律院校只有明确各自的法律人才培养目标才能有针对性地开展法学教育，彰显自己法学教育的特色，满足社会对法律人才的多样化需求。

Reflection on the Homogenization Phenomenon of Law Education

Abstract: As we know that the serious homogenization exists in our current law education. Such as the same curriculum, the same education mode and personnel training specification. There are two main reasons for this phenomenon. One is that all of law schools can not get a clear about the goal of law students training. The other is that evaluation mechanism of law education is not reasonable. In order to handle the homogenization problem, all the law schools should clear their respective goals of law students training, set special training plan and implement targeted educational mode by combining with the plan of cultivating excellent law talents.

Key Words: Law Education; Education Mode; Stratified Education

（责任校对：唐　倩　李洪瑞）

---

⑮ 孙晓楼等：《法律教育》，中国政法大学出版社1997年版，第147页。

⑯ 吾热古丽·阿吉木：《新疆少数民族地区法学教育人才培养目标的特殊性及其法理学思考》，陕西师范大学2013年硕士学位论文，第35页。

身份平等与法律规制

——以托克维尔对美国民主的理解为解读视角

肖　芳*

摘　要：在愈发追求民主的现代社会，自由、人权、法律和平等作为其主要的核心价值，一直伴随着民主革新的浪潮此起彼伏。健全的社会，赋予权利主体以平等的身份和地位参与到各项政治改革实践过程中将显得尤为重要。身份平等是自由民主制度的基石和依托，而法律规制则是保障其有效改革的内在力量，两者皆不可偏颇。托克维尔作为该研究领域的先驱，从关注现代民主制度本身出发，以美国制度本身的优劣势同各项主流价值的关系为研讨脉络，为身份平等和法规规制对现代社会的影响打开了新的解读窗口。

关键词：托克维尔　民主制度　身份平等　法律规制

引言

阿历克西·德·托克维尔，1805 年出生于巴黎的诺曼底贵族世家，1827 年完成法律专业的学业后，出任凡尔赛初审法院法官，但是法律生涯并没有托克维尔想象中的成功。1830 年的法国七月革命和 18 世纪启蒙主义思潮对托克维尔的政治思想产生了巨大的冲击。1831 年，托克维尔同好友古斯塔夫·德·博蒙约定借用考察美国监狱制度改革的名义，去美国实地考察民主制度的实际运作模式，历时九个多月。1832 年 2 月回国之后，托克维尔便开始着手撰写《论美国的民主》一书，并于 1835 年成功出版了该书的第一卷。《论美国的民主》一书的出版令托克维尔赢得了世界性的声誉。他在 1839 年成功当

* **作者简介：**肖芳(1992—)，女，湖南望城人，湘潭大学法学院硕士研究生。

选为众议院议员。1841 年,年仅 36 岁的托克维尔便荣膺法兰西学院院士,出访阿尔及利亚。1842 年,被选为芒什省议员,并于同年任议院外非洲事务委员会委员。在 1848 年法国二月革命后,被任命为新宪法起草委员会委员,参与法兰西第二共和国宪法的制定,并于 1848 年 6 月至 10 月间出任第二共和国外交部部长。在 1851 年 12 月爆发的路易 · 波拿巴政变期间,因不满拿破仑第三称帝和反对其专制独裁统治,曾被捕入狱,但由于声誉较高在入狱后的次日便被释放。获释之后,托克维尔开始退出政界,专心于著书写作,于 1956 年成功出版了《旧制度与大革命》一书,为分析法国大革命提供了重要的理论渊源。1859 年,托克维尔因健康状况的不断恶化与世长辞。

《论美国的民主》是托克维尔通过在美国的实地调研,以自身的经历洞察美国民主主义制度下的种种现状,并且在将美国和其他国家的民主制度加以比较的基础上得以完成的鸿篇巨制。在这本书中,他主要通过回答两个问题将自己对美国民主的理解加以详细阐述。“第一个问题主要涉及旧制度的变更:一个基于平等的新兴民主社会渐渐取代了基于等级秩序、服从和不平等原则的古老的贵族政制,这是法国的情况……另一个问题就是,在整个这段革命时期,民主在美国与法国所采取的形式具有何种差异。为什么美国的民主或者我们所谓的‘自由民主制’相对温和,而法国的民主驶向了恐怖和专制的危险轨道?”①沿寻着这两个问题,托克维尔在此书中不仅对美国习俗和生活方式进行了大量的记述,而且站在一个政治思想者的角度对美国民主进行了思考。他以一个法国贵族的眼光审视了美国民主的善与恶,表达出他对民主的爱与怕。

托克维尔的民主思想为我们在不同时代下理解民主的概念和追求健全的法制途径中提供了广泛的研究路径和可供选择的思考角度。在法治社会全面推进的背景之下,民主成了一种不可阻挡的潮流。民主逐渐渗入一个国家的制度体制、宗教信仰、道德理念、文化教育等各个方面,在美国,无所不在的是打着民主的旗号进行的一系列政策活动或者道德熏陶。但是让美国民众能够切身实地感受到的民主往往体现在身份平等和对民主制度加以保护的法律理念之中。为什么身份平等和法律规制会如此直接地让人们感受到民主的魅力以及获得对民主的认同感?按照托克维尔对美国民主制度的理解,沿着一定的脉络和线索,本文对造成这个现状的原因从身份平等、法律规制在民主中的

① [美]史蒂芬 · B · 斯密什:《耶鲁大学公开课:政治哲学》,贺晴川译,北京联合出版公司 2015 年版,第 250 – 251 页。

地位和作用两方面来进行简要分析。

一、身份平等和法律规制在民主体制之中的地位分析

(一)身份平等是实现民主的首要价值,在民主中居于核心地位

"托克维尔在《论美国的民主》一书中所阐述的政治哲学的基本理念是人们争取平等的诉求推动和促进了民主的发展,而民主优于贵族制度和任何形式的专制统治,体现了大多数民众的意愿和利益。"②平等才会产生民主,而身份平等却是一切平等的前提。"在整个基督教西方,封建制下极为严重的权利和身份的不平等,正让位于权利和身份的平等。"③托克维尔指出:"身份平等的逐渐发展,是事所必至,天意使然。这种发展具有的主要特征是:它是普遍的和持久的,它每时每刻都能摆脱人力的阻挠,所有的事和所有的人都在帮助它前进。"④在等级制度和等级观念盛行的法国生活了多年的托克维尔,一进入美国的国土,最敏锐地感到了美国的身份平等问题。他坦言道:"我在众合国逗留期间见到了一些新鲜事物,其中最引我注意的,莫过于身份的平等。我没有费力就发现这件大事对社会的进展发生的重大影响。它赋予舆论一定的方向,法律一定的方针,执政者以新的箴言,被治者以特有的习惯。不久,我又看到这件大事的影响远远大于政治措施和法律,而且它对政府的钳制作用绝不亚于对公民社会的这种作用,它不仅在制造言论,激发情感,移风易俗,而且还在改变非他所产生的一切。因此,随着我研究美国社会的逐步深入,我益发认为身份平等是一件根本大事,而所有的个别事物则好像是由它产生的,所以我总把它视为我的整个考察的集中点。"⑤托克维尔以他在美国感受到的身份平等观念来作为他研究美国民主的一根主线,这根主线成了研究美国民主的一个最重要的理论路径。因为在美国民主的体制制度之下,身份平等是实现美国民主最重要的前提条件,是美国民主的核心价值,也是美国民主的精神的凝聚。身份平等在美国民主中所占的支配性地位具体而言可以从以下几个角度得到论证:

---

② [法]雷蒙·阿隆、[美]丹尼尔·贝尔等:《托克维尔与民主精神》,陆象淦、金烨译,社会科学文献出版社2008年版,第2页。

③ [英]拉里·西登托普:《托克维尔传》,林猛译,商务印书馆2013年版,第52页。

④ [法]阿历克西·德·托克维尔:《论美国的民主(上卷)》,董果良译,商务印书馆1991年版,第7页。

⑤ 前引④,《论美国的民主(上卷)》,第4页。

1. 身份平等是实现民主的社会条件。实现和维护美国民主制度的因素主要有三种,即“自然环境、法制和民情”。“这三大原因都对调整和指导美国的民主制度有所贡献。但是应当按贡献对它们分级。”⑥将这三者因素加以比较,我们经过正确地评估会发现,“自然环境不如法制,而法制又不如民情。”⑦民情是民主形成最主要的因素,但是这种因素却是通过身份平等逐步实现的。“几个世纪以来,在人们身份逐渐平等的同时,民情变得日益温和了。那么,两者之间到底是什么关系呢?在我看来,两者之间具有内在的联系,身份平等是促使民情由粗野变得温和的最强有力的原因。”⑧托克维尔说道:“我们看到,几个世纪以来,人们的身份逐渐平等;同时我们还发现,民情亦日益温和。这两个现象只是同时发生的呢,还是两者之间有一种内在的联系,以致没有一个的发展另一个就不可能前进了呢?可使一个国家的民情由粗野而变得温和的原因有很多,但是在所有这些原因当中,我认为最强有力的原因是身份的平等。因此,在我看来,身份的平等化和民情的温和化不只是同时发生的现象,而且是相关的事实。”⑨显而易见的是身份平等通过控制形成民主中最重要的社会因素——民情来实现对民主的控制,成为实现民主的首要价值,占据民主形成过程中的核心地位,因此身份平等是实现民主必不可少的社会条件。

2. 身份平等是产生其他民主价值的前提。在民主中,不仅仅应该由身份平等构成,它还需要由其他一系列的因素组成。因此,我们谈民主,不能简单地谈及民主的某一个方面。民主是一个十分广泛的概念,民主中所涵盖的自由、人权、平等、道德等诸多方面都是民主的价值。但是这些价值的实现却依托于身份平等。身份平等是地位平等的象征,而在托克维尔眼中,“民主就是地位平等。不存在等级和阶级的差别、组成集体的每一个人在社会上彼此平等的社会才是民主的社会。”⑩从更深层次的角度而言,身份平等意味着一种资格平等。这种资格是在“人人生而平等”的理念之上建立起来的。由“人人平等”的观念所产生的个人主义与利己主义不同,“它是资产阶级民主的直接

---

⑥ 前引④,《论美国的民主(上卷)》,第 358 页。

⑦ 注释同上。

⑧ [法]阿历克西·德·托克维尔:《论美国的民主(下卷)》,董果良译,商务印书馆 1991 年版,第 700 页。

⑨ 前引⑧,《论美国的民主(下卷)》。

⑩ [法]雷蒙·阿隆:《社会学主要思潮》,葛智强、胡秉诚、王沪宁译,华夏出版社 2000 年版,第 149 页。

产物,是整个民主运动所固有的力求社会平等的意志。”[11]身份平等是个人主义的直接体现,是对人人拥有平等资格的一种证实。身份平等作为民主制度中的核心价值,对其他民主价值的影响方式多种多样,有直接的,也有间接的,虽然身份平等不是决定其他民主价值的唯一因素,但是如果没有以实现身份上的平等为前提,其他的民主价值不可能完美无缺地被人们所发现和推崇。以平等和自由为例,托克维尔坦言道:“身份平等所产生的最强烈的情感是对这种平等本身的热爱。在人人都享有平等地参与政府管理工作的权利后,人们之间的差别消失了,谁都不再拥有压制别人的专权了。人人的完全平等带来了人人的完全自由;而人人的完全自由,也更有利于实现人人的完全平等。人人实现完全的平等和自由,是民主国家的公民追求的最高理想,也是平等在世界上所能采取的最好形式。”[12]但是,人们基于对平等和自由的爱好实际上是两码事。“在民主国家,它们还是两码不调和的事情。”[13]因为,“在民主时代占主导地位的是对身份平等的追求,因而平等的社会价值高于自由,迫切需要自由的,只是依靠自由能够获得高度享乐的少数人;而平等则能使人人幸福。”[14]自由与平等作为民主的两大价值对民主国家的人民而言有着天生的不可抗拒力,但是自由同平等处于同一水平线上时,他们往往选择的是平等而非自由。正如托克维尔所描述的一样:“民主国家的人民天生就爱好自由,你不用去管他们,他们自己就会去寻找自由,喜爱自由,一失去自由就会感到痛苦。但是,他们追求平等的激情更为热烈,没有止境,更为持久,难以遏制。他们希望在自由之中享受平等,在不能如此的时候,也愿意在奴役之中享用平等。他们可以忍受贫困、隶属和野蛮,但不能忍受贵族制度……追求平等的激情是一个不可抗拒的力量,凡是想与它抗衡的人和权力,都必将被它摧毁和打倒。在我们这个时代,没有它的支持,就不可能实现自由,而专制制度本身没有它也难于统治下去。”[15]在对自由和平等的论述中,我们可以看出身份平等在其中产生的巨大影响力。身份平等是实现平等的前提,而平等却是实现自由的必要途径,只有身份平等才会诞生出平等与自由这两大民主价值。身份平等的价值位阶永远在其他的民主价值之上,没有身份平等对民主制度的参与是不

---

⑪ 顾肃:《西方政治法律思想史》,中国人民大学出版社 2005 年版,第 300 页。

⑫ 前引⑧,《论美国的民主(下卷)》,第 620 页。

⑬ 前引⑧,《论美国的民主(下卷)》,第 621 页。

⑭ 前引⑪,《西方政治法律思想史》,第 300 页。

⑮ 前引⑧,《论美国的民主(下卷)》,第 624 页。

可能实现真正意义上的民主治理的。

（二）法律规制是实现民主的制度保障，在民主制度中处于基础地位

实现民主的三大要素——“自然环境、法制和民情”，民情的影响力高于法制，法制高于自然环境。对民主作出最大贡献力的民情是由身份平等得以实现的，仅次于民情之下的法制对民主的影响力不应成为被忽视的对象。在民主国家里，法制往往是外界对一个国家民主治理模式评价的最好标准。当身份平等原则逐渐深入美国的各个领域时，由此引发的各种利益冲突也会逐渐凸显，各项民主原则也将面临新的挑战，为了制止各种弊端的出现，法律便成了调和利益、实现民主的工具。法律通过其强制力规制在民主中占据了重要的一席之地，它的地位主要可以从法律对民主治理和革新的角度得到验证。

1. 法律是实行民主治理的奠基石。“托克维尔开始一般性地讨论民主政府的美德和弊端时，浮现在他脑海里的最大美德毫无疑问是，民主政府培养了对法律的尊重和信任，因为人民意识到法律出自自己之手，需要时也可以经自己的手加以修改。”⑯在托克维尔眼中，法律是联系政府和人民之间最好的纽带，也是体现一个国家民主治理的标榜。因为“在民主共和国中，公民不再把法律看成天然的敌人，而往往对之持支持的态度，认为服从法律是一件对个人有好处的事情。这种将自己也视为政府一分子的态度，为市民社会带来了深远的影响。于是作为政治生活特征的讨论与合作的习惯，进入了市民社会，政治结社的习惯也孵化出了普通结社。事实上，民主制的一大特征就是风风火火地尝试各种事情，变革和改进的提议层出不穷。”⑰法律保持着人民参与政治的高度热情，使各项决策符合民意，实现了实质意义上的民主。法律是将民意上升到民主建设的桥梁，通过法律的强制作用，给予了民主建设一种强有力的保障，体现了以民意为归依的最终目的。民主制度最核心的价值就是保障人的权利，防止人民的权利受到不应有的侵害或者在受到侵害时提供最有效的救济途径。“保护人权和自由是成为当代宪法的根本焦点。如果最终的即存在于个人生活中的社会利益不至于消失的话，随着财产权利在宪法上的原有地位的削弱，它们在现代宪法中留下的空白，必将被人权所取代。”⑱其中宪

---

⑯ 前引③，《托克维尔传》，第 69 页。

⑰ 前引③，《托克维尔传》，第 70 页。

⑱ ［美］伯纳德·施瓦茨：《美国法律史》，王军等译，法律出版社 2007 年版，第 245 页。

法作为美国最重要的法律,其根本地位不可动摇,而立宪精神则以体现人权价值为核心。在美国宪法的各项条款中都可以看到法律对公民权利的保护,这种保护所体现的民主精神成了美国政治制度建设中的一个优良传统,一直延续至今。美国法律的生命力不仅仅因为其对公民权利提供保障而得到彰显,对人权的保障仅仅体现了美国民主最基层的一面,更重要的是在权利的保障过程中蕴含的平等思想,这种对权利平等保护的理念成了美国法律最重要的组成部分,法律也通过这种平等保护理念再次践行了对民主精神进行维护的诺言。

2. 法律是促进民主革新的工具。美国法律的发展史经历了一个由保护财产权向保护人身权过渡的阶段。“托克维尔讨论法律,关注的主要不是法律面前的形式平等,而是财产继承方面的法律,他认为这些法律通过影响财产分配和家庭性质,而对社会结构产生举足轻重的影响。”⑲不应否认的是,财产法作为一种契约法,在整个法律体系中的地位举足轻重,在 19 世纪的美国,契约法成为私法发展的核心。“全部的社会生活都要利用它,依靠它。由于有了明示的或默示的,宣告的或会意的契约,才产生了所有的权利,所有的义务,所有的责任和所有的法律。”⑳谈到 19 世纪的美国法,可以认为……契约法……几乎把所有制约着人类生活关系的法律包括在内了。㉑但是随着时代的变迁,财产权利倚重的趋势逐渐引发出了很多问题,美国的民众渐渐意识到了作为人主体性的权利受到侵害时却只能依靠财产权利得到救济,这一点在民众之中引起了很大的不满,在美国法律形成的很长一段时间内,最高法院的判决几乎都限于财产方面。法院关注的重点,与其说是人身权利,不如说是财产权利。到 1922 年,一位联邦法官还说:“应该记住政府的三条基本原则,也是政府存在的目的,即保护生命、自由和财产,其中最主要的是财产。”㉒在当时的法律中,生命和自由寄托于财产之下,个人的自由缔约权最初被看作财产的一部分。正像一个州的判决所指出的:“缔约的特权既是一种自由权,又是一种财产权。如果否认甲的缔约权……那么显然在这一范围内是对他的财产权和自由权的剥夺,甚至人格也成了财产权的一个方面。”纽约州的法院拒绝承

⑲ 前引③,《托克维尔传》,第 62 页。

⑳ 前引⑱,《美国法律史》,第 67 页。

㉑ 前引⑱,《美国法律史》,第 67 页。

㉒ 前引⑱,《美国法律史》,第 183 页。

认隐私权,因为这种权利不是一种对“财产的拥有或享用的附属物”。其他法院坚持这样一种理论,与人格有关的利益不能得到保护,除非能够把它们归结为某种财产利益。㉓ 这种极度保护财产而忽视人权的做法与民主精神背道而驰。但是随着身份平等理念的普及,要求法律对生命、自由提供保护的呼声在美国日益高涨。托克维尔在研究财产法律之后,尽管当时美国的法律存在诸多弊端,但是人民依旧热爱他们国家的法律,借助法律的力量成功地推动了民主制度的革新,完成了从财产权利向人身权利过渡的飞跃性转变。托克维尔写道:“在美国没有为数众多的人视法律为天生的敌人,对法律表示害怕和怀疑,相反,所有的阶级都对国家的现行法律表示巨大的信任,以一种爱父母的情感对待现行的法律……美国人民之所以服从法律,不仅因为法律是他们自己制定的,而且因为当法律偶尔损害他们时,他们也可以修订。这就是说,他们首先把法律作为自己加于身上的灾难来接受,然后又把法律作为随时可以解除的灾难来对待。”㉔法律制定权的主体为人民本身就体现了民主的一面,当人们在追求平等和自由等基本权利的同时,又可以运用手中的修改法律的权利来达到在一个国家实现民主治理的目的。在这样的进程中,法律逐渐从倚重财产权逐渐转化为倚重人格权,将财产权作为一种人格权的附属权利加以保护。“在20世纪前半期,法院开始从过去强调财产权利转变为强调人身权利,这也成为20世纪美国公法的主旋律之一。”㉕这种实质性的转变也对法院和政府自身提出了更高的要求,要求法院不仅要对《权利法案》、对人权的保障赋予实质性的内容,而不能像以前一样流于形式,而且“法院要对个人权利提供政府的一级保证”。㉖ 另一方面,法律的规定也对政府行为本身进行有效的规制,使得政府侵害个人权利的现象大幅度减少,有效地保障了人权。托克维尔曾预言:“在全民的意志表现当中,有一种强大无比的力量。当这种力量一旦爆发出来的时候,本想与它对抗的人也会销声匿迹。”㉗法律正是运用着这种强大的意志力顺利地在财产权保护向人身权保护的过渡中实现了转型,让人身权从财产权的束缚中得到解放,推动了民主理念在历史长河中的革新和发展。

㉓ 前引⑱,《美国法律史》,第160-161页。

㉔ 前引④,《论美国的民主(上卷)》,第275-276页。

㉕ 前引⑱,《美国法律史》,第182页。

㉖ 前引⑱,《美国法律史》, 第183页。

㉗ 前引④,《论美国的民主(上卷)》,第275页。

二、身份平等和法律规制在民主中的作用

身份平等和法律规制作为实现民主的两大主要价值,成为民主制度顺利实行的推动器,两者缺一不可。通过对两者在民主制度中的地位分析,可以让我们认识到虽然两者在价值位阶上存在些许差异,但是两者对民主的作用却有着巧妙的一致性。简而言之,可以从几个方面看出两者对民主所作出的共同贡献:

1. 普及平等观念,提升权利意识。无论是追求身份平等还是法律规制,令我们不难理解的是在平等和法律的背后所倾力保护的价值趋向。托克维尔指出:"随着特权逐渐减少和缩小,人们对特权的憎恶反而日益加强,所以可以说民主的激情甚至在动因最小的时候反而更加猛烈……当身份不平等的时候,最大的不平等也不刺眼,而在人人都整齐划一的时候,一小点差异也会引起不快;随着划一日臻完善,这种不快感将更加使人难以忍受。"[28]只有实现身份上的平等才能最大限度地减少各种不平等的现象的发生,因此,身份上的平等实际上是对人们诉求平等理念呼声的一种回应,也让人们进一步了解平等的含义。当追求平等的浪潮逐渐弥散开来成为一种社会运动时,法律便成了有效实现平等的强有力的社会工具。以美国宪法对平等权利的保护为例,在20世纪后半期,法院开始组织大量贯彻平等保护权利的活动。其中沃伦法院第一个重要的判决,即布朗诉教育委员会案(1954)成了美国历史上著名的一个历史性判决,占据着重要的地位。"布朗的判决推翻了'隔离但是平等'的原则,认定种族隔离侵犯了同等保护的保障。"[29]这个案件不仅仅认定种族隔离不符合宪法对平等权利保护的精神,保障了不同种族的公民之间的平等权利,而且在之后"最高法院还将同等保护的范围从布朗案涉及的种族平等领域,扩大到更加广阔的范围"。[30]身份平等所要求的平等权利经过法律规制之后,不仅促进公民权利意识的觉醒,并且为他们主动追求平等、捍卫权利提供了强有力的支持和保障,加快了实现民主的进程。

2. 有效规制政府权力,实现民主治理模式。身份平等理念促进了个人权利和政府权力之间的对抗,美国不可能实行绝对的集权,但是也不可能实行绝对的分权,因为身份平等所造就的公民对个人权利的认同理念逐渐渗入美国

---

[28] 前引⑧,《论美国的民主(下卷)》,第846页。

[29] 前引⑱,《美国法律史》,第246页。

[30] 前引⑱,《美国法律史》,第247页。

政治体制的形成过程之中,公民在更大程度上要求获得自身的权利,这种权利不仅仅体现在法律对其加以高度保护的政策之中,也体现在平等理念对政府行为提出的要求和法律对政府权力的规制之中。以《美国宪法》第 14 条修正案为例:“第十四条宪法修正案规定所有在合众国出生并受其管辖的人,都是合众国的和他们居住州的公民。任何一州,都不得制定或实施限制合众国公民的特权或豁免权的任何法律;不经正当法律程序,不得剥夺任何人的生命、自由和财产;在州管辖范围内,也不得拒绝给予任何人以平等的法律保护。”此条款首先对联邦和州的公民资格作了定义,建立了美国公民的双重公民资格,强调了联邦公民的重要地位,接下来的三个短句建立了三项重要的原则:(1)州不得制定或实施任何限制联邦公民的“特权或豁免权”的法律;(2)州不经“正当法律程序”不得剥夺任何人的生命、自由或财产;(3)州在其管辖范围内,不得拒绝给予任何人以“平等的法律保护”。这三项原则等于开创了一套新的宪政机制和内容,表现了一种与 1789 年通过的《权利法案》性质相同但内容相反的立法意图。换句话说,如果原来的《权利法案》是为了防止联邦政府侵犯人民的基本权利而设立,那么第 14 条修正案就是为了钳制州政府对联邦公民权利的侵犯。从某种意义上来说,这条修正案的原则丰富了制宪时期麦迪逊等人强调的州与联邦政府相互钳制的机制,为联邦政府创造了一种新的同样的神圣的宪法权利来保护人民。[31] 法律不仅将对所有公民进行平等保护的思想孕育于宪法精神之中,而且为防止政府侵害公民权利规定了正当的法律程序和法律条件,有效地实现了形式意义和实质意义上平等思想的统一,也体现了美国民主的高度法治精神。身份平等和法律规制理念的思想一直存在于民主治理的法治建设过程之中,政府权力缩小和公民权利扩大的趋势随着身份平等和法治理念的进步而在民主中得到进一步的证明,实现了民主治理的初衷。

三、从身份平等和法律规制角度对民主的现代性关注

在民主制度的体系下,身份平等和法律规制为推翻贵族阶级、消除了阶级对立,为实现“人人生而平等”的理想提供了现实的路径,为民主制度的发展和进步提供了强有力的支持和保障,但是两者在为民主制度带来一系列福利

---

[31] 王希:《原则与妥协:美国宪法的精神与实践》,北京大学出版社 2000 年版,第 288 页。

的同时，它们也给民主制度带来某些令人担忧的现状。

（一）阻隔社会联系，对自由和人性造成威胁

“托克维尔把现代社会看作是贵族社会被摧毁以后所形成的民主国家。民主国家带来了人民身份的平等，但也使人的自由和独立受到了威胁。托克维尔常用‘不安的心灵’来描述现代人类的精神状况及其品性。托克维尔认为正是这种不安的心灵蕴藏着人们对民主的追求、对革命的向往和关于个人主义的思虑等多种现代性生成和发展的最隐秘的动力。”[32]身份平等在民主国家得到实现的同时，与之伴随而来的不仅仅是权利的激增，人类心灵的现代性及其困境也在这实现身份平等的一系列社会变革过程中发生着激烈的动荡。“随着身份日趋平等，大量的个人便出现了……他们习惯于独立思考，认为自己的整个命运只操于自己手里。因此，民主主义不但使每个人忘记了自己的祖先，而且使每个人不顾后代，并与同时代人疏远。它使每个人遇事总是只想到自己，而最后完全陷入内心的孤寂。”[33]托克维尔指出：“在平等的时代，每个人自然都是孤立无援的。他们既没有可以求援的世代相传的朋友，又没有确实能给予他们以同情的阶级。他们容易被人置之不理，受到无缘无故的轻视。”[34]“造成这种情况的一个重要的原因在于贵族特权被取代，身份平等使人们愿意从‘一己的理性’来亲自思考个人的命运，而不愿意盲从人类之外的权威……由此造成了在日趋平等的现代社会中，个人反而陷入了失去独立和自由的困境。”[35]我们所不能否认的是，身份平等为我们带来了以往不可能得到的各种机遇，我们可以获得更大的机会寻求成功，但是“同样，平等使我们变得相似这一事实，使我们彼此漠然冷对，而且对我们共同的命运漠不关心。未来的民主似乎更有可能变成满是电视迷的世界，而非许多坚强的个人主义者和自由思考者的国度”。[36] 身份平等是实现自由和平等的前提，但是当民众追求身份平等的愿望不断被放大的同时，他们也会忽视民主体制中其他的社会条件，过于依赖自我理性使得自由与独立失去了存在的空间。在托克维尔看来，身份平等所造就的个人主义的急剧膨胀，逐渐淡化了人对社会最初的那份责任感，减少了人与社会之间的联系，对人性本身应具备的美德造成了巨大的

---

[32] 浦兴祖、洪涛：《西方政治学说史》，复旦大学出版社 1999 年版，第 417 页。

[33] 前引⑧，《论美国的民主（下卷）》，第 627 页。

[34] 前引⑧，《论美国的民主（下卷）》，第 875 页。

[35] 前引㉜，《西方政治学说史》，第 417 页。

[36] 前引①，《耶鲁大学公开课：政治哲学》，第 266 页。

威胁,实现民主本身的过程也摧毁了其他的社会价值。

(二)削弱民族精神,对民族本身构成巨大冲击

当民主理念在身份平等的推动中逐渐深入时,民主社会下的个人都在寻求一种平等的个人身份认同原则。贵族社会虽然是一个等级森严和对他人保持距离的社会,但是在这样的社会制度之下却保持了一种特定的社会凝聚力。但是"在平等的认同性原则中所蕴含的革命的巨大力量,恰恰在于它预先废除了一切社会封闭形态得到认可的合法性,同时摧毁了由之产生的种种联系纽带"。[37] 寻求平等理念的认同过程不仅促使以往的阶级精神失去了存在的意义,而且这种平等观本身也在试图颠覆着民主社会中生活的人们对整个民主社会的共同认知。民主的本质应该允许各个民族和特定区域之间存在差异,但是在身份平等观念的推动之下,平等理念可能会不断地被扩大,会产生一种无限认同的愿望。"平等在历史上的作用就可能会削弱民族精神,然后导致民族本身的消亡。"[38]托克维尔写道:"不仅已经是同胞的同一个民族成员如此,而且不同的民族也在同化。结果,乍一看来,这些在各个方面都一致的人,好像形成了一个每个公民在其中都俨如同一民族的民主大集团。这是有史以来第一次将人类的本来面貌显示出来。"[39]平等理念的扩张导致了民族之间的同质化现象逐渐出现,但是"强烈推动现代人同化的不是他们的利益,而首先是他们的观念和情感。在以初始的潜在性的名义要求作为平等的存在的愿望本身之中,可能存在一种假象,被用来同一切差异性保持距离,从而重构人的形象,揭示一切人的认同性"。[40] 民族精神随着这种同质化现象的出现而不断地被削弱,最终会对民族主义国家的颠覆造成巨大威胁。在这里,我们似乎看到了托克维尔所描述的欧洲文明对社会同质化造成巨大冲击的影响力。当这种同质化现象由个人深入民族和国家,所有人的利益达到一致性的趋同时,国家将不复存在,民族概念将消失,而民主也将在这样的浪潮中消失殆尽。

(三)加剧民主暴政,形成中央集权

对身份平等的追求和对法律的热爱,使得美国人民也热爱他们国家的民主制度。但是,"实际上,任何民主制度都会导致中央集权,因而会导致某种

---

[37] 前引②,《托克维尔与民主精神》,第217页。
[38] 前引②,《托克维尔与民主精神》,第219页。
[39] 前引⑧,《论美国的民主(下卷)》,第597页。
[40] 前引②,《托克维尔与民主精神》,第219页。

专制制度,有蜕化成个人专制的危险”。㊶ 固然身份平等所带来的民主能给美国带来诸多好处,但是“在身份平等的时候,每个人都愿意闭关自守,把他人置于脑后……迫使整个社会经历异常的变故”。㊷ 身份平等让美国的政治制度建立在为大多数民众利益服务的基础之上,托克维尔认为“平等可以在市民社会里建立,但不能在政治界推行”㊸。而且他也相信“随着人们之间的日益平等,使人盲目相信某一特定的人或特定的阶级倾向将会减少,相信群众的趋势则会增强,并逐步成为支配社会的观点。公众的意见不仅是个人理性的唯一,而且拥有比任何国家都大得多的权利。现代民主社会由于是离散的原子式个人混合而成的群众社会,起支配性影响的权威是‘群众’‘人民’‘公众的意见’”。㊹ 在他的眼中,只要是世俗的无限权威都具有危险性。“人世间没有一个权威因其本身值得尊重或因其拥有的权利不可侵犯……我都要说:这是给暴政播下了种子,而且我将设法离开那里,到别的法制下生活。”㊺因此对于群众社会下公众意见权威的崇拜同样很容易滋生出民主暴政,托克维尔说道:“在这个世界上,只要以人民的名义来实现暴政和主事不公,暴政也能成为合法的,不公也能变为神圣的。”身份平等所带来的民主会形成一种“新专制主义”,“这种‘新专制主义’不会直接折磨人,只让人消沉,它甚至有着自由的外貌,甚至在人民主权的旗帜下建立起来,但是这种专制主义却限制和压制人,使他们精神颓靡,意志消沉和麻木不仁,最后使全体人民变成一群胆小而会干活的牲畜,政府则成为牧人。”㊻而美国法律对个人权利和平等理念加以保护的时候往往忽视了这种制度背后隐藏的风险,最后使得这种专制主义成功地借用平等和法律的幌子来实现对人民有效的控制,走向集权的道路。

结语

在现代社会中民主成了实现保障人权、实现自由的有效手段之一,我们应该珍视民主的价值,但是从身份平等和法律规制的角度来看美国民主也会发现诸多问题所在。民主的发展不是一蹴而就的,在实行民主建设的过程之中

㊶ 前引⑩,《社会学主要思潮》,第158页。
㊷ 前引⑧,《论美国的民主(下卷)》,第804页。
㊸ 前引⑧,《论美国的民主(下卷)》,第620页。
㊹ 参见前引㉜,《西方政治学说史》,第419页。
㊺ 前引④,《论美国的民主(上卷)》,第289页。
㊻ 参见前引㉜《西方政治学说史》,第420-421页。

我们应该看到需要与之配套的各项社会条件。在这里,托克维尔并没有为我们解决当代民主的困境提供一个明确的答案,但是他在指引我们进行思考。“我们在渐进式地发展民主、健全民主制度的同时,最重要的是应该向全体公民不断灌输自由民主的相关知识,培育其享用自由民主的思维和情感,形成有利于民主的民情。只有战胜暴政,根除独裁者,才能找到建立起绝大多数人的和平统治的正确途径。”[47]真正读懂民主不仅需要我们对历史心怀敬意,也需要我们具备甄别的能力,防止民主精神使社会各个领域面临全面单调划一的风险。而当下我们应当做好的就是反思民主,居安思危!

Identity Equality and Legal Regulation

——Tocqueville's View on the Interpretation of American Democracy

Abstract: To Tocqueville's understanding of the American democratic system as an investigation, the paper analyzes the status and function of identity equality and legal regulation, and the game between freedom, human rights, law and equality. To give the Democratic modernity attention, to understand the strengths and weaknesses of the American democratic system, and to give a new interpretation of the times of the American democratic system.

Key Words: Tocqueville; Democratic System; Legal System; Legal Regulation

(责任校对:韩玉亭)

[47] 前引④,《论美国的民主(上卷)》,第 367 页。

跨行政区域税务法院:完善税收司法的制度路径

胡　翔*

摘　要:税务司法在我国税制建设中的重要地位并未得到各界重视,司法层面的"不力"直接导致纳税人的合法权益缺乏有效保障。税务司法机构作为现代税收国家普遍选取的制度安排,对规范和调整税收立法权和税收执法权具有重要意义。在比较视域下,世界主要国家的税务司法模式对反思税收法治建设提供了有益借鉴。结合我国实际情况,适时推开跨行政区域税务法院的设计,是顺应税制发展趋势的法治体现。

关键词:税收法治　税务司法　跨行政区税务法院　纳税人权利

一、问题的缘起

随着国家经济发展水平的逐步提高,各类纳税主体的纳税人意识逐步觉醒,有关纳税争议的案件也呈逐年递增的趋势,这在客观上对国家的税收体制提出了更高要求——从对国家立法层面上所规定的"纳税前置"①的思考,到国家财政收支程序的每个流程,再到各具体的税务争议案件的处理,但凡和纳税人权利保护息息相关的细节都需要我们作出更多体制性的完善。

细节的完善依赖于制度整体的良性设计。由于实质法治国家,本质上必

---

* **作者简介:**胡翔(1991—),男,北京大学法学院2016级博士研究生,研究方向为经济法、财税法。

① 《税收征收管理法》第88条规定:"纳税人、扣缴义务人、纳税担保人同税务机关在纳税上发生争议时,必须先依照税务机关的纳税决定缴纳或者解缴税款及滞纳金或者提供相应的担保,然后可以依法申请行政复议;对行政复议决定不服的,可以依法向人民法院起诉。"

须同时为租税国家,②税收体制的运行状况是法治度的直观反映。基于对我国税收制度的整体性梳理,笔者关注到目前我国税收制度中立法、执法和司法的权力配置体系并不平衡,其中最明显的就是税收司法体系相对薄弱。通过观察世界各国的税收体制后,笔者发现:较为成熟的税制国家一般都具有较为完善的税收司法体系。大体上可以将其划分为三种类型:专业税务法官制度③、专门税务法庭制度④、独立税务法院制度⑤。从完善税收司法体系的角度出发,笔者认为我国可以在归纳域外制度智识点的思维基础上,走一条适合我国国情的中国路径。

二、顶层设计与时代背景的契合——设立跨行政区域税务法院

中共中央政治局于2014年6月30日审议通过了《深化财税体制改革总体方案》等方案,要求深化税收制度改革,并指出要建立有利于科学发展、社会公平、市场统一的税收制度体系。公平正义是司法的价值,通过对政策意识的解读,笔者认为这里所提出的税收制度体系之中不仅包含税收司法体系,还要求我们对之进行完善。

其后,十八届四中全会的决议提出,要优化司法职权配置,推动实行审判权和执行权相分离的体制改革试点;同时,要探索设立跨行政区域的人民法院。而有关如何设立跨行政区域法院,跨行政区域法院的管辖范围有哪些内容等问题,却一直没有定论。

更须注意的是,十二届全国人大三次会议表决通过了修改《立法法》的决定,正式确定了税收法定的原则。税收体制进一步成为全国关注的焦点。在国家完善税收司法体制的顶层呼吁与全面推进依法治国建设的时代背景的碰撞中,我们恰好可以通过这样一个历史机遇,提出健全我国税收体制的新目标——推动我国跨行政区域税务法院的设立。

---

② [德] Friauf, *Unser Steuerstaat als Rechtsstaat*, in StbJb 1977/78, S. 39ff.

③ 即在审判庭中保留专业的税务法官来处理涉税案件,这类国家主要包括法国、瑞典、澳大利亚等。

④ 即在普通法院中设立专门的税务法庭来处理涉税案件,目前日本的税务法庭制度最具代表性。

⑤ 即在法院体系中设立专门的税务法院来处理涉税案件,这类国家主要包括德国、美国、加拿大等。

(一)跨行政区域税务法院是司法改革的优选之路

前面谈到,十八届四中全会的决定中并未针对如何设立跨行政区域法院、跨行政区域法院的管辖范围有哪些等问题进行论述。笔者认为,破解跨行政区域法院设立的难题,关键是要转变观念和思维模式,跨行政区域法院应当以审理若干特殊性案件或者专业性案件为重点,而由于税收案件的特殊性,我们可以考虑将强化税务案件(或财税案件)审判作为突破口。

长期以来,按照《中华人民共和国人民法院组织法》的规定,我国地方各级法院均按行政区划设置。随着我国经济社会的发展,地方法院受理的诉讼案件日益增多,特别是随着各类纳税主体意识的觉醒,税务诉讼案件也在逐渐增多。由于目前税务诉讼是行政诉讼的一部分,归行政审判庭审理,这就可能出现地方法院为了保障地方税收,从而作出不利于纳税人的判决。跨行政区域税务法院的设立对克服地方护税主义、平等保护国家与纳税人合法权益、树立法律权威等具有重要意义;有利于构建普通案件在行政区划法院审理、税务案件在跨行政区域税务法院审理的诉讼格局,促进法院总结审判经验、探索司法规律,提高审判队伍专业素质,确保法律适用标准的统一,增强司法公信力。

(二)跨行政区域税务法院是税收法定的机制表征

从税法的动态过程来看,税收法定对税收司法有明确的约束力。⑥ 跨行政区域税务法院的建立,本质上是借助国家倡导推行跨行政区域法院的契机以提升税务司法的专门化,归根结底,还是在提升税务司法的过程中,就税收的发生、变更、消灭等实体事项,以及纳税期限、纳税地点等程序事项的专业化认定标准,以期更好地落实税收实体法和税收征收法的实施。从这个意义上来说,跨行政区域税务法院的设立是将原本专业度不够高、自由裁量权分配不合理的税务司法程序单独列为一个体系,进行专门建设;实质是在司法实务运行机制中体现出税收法定的税制原则。

(三)跨行政区域税务法院是平衡国家权力配置的有力举措

根据制约和平衡的权力配置原则⑦,立法权、执法权和司法权三者必须协

---

⑥ 参见刘剑文、熊伟:《税法基础理论》,北京大学出版社2004年版,第125页。

⑦ [法]孟德斯鸠:《论法的精神(上册)》,张雁深译,商务印书馆1997年版,第156页。

调运行,而且仅当这三种权力处于和谐状态时,我们才能发现真正的主权。[8]如前文所述,在我国目前的税收体系中,权力配置明显是失衡的。这点主要反映在承担国家税制任务的职能机构在权力运行上的失衡:

在税收立法权的配置中,十二届全国人大三次会议将税收法定写入了《立法法》,而此前我国的18个税种中只有3个通过了人大立法,其他大部分由国务院依据授权制定暂行条例,《立法法》修改后,意味着税收立法权重新回归人大,也进一步说明税收立法权的配置问题先行得到了矫正。

在税收行政权的配置中,长时间以来,我国税务机关的课税权力都处于膨胀状态,特别反映在一些地方政府多有突破现行的财税体制、寻求新的财政收入等一些行为之中,[9]虽然国家十分重视解决地方税收秩序紊乱的难题,但从实际效果来看,并没有对扩张的税收行政权进行有效规制。

在税收司法权的配置中,由于目前税收司法审判权并没有独立,税收案件被作为一类行政案件交由普通法院中的行政审判庭来管辖。较之我国的税收立法权和税收行政权基于独立的职能分布,各自形成独立运行体系,税收司法权因特殊性[10]而附属于行政司法权。从权力配置上看,税收司法权明显处于弱势状态。设立跨行政区域的税务法院是用最直接的方式充实税收司法权的内涵,以平衡税收立法权、执法权和司法权失衡的状态。

(四)跨行政区域税务法院是符合税务司法规律性的积极探索

目前,由于我国税收法律制度尚不完善、税收立法层级低、行政干预大的情况仍然存在,造成涉税行政案件起诉率低、撤诉率高,法院对税务机关形成依赖,地方保护主义严重。基于此,一些学者认为,即使建立税务法院仍不能解决目前税务司法的现实问题,甚至有浪费司法资源、加重财政负担的嫌疑。[11] 的确,以传统的行政区域为基础建立的税务法院很难解决目前税务司法的现实问题,但跨行政区域的税务法院却是针对这些问题而作出的积极探索。

---

⑧ [法]孟德斯鸠:《论法的精神(上册)》,张雁深译,商务印书馆1997年版,第164页。

⑨ 参见刘剑文、熊伟:《税法基础理论》,北京大学出版社2004年版,第49页。

⑩ 这里的特殊性主要是指税收争议的复议前置程序。

⑪ 参见陈丽生:《设立税务法院的谨慎思考》,载福建法院网,http://fjfy.chinacourt.org/article/detail/2011/04/id/1186541.shtml,访问时间:2017年5月10日。

表1　2008年至2013年一审行政案件统计资料　单位:件

年份	结案数	维持数	撤销数	驳回数	撤诉数	单独赔偿数	其他案件数
2013年	120,675	12,800	7,258	8,639	50,521	309	41,148
2012年	128,625	12,072	6,980	8,544	64,104	222	36,703
2011年	136,361	13,384	6,944	8,849	65,389	291	41,504
2010年	129,806	15,184	7,340	10,014	57,745	305	39,218
2009年	120,530	16,010	8,241	11,004	46,327	394	38,554
2008年	109,085	20,236	8,564	9,086	39,169	342	31,688

(以上数据来源于《中国统计年鉴》2009—2014年)

表2　2008年至2013年一审税务案件统计资料　单位:件

年份	结案数	维持数	撤销数	驳回数	撤诉数	单独赔偿数	其他案件数
2013年	393	30	15	40	198	1	109
2012年	384	25	17	22	191	0	129
2011年	399	21	9	25	225	0	119
2010年	402	31	14	26	245	2	84
2009年	343	56	13	30	161	0	83
2008年	286	61	17	33	115	1	59

(以上数据来源于《中国统计年鉴》2009—2014年)

从上述资料可得出,涉税行政案件占所有行政诉讼案件的比例约为0.3%,导致这个现象发生的原因主要是涉税诉讼门槛过高——《税收征管法》第88条所规定的“纳税前置”。涉税行政诉讼案件的发生是建立在纳税争议经行政复议后仍不服的或者是当事人对税务机关作出的行政处罚决定、强制执行措施或者税收保全措施不服的基础上的。如果税务机关没有作出相关的具体行政行为,或者在行政复议阶段纳税争议就得到解决了,那么就不会产生相应的行政诉讼。事实上,我国现在实行的是高税率、松征管政策,[12]而税务机关又主张“零纠纷”的处置思路;所以在进行税务稽查的过程中,税务机关往往首先要求企业进行自查,只有企业不配合自查或者自查结果仍然与

⑫　参见茅于轼:《低税率、严征管是税务改革的方向》,载《税务研究》2003年第9期,第2页。

实际应纳税情况存在较大差异时才进行处罚。因此,税务机关作出的行政处罚并不多,由此造成涉税行政案件起诉率较低的现状。探究跨行政区域税务法院的设立也是为了控制扩张的税收行政执法权,调整纳税人与国家之间的关系。

三、域外制度与法制基础——跨行政区域税务法院的可行依据

前文中,笔者从顶层政策呼声与法治时代背景的角度切入,分析了跨行政区域税务法院设立的必要性;落脚现实,由于我国目前还没有推行过税务法院的试点,因此仅就时代背景和既存问题来探讨其必要性显然是不够的。我们还须厘清跨行政区域税务法院的可行依据。在笔者看来,主要包括域外借鉴和法制基础两个部分,前者提供制度参考,后者提供制度基石。

(一)域外借鉴——美、加、德、日的税制司法特色

1.美国联邦税务法院制度⑬

作为正式的司法机构,美国税务法院创建于1969年,其宪法依据为《美国宪法》第1条,其法律依据为《1969年税收改革法》(*the Tax Reform Act of 1969*)。美国国会创立税务法院的目的是,当纳税人与联邦税务局发生争执时,为纳税人提供一条不以缴纳欠税为前提的救济途径,以区别于联邦地方法院的税收返还诉讼。随着后来法律改革措施的推陈出新,除了传统的欠税争讼案件外,税务法院的管辖权有所扩大,迄今为止,税务法院的管辖范围主要包括:审理欠税争议、受让人责任争议,对特定类型的确认判决,合伙项目的调整和再调整,对利息减免、行政费用、工作身份的审查,夫妻联合申报时连带责任的救济,以及特定征收措施的审查。

作为跨行政区域的专门法院,美国联邦税务法院受理来自全国各地的案件。此外,在实践中,法官也根据情况前往全国近80个指定城市进行巡回办案。每一个州都至少有一个指定城市,像一些地域范围较大的州和经济较为发达的州则有更多,例如加州和纽约州各有4个指定城市。⑭ 税务法院由19

---

⑬ 参见熊伟:《美国联邦税收程序》,北京大学出版社2006年,第198-201页。在美国,当纳税人与国税局发生的涉税纠纷无法在国税局内部解决时,可以选择向地区法院(U. S. District Court)、联邦税务法院(the U. S. Tax Court)或者联邦申诉法院(U. S. Court of Federal Claims)寻求救济。

⑭ 参见*Places of Trial*,载https://www.ustaxcourt.gov/dpt_cities.htm,访问时间:2017年5月10日。

名正式法官组成,除此之外还有13名资深法官以及4名特别承审法官。⑮ 19名正式的法官由总统任命,并经过参议院确认,其中有1名是首席法官。特别承审法官不需要经过这些程序,他们由首席法官任命,任期无限制。特别承审法官按照首席法官的指定,主要审理一些争议额较小的案件,如小额税务诉讼等。而对于相对复杂的普通诉讼,一般都由正式法官进行审理。美国税务法院不实行陪审团制,这一点和联邦地区的法院不一样。不仅如此,税务法院审判案件时,也无须组成审判庭,而是由一名法官单独审理。

2. 加拿大税务法院制度

加拿大税务法院(Tax Court of Canada)是该国司法系统内部专门负责审理全国范围内涉税案件的专门审判机关。税务法院依据《加拿大税务法院法案》(*Tax Court of Canada Act*)于1983年建立。⑯ 该法院独立于加拿大财政局以及其他政府部门,独立行使审判权。税务法院的地位与加拿大联邦初审法院同等。如果对于税务法院的判决存有异议,纳税人可以上诉至联邦上诉法院(Federal Court of Appeal)。此外,如果案件在全国范围内具有重要影响,加拿大联邦最高法院也会批准受理,其作出的判决为终审判决。

加拿大税务法院属于跨行政区域设立的税务法院,其在全国共有18个登记处,在登记处纳税人可以联系听证协调员并递交文件提起诉讼。目前,加拿大在10个省以及3个特别行政区内共设立了60个庭审处以方便纳税人选择便利的地点进行诉讼。⑰

另外,加拿大法律规定,向税务法院起诉的有关所得税和消费税的案件必须经过向加拿大财政局提起税务复议这一前置程序。如果对于财政局的复议决定不服或者财政局未能在规定时间内答复,纳税人则可以向税务法院提起诉讼。提起诉讼的方式主要有三种:亲自前往全国范围内的18个登记处提起诉讼,寄送文件提起诉讼或者网上填写文件提起诉讼。⑱

---

⑮ 参见 *Judges*,载 https://www.ustaxcourt.gov/judges.htm,访问时间:2017年5月10日。

⑯ 参见 *Tax Court of Canada Act*,载 http://laws-lois.justice.gc.ca/eng/acts/T-2/index.html,访问时间:2017年5月10日。

⑰ 参见 *Registry Services*,载 http://cas-ncr-nter03.cas-satj.gc.ca/portal/page/portal/tcc-cci_Eng/Process/Registry,访问时间:2017年5月10日。

⑱ 参见 *Procedure Prior to Appealing to the TCC*,载 http://cas-ncr-nter03.cas-satj.gc.ca/portal/page/portal/tcc-cci_Eng/Process/GST#a,访问时间:2017年5月10日。

3. 德国财政法院制度[19]

在德国,税务争议不是由普通法院审理的,而是转向司法系统的另一个分支——财政法院;法院有两级,包括(下级)州财政法院(由州设立)和(作为最高上诉法院的)联邦财政法院。州财政法院既负责调查案件的相关事实,也负责正确地解释和适用法律,联邦财政法院则只解决法律问题。[20] 德国财政法院是一个独立的行政司法管辖区的分支机构,专门负责受理公民与政府之间因税务问题引发的纠纷:联邦财政法院设在慕尼黑[21],是联邦在税收和海关事务中的最高法院;而州财政法院则分设在各州,负责税务案件的一审。

由于《德国基本法》仅结构性地规定了 5 个终审法院,究其具体的组织管理和程序规则,还需要对德国 2014 年修改的《财政法院法》[22](*Finanzgerichtsordnung*)进行考察。根据《财政法院法》的规定,德国财政法院的管辖范围包括纳税核定、儿童补贴、投资补贴和税收职业顾问法等一系列税务事项,但是对于行政处罚和刑事处罚没有管辖权。财政法院只管辖与个人权利有关的案件。虽然其判决只对双方具有约束力,但是,对于同样情形的纳税人也具有约束力。因为,联邦财政法院的判决本质通常会变为财政规章或者行政指导,被法律执业者和财政机关遵守。所以,联邦财政法院的主要职责在于通过解释法律,维护税法执行和适用的统一。联邦财政法院的案例,对于确保税法与基本法的一致性具有重要贡献。

4. 日本的税务法庭制度[23]

日本的税务纠纷在向法院起诉之前,纳税人必须先就税务机关作出的有关纳税数额的决定向国家税务法庭起诉。尽管该法庭是国税厅(NTA)的一个部门,但是它拥有独立对争议作出裁决的权力。该体系的运行是为了有效地利用税务官员拥有的精深的税收法律法规知识。税务法庭独立于国税厅,

---

⑲ 本部分的资料参见胡翔:《德国税务司法制度特点及借鉴》,载《国际税收》2016 年第 9 期,第 73 – 75 页。

⑳ 参见[加]布赖恩·阿诺德、[美]休·奥尔特等:《比较所得税法:结构性分析》,丁一、崔威译,北京大学出版社 2013 年版,第 79 页。

㉑ 《德国财政法院法》第 2 条规定:"im Bund der Bundesfinanzhof mit dem Sitz in München."

㉒ 参见 http://www.gesetze – im – internet.de/fgo/BJNR014770965.html#BJNR014770965BJNG000101301,访问时间:2017 年 5 月 10 日。

㉓ 参见 http://www.nta.go.jp/,访问时间:2017 年 5 月 10 日。

表现为国税局不能指示该法庭就税务争议作出何种裁决，通常，日本法院没有专门的税务法官，根据其职业制度，日本法官经常会被调往全国不同的法院，这使得法官很难是某一特殊的法律领域的专家，比如税法领域。在这种大背景下，税务法庭的设立应运而生，这种模式的审判组织能够在一个地区或者一个法院内部组成相对集中的税务审判力量，从而提高了税务纠纷解决的整体效率。

（二）法制基础——结合法律环境的可行性分析

多年前，有学者曾提出在我国设立税务法庭、税务法院，甚至有学者也提出建立跨行政区域的税务法院，[24]但受到当时我国经济和法制发展的限制，这种设想并未得到很多人的支持。如今，随着我国经济发展取得巨大进步，社会主义法律体系基本建成，法律人才的培养也正朝复合型方向蓬勃发展。因此，可以说在当前条件下我国已经具备了建立跨行政区域税务法院的法律环境。

1. 法律条文基础

跨行政区域的税务法院属于专门法院，其设立和职权应当遵循《人民法院组织法》的规定。依目前我国现行法律来看，设立跨行政区域的税务法院并不存在法律和制度上的障碍。《人民法院组织法》中有关专门法院的规定，为税务法院的设立提供了预留的空间——《人民法院组织法》第2条规定，中华人民共和国的审判权由下列人民法院行使：（一）地方各级人民法院；（二）军事法院等专门人民法院；（三）最高人民法院。

可以看出，除最高人民法院以外，我国法律对于法院的设置存在两种方式。一是以行政区划为基础的地方各级人民法院，该类型的法院分为基层人民法院、中级人民法院、高级人民法院，审理的是法律规定的一般刑事、民事、行政等案件。二是以法院审理范围为基础进行设置的专门法院，主要审理法律规定的某一特定领域的案件，目前我国存在的专门法院主要有军事法院、海事法院、森林法院、知识产权法院等。随着社会的进步与发展，新的法律问题与法律需求不断涌现。法律具有滞后性，但法律不应具有封闭性，应不断回应社会对于法律问题的新需求，《人民法院组织法》中关于专门人民法院的“等”字，正是为回应社会需求、建立专门法院预留了制度空间。可见，跨行政区域税务法院的设立具备法律条文的弹性支持。

---

[24] 参见朱大旗、何遐祥：《论我国税务法院的设立》，载《当代法学》2007年第3期，第17-22页。

2. 知识产权法院、环保法庭的先导建设

专门税务法院的设立符合司法专门化的发展方向。2014 年 8 月 31 日，十二届全国人大常委会第十次会议表决通过了全国人大常委会关于在北京、上海、广州设立知识产权法院的决定；另外，据不完全统计，中国已有 12 个省(市)成立了各种类型的环保法庭 42 家，从法院的级别来看，基层人民法院设立的环保法庭有 32 家，占到了所有环保法庭的 76%，此外，还有 9 家中级人民法院和 1 家高级人民法院也设立了环保法庭。[25] 知识产权法院和环保法庭的建立表明我国司法体制改革正朝着司法专门化的方向发展，专业化法院、法庭建立后，在一定程度对目前专业审判活动中存在的案件数量激增、疑难案件较多、矛盾化解难度较大、专业技术水平不足等现实问题的解决有较为明显的效果，跨行政区域税务法院可以充分地吸收其建设过程中的经验和教训，创造出具有中国特色的税收司法新模式。

3. 人才培养基础

随着我国不断重视和推进税收法治，国家逐步重视培养税法方面的专业人才和高素质人才，这为税务法院提供了充足的后备人才。税务司法活动对于司法人员法律和税务知识的要求都很高，在开展税法教育之前，我国一直缺乏此类人才。随着财税法学从传统的经济法中分离，成为一门新兴的综合法学学科后，税法教育进入了全新发展阶段。

中国财税法学研究会、中国税务学会、北京大学财经法研究中心、中国人民大学财税法研究所、武汉大学税法研究中心等税法专业研究机构纷纷建立，为我国财税法学理论研究和实务创新创造了充足的条件。同时，越来越多的高校也在硕士和博士研究生的培养中设置了财税法专业，更为我国税收司法的完善输送大量专业技术型审判人才。上述举措，为税务法院的设置奠定了坚实的人才基础。

四、循序渐进推进跨行政区域税务法院的设立

结合我国目前经济发展的总趋势、税务司法活动的特点及现实问题，参考国外司法制度的经验，笔者认为，税务法院体系是税收司法体系成熟的标志之一，虽然我们已经具备良好的法律环境基础，但是考虑到跨行政区域法院的设

㉕ 王社坤：《中国环保法庭建设的现状与问题》，载《清华法治论衡》2012 年第 2 期，第 113 页。

立可能会从整体上改变现行制度的权力框架,若操之过急,可能会造成人、财、物等方面的资源浪费。因此必须认识到,完成跨行政区域税务法院的建设不是一蹴而就的,需要我们冷静审思,理性对待,重视建设税收司法体制完善的长线发展。

具体而言,我们可以考虑通过三个阶段来展开我国跨行政区域法院的制度实践:第一阶段,将税务司法管辖权在制度上划分至各跨行政区域法院;第二阶段,在各跨行政区域法院内部设立专门的税务法庭来行使税务司法管辖权;第三阶段,待税务法庭的体系成熟后,再进一步推进跨行政区域税务法院的设立。通过"有—多—强"三层次的运作思维,最终全面完善税收司法体制。

(一)从无权到有权:划分税收司法管辖权,初步分离税务案件审判

从域外较为成熟的税收司法体制表征来看,其相互之间有一个共同的特点,即区分税收司法管辖权。本质上,这是一种司法专门化的体现。司法专门化作为法律应对现代化危机的一种最直接途径很早就出现在各国的法律体系之中。例如,国外的商事法院、税务法院、劳动法院、保险法院以及我国的森林法院、水上运输法院、铁路运输法院、海事法院等专门法院的建立,都是广义上的司法专门化的产物。应当看到,区分专业化管辖权是司法专门化的前提,也是应对专业化实务问题的法律基础。按照我国目前税法规定,既要确保税收收入,又要与私法秩序保持协调;既要减少对经济的不良影响,又要体现出适度的调控,使得税法具有较强的专业技术性,[26]而目前我国税收司法管辖权却还归在行政司法管辖权之内,并无"独立"一说,因此税务法院的建设尚且不具备权力配置上的基础。将税收司法管辖权从传统的行政司法管辖权中分离出来,从司法专门化的角度观察,显得十分紧迫;同时也是建立跨行政区域税务法院的前提。

根据对现行制度设计的思考,笔者认为跨行政区域的法院上的司法管辖权应该同普通人民法院区别开来,管辖一些特殊类型的案件,包括:医疗卫生案件、金融案件、财税案件等内容,[27]在税收司法管辖权操作性设计中,我们还

㉖ 万静:《尽快成立跨行政区域税务法院》,载《法治日报》2015 年 6 月 26 日,第 6 版。

㉗ 这里本应当包含知识产权案件和环境保护案件,但由于国家已经设立了一批知识产权法院,并且在一些法院内部也已经设立了环境保护法庭,因此此处未包含进来。

可以财政司法管辖权用来充实税收司法管辖权的内涵。具体而言：一方面，可以考虑按照税收民事、刑事、行政案件的类型来区分具体的管辖分工，另一方面，也可以考虑按照财政预决算、专项转移支付、纳税争议等事项来进行具体的管辖权（见图1）。

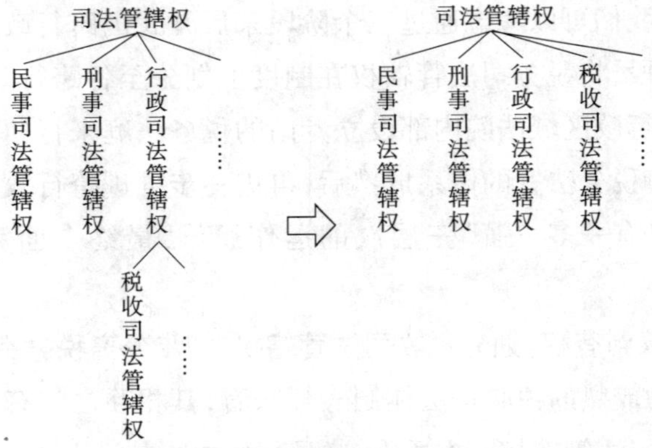

图1 税收司法管辖权划分流程图

（二）从有权到行权：规范税收司法管辖权，落实税务法庭建设

2014年11月1日，全国人大常委会通过了新修改的《行政诉讼法》。在常委会办公厅召开新闻发布会上，最高人民法院副院长江必新表示，法院系统并无成立专门行政法院的打算。但根据十八届三中全会和四中全会的决定，以及这次诉讼法的规定，最高人民法院将指定一些法院来审理跨区域的行政案件。具体来说，利用原来铁路法院的框架，把一部分行政案件、一部分与交通有关的刑事案件、与行政诉讼有关的民事案件，指定到原来的铁路中院或者是基层法院进行管辖。我们认为，如果设立税务法院短期内有困难，不妨考虑在最高人民法院的试点方案中，利用建立管辖跨行政区域法院的机会，暂时设立专门的跨行政区域的税务法庭。

税务法庭的设立主要分为两个层次：(1)以各级人民法院为载体，设立专门的税务审判庭。由于目前税务案件在全国范围内具有普遍性，另外各级人民法院的体系已经确立，因此，在各级人民法院设立税务审判庭作为人民法院的专业审判庭是可行性最高的短期方案：设立人民法院内部管辖的税务审判庭负责审理税务方面的民事、行政案件，不仅可以应对税务案件专业化的需要，也有利于保护各类税务案件纳税人权利。(2)因地制宜，推进跨区域税务法庭[28]的建设工作。域内还可以根据东、中、西部在发展水平和发展程度上的差异,同时兼顾民族问题、法治状况、风俗习惯等因素来划分税务司法管辖区的;在税务司法管辖区内设置若干税务法庭,派遣多人员、多批次的税务法官进驻税务法庭,以满足不同地区对税务司法资源需求差异。税务法庭的初步设立,不仅可以有效解决不同地区对税务司法资源的需求差异,更为重要的是有助于以税务法庭的设立为先导,逐步落实税务法院设立的战略构想;也即我们可以考虑最终用税务法庭之"点",带动税务法院的"面",进而全局性促使税务司法化转变为税务司法制度化。

(三)从行权到制度:优化税收司法管辖权,建立跨行政区域税务法院体系

待各跨行政区域法院税务法庭的布局落实以后,社会才具有推进税务法院体系建设的制度框架。究其制度建制的最终确立,我们还需要进一步将税务法庭的职能予以强化,逐步将税务法庭从跨行政区域法院中分离出来,形成独立的跨行政区域税务法院体系(见图 2)。

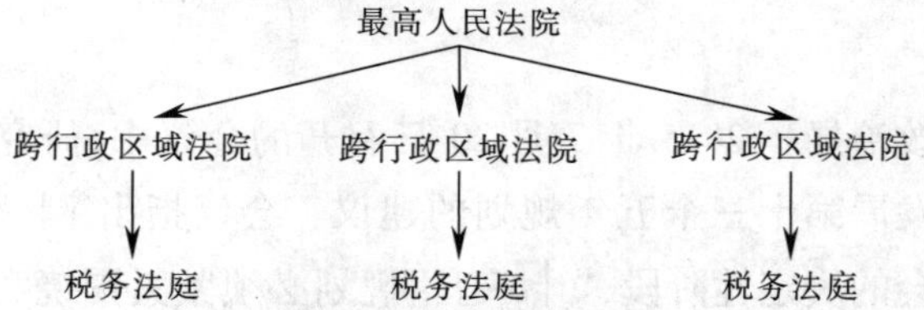

图 2 税务法庭设置框架

目前,我国普通法院采取的是四级两审制,而海事法院等专门法院一般采用三级两审制,且其第二审法院一般为各省的高级人民法院,并均受最高人民法院的领导。[29] 在我们看来,跨行政区域税务法院设立的初衷之一就是打破地方保护和行政干预,如果将税务案件上诉至所在地的高级人民法院,则在制度上仍存在地方保护与行政干预的可能性,因此由最高人民法院对税务法院进行垂直领导,负责案件审查和监督并享有终审权是比较合理的(见图 3)。并且从我国税务司法的统计数据来看,每年发生的涉税行政案件的数量并不多,并不会给最高人民法院带来过重的审判压力。

---

[28] 税务法庭是独立的机构,而税务审判庭属于各人民法院。税务法庭的职能和地位高于税务审判庭。

[29] 参见朱大旗、何遐祥:《论我国税务法院的设立》,载《当代法学》2007 年第 3 期,第 17－22 页。

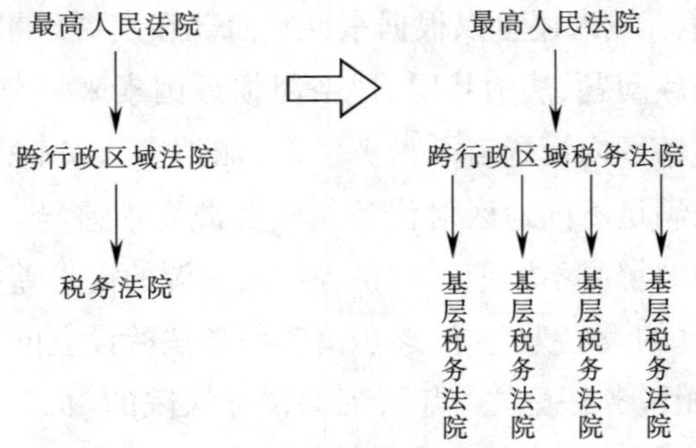

图 3　跨行政区域税务法院体系构成

由于我国幅员辽阔，税务法院难免存在管辖范围过大的问题，如果让所有的当事人都长途跋涉来到所在区域的税务法院进行诉讼，则势必增加当事人的寻求救济的成本，进而产生厌讼心理，反而不利于税务法院的进一步发展。所以，还应尝试建立基层税务法院制度，以满足基层对于税务司法的需要。

五、结语

中共中央政治局于 2015 年 7 月 20 日召开的会议中，研究了关于制定国民经济和社会发展第十三个五年规划的建议。会议指出“十三五”时期是全面建成小康社会的决定性阶段，“十三五”规划必须紧紧围绕实现这个奋斗目标来制定；会议还提出了必须完善社会主义市场经济法治体系，加快法治经济和法治社会建设，把经济社会发展纳入法治化轨道的要求。[30] 跨行政区域税务法院作为完善税收司法体制的着力点，从根本上看，与新时期的指导思想不谋而合。

一方面，跨行政区域税务法院的设立本身就是为了调整和规范公民和国家之间的税收法律关系，有利于公共财产权利和私人财产权利的双重保护。[31] 维护财产权是人民群众看得见的法治，将大幅度提升政府的公信力。从社会发展层面来看，也是推进小康社会建设的促因之一。另一方面，跨行政区域税务法院制度的设立是国家完善司法体制、完善公共财政机制的可行路径，符合我们建设法治经济和法治社会的基本思想和理念。

此外，应当注意的是，当前我国的税制环境较过去已有很大的变化。包括

---

[30] 参见 http://news.xinhuanet.com/politics/2015-07/20/c_1115983557.htm，访问时间：2015 年 7 月 20 日。

[31] 参见刘剑文：《走向财税法治——信念与追求》，法律出版社 2009 年版，第 119 页。

船舶吨税、耕地占用税、房产税等税种在内的立法已经被纳入全国人大立法计划,这对我国的税收司法提出了新的要求。跨行政区域税务法院的设立在完善税收司法的直接作用下,亦能够进一步推动税收立法,规制税收执法,使之形成良性的互动。从长远看,对提升全民税收法治观念,建设税收法治国家也具有促进作用。

Cross Administrative Region Tax Court: The Approach of Perfecting Tax Judicature

Abstract: The importance of Tax Judicature has been underestimated in the establishment of tax system in our country. Tax law enforcement power is of great importance. However, the deficient performance on judicial level leads to inadequate protection to taxpayers' rights. As the most common institution in modern countries, tax judiciary has great impact on regulating and adjusting tax legislature and tax enforcement. Contrasting world widely, the tax judicature mode in other counties provides reference for us to reflect on the establishment of tax system in our country. Under the background of our country, promoting the institution of "cross administrative region tax court" comply with the development of tax law system.

Key Words: Rule of Tax Law; Tax Judicature; Cross Administrative Rregion Tax Court; Taxpayers' Rights

(责任校对:陈阵香)

承包土地的经营权性质及其抵押问题研究

梁　莹*

摘　要:国家提出了三权分置的具体办法,但对于土地经营权流转的相关规则尚未构建。为实现土地经营权的有效流转,首先须将土地经营权定性为权利用益物权,在此基础上,则对其抵押问题的解决,应该从立法上扩大抵押权的客体、实践中更多地适用物权独立性的规则两方面入手。针对各地的土地经营权抵押试点工作中的瓶颈与困境,解决办法在于鼓励承包农户以其土地经营权入股农业股份合作社等规模经营主体,以后者为抵押人向银行等金融机构进行抵押;在拍卖、变卖等方式无法实现抵押权人的权益之时,可探索强制管理等创新的方式以保护抵押权的债权利益的实现。

关键词:三权分置　承包土地经营权　权利用益物权　农业股份合作社　强制管理

一、问题的提出

为了提高农业的生产效率,实现农业规模化经营,国家需要放活农地的财产权利,加强其融资能力,并辅以政策上必要的支持和法律制度的有力保障。①

(一)“三权分置”概念面世

党的十八届三中全会通过中共中央《关于全面深化改革若干重大问题的

---

* **作者简介**:梁莹(1992—),女,中南财经政法大学经济法专业硕士研究生。

① 参见潘俊:《农村土地“三权分置”:权利内容与风险防范》,载《中山学刊》2014年第11期。

决定》提出承包权与经营权分置,建立所有权、承包权、经营权三权并行分置的农地权利体系。但在实践中,对于分离出来的“经营权”概念无法得到一以贯之的法律权利术语表达。② 源于我国物权法所确认的是土地所有权与土地承包权两权分置的物权结构。就我国目前的物权法律体系而言,其无法对“三权分置”的权利进行有效的表达和规制。③

(二)“三权分置”政策不断完善

而后,国家在《关于加大改革创新力度加快农业现代化建设的若干意见》中(中法〔2015〕1号)提出,明确现有土地承包关系保持稳定长久不变的具体形式,界定农村土地集体所有权、农户承包权、土地经营权之间的关系。土地经营权分离于原有的土地承包经营权,经营权的行使受限于土地承包期限,在实践中会表现为经营权无法真正独立,使其涵盖的土地流转经营、放活土地的资本功能无法得到有效发挥,因此,国家要强调现有的土地承包关系必须保持稳定、长久不变,以保证经营权的有效行使。

(三)“三权分置”急需法律制度的支撑

2016年10月30日,中共中央办公厅、国务院办公厅印发《关于完善农村土地所有权承包权经营权分置办法的意见》(以下简称《意见》),提出有关三权分置的具体办法。按照该《意见》,一方面,其将经营权界定为通过流转合同所取得的权利,则经营主体有权使用流转土地自主从事农业生产经营并获得相应收益;经过承包农户同意后,可依法依规改良土壤、提升地力,建设农业生产、附属、配套设施,并依照流转合同约定获得合理补偿;有权在流转合同到期后按照同等条件优先续租承包土地。另一方面,经营主体再流转土地经营权或依法依规设定抵押,须经承包农户或其委托代理人书面同意,并向农民集体书面备案。承包农户流转出土地经营权的,不应妨碍经营主体行使合法权利。④

上述表明国家加强对土地经营权的保护,引导土地经营权流向种田能手

---

② 《国务院办公厅关于金融服务“三农”发展的若干意见》(国发办〔2014〕17号)中,抵押权的标的就有土地承包经营权和承包土地收益权两种提法。“2015年中央1号文件”则将抵押权的标的表述为承包土地的经营权。

③ 参见高圣平:《新型农业经营体系下农地产权结构的法律逻辑》,载《法学研究》2014年第4期。

④ 张恒:《土地经营权作为抵押权比较勉强》,载 http://wap.wugu.com.cn/news/article/887704.html,访问时间:2016年11月11日。

和新型经营主体,同时,鼓励采用土地股份合作、土地托管、代耕代种等多种经营方式,探索更多放活土地经营权的有效途径。

尽管近年来,国家通过不断颁行相关文件以发展完善"三权分置"这一政策,但是,对于三权的法律关系如何厘清,特别是承包权与经营权分置的法律逻辑如何展开、⑤经营权抵押如何实现等问题,都是现今政策无法规定清楚而须让位于法律以进行规则的范畴。⑥

综合上述,笔者拟在三权分置的政策背景下,以物权法确立的制度框架为依托,分析在承包权与经营权分置制度基础上的"经营权"性质,在此基础上,论述该物权变动逻辑下的"经营权"能否抵押的问题,并且通过分析各地试点地区实施中的困境,进而针对困境设计出关于经营权抵押的具体机制以促进新型农地权利体系的发展完善。

二、承包土地经营权的权利架构

根据对《意见》相关规定的分析,"加快放活土地经营权"是"三权分置"政策工作的重中之重,则赋予经营主体更有保障的土地经营权,是完善农村土地基本经营制度的关键。在"三权分置"政策背景下,国家依法保护集体所有权和农户承包权,同时也须平等保护经营主体依流转合同取得的土地经营权,保障其有稳定的经营预期。意味着土地经营权人对流转土地依法享有在一定期限内占有、耕作并取得相应收益的权利。

(一)承包土地的经营权存在样态

农村承包土地的经营权,是通过流转合同这一形式而取得的。所谓"流转"(主要指出租),是指农业经营者通过合同的形式,在一定期限内,以支付给原承包方租金为对价,"借用"承包方对土地的占有、使用等权能从事农业生产经营,并获得相应收益。

一方面,从法理上分析,实际上是土地承包方和农业经营者通过租赁合同,以土地使用、收益为主要标的的一种债务债权关系。但另一方面,考虑到实践中的问题:在一定程度上,从农地流转的第一天起,流入方(第三方经营者)就开始了自身权利的孕育,并在事实上成为一种需要独立的、急需法律保

⑤ 参见赖丽华:《基于"三权分置"的农村土地经营权二元法律制度构造》,载《西南民族大学学报(人文社科版)》2016 年第 11 期。

⑥ 蔡立东、姜楠:《承包权与经营权分置的法构造》,载《法学研究》2015 年第 3 期。

护的权利形态。[7] 随着近年来农村土地流转经营的现象增多,农户与农业经营者关于土地流转经营的争议颇多,为了更好地界定和维护承包农户与第三方经营者各自的农地权利,稳定土地经营流转关系,[8]也便于农民群众的理解与接受,国家将承包农户的土地承包经营权"一分为二"为土地承包权和土地经营权,承包农户将土地经营权"租借"给第三方经营者,后者获得相应的权利,而前者自己则保留承包权。

(二)承包土地的经营权法权形式

为稳定土地承包关系,集体土地所有权人在其所有权之上为本集体农户设定土地承包经营权,体现为集体经济组织与其成员的法权关系。此际,"土地承包经营权"与"集体土地所有权"分置并被赋予物权性质,传达稳定集体经济组织与其成员之间土地利用关系的信号。

一般说来,土地承包经营权是承包农户作为集体经济组织成员,依据《物权法》和《农村土地承包法》,享有对承包地占有、使用、收益以及流转等权利。承包农户可以在土地上从事农业生产经营,也可以流转给农业经营者,由其从事农业生产经营。

在未流转的情况下,承包农户享有土地承包权与土地经营权"合二为一"的权利,此时其作为集体经济组织成员,享有承包权,又作为承包地的实际经营者,享有对土地占有、使用等的经营权。由此,从法理上看,"土地承包经营权"可以理解为承包权和经营权二者的"耦合"。

另一种情况,即目前国家的三权分置政策所考虑到的:如其他农业经营主体利用该农地从事农业生产,则由该农业经营主体与作为土地承包经营权人的农户签订借用合同(流转合同),由农地利用者在农户的土地承包经营权之上设定土地经营权。这里,"土地经营权"与"土地承包经营权"分置,也被赋予物权性质,传达了稳定其他农业经营主体与农户之间土地利用关系、增强对农业经营主体的权利重视和加强对其保护的信号。[9]

概言之,在"三权分置"政策下,流转农地时的农地利用关系可表达为"集

⑦ 李伟伟:《"三权分置"中土地经营权的性质及权能》,载《中国党政干部论坛》2016 年第 5 期。

⑧ 参见刘颖、唐麦:《中国农村土地产权"三权分置"的法律问题研究》,载《世界农业》2015 年第 7 期。

⑨ 高圣平:《承包土地的经营权抵押规则之构建——兼评重庆城乡统筹综合配套改革试点模式》,载《法商研究》2016 年第 1 期。

体的土地所有权+农户的土地承包经营权+农业经营主体的土地经营权”；则土地经营权期满后，土地承包经营权之上的权利负担随之除去，土地承包经营权即恢复原始状态，农户可以自己行使，也可以再次在其上为他人设定土地经营权。本文则在“三权分置”的背景下，着重探讨后一种形式的土地经营权。

三、承包土地经营权定性为物权：农地权利可有效流转

无论是二元权利结构下的农村土地承包经营权，抑或是三权分置下的经营权，从本质上说都是为了解决土地使用权、实现农地权利的有效流转进而提高土地利用效率。支持经营权为债权的学者大多认为，如果经营权为物权，则违反了一物一权原则，因为一个物上不能设有两个物权。秉持经营权为物权观点的学者则提出，当初改革的目的就是将资源配置给生产者，但是生产者现在拥有的只是一个债权，实际上仍然面临着缺乏投资积极性的难题，而且债权容易违约，土地经营收益过程中可能存在短期性行为等问题。

从《意见》的相关内容来看，其倾向于将经营权视为一种债权进行保护：体现在“经承包农户同意”“经承包农户或委托代理人书面同意”等规定中，但是其后又作了如是规定：“承包农户流转转出经营权的，不应该妨碍经营主体行使合法权利。”笔者认为，国家对于经营权性质界定的态度是非常谨慎的，因此将其定位为一种债权以平衡承包农户和农业经营主体的利益；但另一方面，国家也意识到将经营权界定为债权，从实践角度而言，并不能真正实现农地权利有效流转、鼓励农业经营投资、放活土地资本效益的目标，其亦在某些方面和某种程度上，承认经营权具有类似物权的独立性。

综合上述，虽然从《意见》的态度来看，三权分置下的经营权性质被界定为一种类似债权，又带有物权色彩的权利；就其规定而言，一方面，在法理上应该如何表达和规制关于农村土地的经营权问题尚未可知，另一方面，在司法实践当中，关于土地流入方（经营主体）究竟享有何种权利，各个案件的标准不一而足。因此，在本部分，笔者拟将学界的争议与司法实践的案例分析相结合，对承包土地的经营权进行探讨。

（一）经营权之“债权说”

1. 支持债权说的学者认为，若将三权分置下的经营权界定为一种物权，则违反了一物一权原则；另，其结合《意见》相关规定，从以下五个方面去论述经营权的债权性质：

第一，基于对抗力的视角，一般而言，物权具有绝对性（对世性），其可对抗任意第三人；但是承包土地的经营权由土地流转合同产生，本质上是土地承包农户与农业经营者之间的租用（借用合同），具有相对性，一般不能对抗第三人。

第二，在存续期间上，物权是以长期存续为原则的，而经营权的期限是以农户和经营主体的流转合同约定为准，可以是三年、五年等，只要不超过承包期限即可。

第三，转让性角度，物权的转让取决于物权人的意志，不受他人的干涉；根据《意见》的相关规定，经营主体若要转让经营权，须经承包的农户或者其委托代理人书面同意，据此，承包土地的经营者不具有转让的独立性。

第四，权利内容方面，《意见》规定"经过承包农户同意后，经营主体可依法依规改良土壤、提升地力，建设农业生产、附属、配套设施"，这与台湾地区的以土地租赁为内容的债权性交易中的规定类似，经营主体不能自行决定改良土地等活动。即，关于土地的物权性的使用性能，农户并未完全移交于土地经营主体。

第五，对价视角进行分析，物权的移转一般不以对价为要素，而租赁债权自然以对价为要素；经营主体（土地流入方）则是以支付一定的对价而获得对土地的使用、收益权能的。

总而言之，综合五个方面以及一物一权原则，其认为，土地经营权属于一种合同关系的债权，而非物权。

2. 在司法实践当中，有不少的法官同样持土地经营权（因为经营权是三权分置下的新名称，之前的经营权一般表现为流转经营的形式）为债权的观点：

甲乙之间签订了一个土地承包经营权流转协议，之后甲称其在全村范围内进行新一轮承包，原流转给乙的土地不再属于甲所有，原合同解除，甲在乙已经进行耕种的诉争土地上进行其他作物耕种，乙多次要求停止侵害未果，乙诉至原审法院。⑩

一审法院认为：双方当事人之间签订的协议系农村土地承包经营权流转合同性质，合法有效，甲不服判决结果，进行上诉。

---

⑩ 詹晓明诉韩文德家庭承包土地经营权转让合同纠纷，沈阳市中级人民法院指导性案例，载 http://blog.sina.com.cn/s/blog_3e13782701013k03.html，访问时间：2012 年 6 月 22 日。

后二审法院另查明乙不是本村农业人口,不具备土地承包资格,甲是原承包方,对承包地有优先承包权,则认为,本案双方当事人之间签订的是家庭土地承包经营权转让合同,乙方没有稳定的非农职业或稳定的收入来源,发包方出具的证据上虽未以此为不同意的理由,但该理由是客观存在的,故可以认定发包方不同意转让具备法定理由。由此可以认定,双方当事人之间所签订的合同无效。

本案法官的审判思路是依据《农村土地承包法》第 37 条规定,采取转让方式流转的,应当经发包方同意,采取其他方式流转的,应当报发包方备案。转让与转包、出租、互换等土地承包经营权的流转不同,采取转让方式流转的,应当经发包方同意,采取其他方式流转的,无须经发包方同意。

据此,虽然最高人民法院《关于审理涉及农村土地承包纠纷案件适用法律问题的解释》第 13 条规定:发包方无法定理由不同意或者拖延表态的,不影响土地承包经营权转让合同的效力。但以"无法定理由"和"拖延表态"认定转让合同有效,须以充分的证据为依据,不能无视发包方的审批权。根据《农村土地承包法》第 33 条、第 41 条的规定:发包方不同意土地承包经营权转让的法定理由中包括了承包方不具有稳定的非农职业或者稳定的收入来源的这一情形。

由此可知,法官通过一系列法条解释与事实相结合,认为虽然村委会并没有明确表态,但是,依据法庭查明,承包方没有稳定的收入来源,足以构成村委会不同意的法定理由,由此推知村委会是不认可双方的流转经营合同的。

综上所述,《农村土地承包法》及最高人民法院《关于审理涉及农村土地承包纠纷案件适用法律问题的解释》均倾向于将土地流转这一过程获得的权利视为一种受限制的债权;而随着国家关于三权分置相关政策的推行直至《意见》的出台,国家关于流转经营而分离出的经营权之规定,更类似于对债权的规制,学界中支持债权说的学者亦以此为研究契点,对相关的经营权物权化观点进行反驳。

(二)经营权之"物权化"说

尽管在现行法律制度下,农地经营权只能以租赁、转包等债权形式设定,但值得注意的是,各级司法机关在民事审判实践中,通过审判经验的积累和典型案例的示范,不断丰富和完善农地经营权的法律适用规则体系,⑪以判例的

⑪ 蔡立东、姜楠:《承包权与经营权分置的法构造》,载《法学研究》2015 年第 3 期。

方式确认了农地经营权的物权效力。以下已将案件汇总为表1：

表1　经营权的物权化表现

广东省佛山市中级人民法院〔2006〕佛中法民五终字第379号判决；重庆市永川市人民法院〔2006〕永民初字第236号、第238号、第239号判决（第一类）	二次转包后次承包人（现今可视为经营权人）的债权具有对抗承包经营权的效力
江苏省盱眙县人民法院〔2013〕盱桂民初字第0370号判决；北京市平谷区人民法院〔2009〕平初字第02263号判决；广西壮族自治区扶绥县人民法院〔2012〕扶民初字第381号判决；河南省滑县人民法院〔2009〕滑民初字第1106号判决（第二类）	土地承包经营权出租后，出租人、第三人侵害承租人利益的行为被认定为侵权行为
河南省南阳市中级人民法院〔2009〕南民终字第214号判决（第三类）	出租人（土地承包经营权人）不得擅自交回承包林地，租赁合同具有对抗承包经营权的效力
甘肃省张掖市甘州区人民法院〔2013〕甘民初字第1156号判决；北京市延庆县人民法院〔2009〕延民初字第01765号判决（第四类）	承包经营权出租后，出租人于合同履行期间内死亡，承租人的权利依然受到合法保护，可以对抗发包方及农地权利继承人
浙江省嘉善县人民法院〔2007〕善民初字第115号判决（第五类）	在农地流转期限未约定的情况下，流转期限视为承包经营权存续期间

1. 从上述经营权物权化案例的归纳来看，在某些案例当中，土地承包流转经营后，经营主体享有对抗经营权的权利。第一类关于二次转包后次承包权人具有对抗承包经营权效力的案例，主要涉及的情形是，承包经营权人的土地受到其所在村集体经济组织统一管理，而后为了提高土地的利用效率并且提高农户的经济效益，村集体经济组织将土地流转于第三方农业经营主体，承包农户认为其自身的利益受损而将涉及的农业经营主体起诉。法官的判决亦十分类似，均认为正常的土地流转行为并无不当，而且是通过正常程序签订的流转合同，意味着农业经营主体在此际享有使用、收益的权利，不应受到承包农户的干涉、阻挠。

此类案件中，法官倾向于把农业经营主体通过流转经营合同而获得对承包土地的使用、经营的权利视为一种物权。物权作为一种物之归属的权利，具有绝对性，对任何人皆有其效力。任何人非经物权人同意不得侵害。当受他人侵害时，物权人主张物权请求权，排除他人的侵害，以恢复物权应有的圆满状态。在第二、三、四、五类案件中：在承包权出租的情况之下，法官也因此将承包农户与土地经营权人之间的关系界定为租赁合同关系，且法官的裁判多倾向于租赁权物权化这一学说。这一学说主要见于，台湾地区现行“民法”关于租赁的相关规定，设有保护承租人的特别规定，即其第 425 条规定：“出租人于租赁物交付后，承租人占有中，纵将其所有权让与第三人，其租赁物权，对受让人仍继续存在；又第 426 条规定，出租人致妨碍承租人之使用收益者，准用第 425 条规定，”学说上称之为租赁权物权化。[12]

2. 所谓租赁权之物权化，即租赁权仍属于债权，但法律强化其效力，使之物权化，主要表现在：[13]

一是对抗力效力。在租赁关系存续期间，承租人对于取得租赁物所有权或其他物权的人，亦得主张其租赁权（参见第三类案例）。

二是对于事实上侵害租赁权的第三人的效力。第三人事实上侵害租赁权时，承租人得基于租赁权而请求损害赔偿和排除侵害（参见第二类案例）。

三是租赁权处分的可能性。此是指租赁权的让与及转租的情形。租赁权的处分性逐渐被承认，不再特别重视承租人为何人，出租人使承租人须为使用收益的积极债务，渐渐被转化为消极的容忍的债务。

四是租赁权的继续性。所谓租赁权的继续性，是指延长租赁期限并限制出租人的解除权。据此，则上述第五类案件中，关于流转期限并未约定的情况下，法官并不认为承包农户可以任意解除，而认为，流转期限应被视为承包经营权的存续期间，在一定程度上否认了出租方（承包土地的农户）在流转期限未约定的情形下，任意解除流转合同的权利，保护了经营主体（承租方）的可期待利益。

租赁权物权化理论能够突破租赁合同的相对性，赋予租赁权以物权的对世性，同理，则上述案例的法官比照此种思路和理论，将流转合同关系视为一种与租赁债权相类似的关系，且认为其应为一种被赋予物权效力的关系。

（三）对承包土地经营权性质合目的性分析

鉴于土地经营权是“三权分置”政策新创设的权利，尚没有被纳入我国法律的范畴当中，所以对土地经营权性质的认定并不能从现有法律中找依据，只能从应然的视角分析。这一应然的法律性质分析应当服务于政策提出的目

[12] 王泽鉴：《买卖不破租赁：第 425 条规定之适用、准用及类推适用》，载《民法学说与判例研究（第 6 册）》北京大学出版社 2009 年版，第 145 页。

[13] 汪宁：《租赁权物权化》，载 http://www. pkulaw. cn，（〔法宝引证码〕CLI. A. 1157114），访问时间：2008 年 11 月 20 日。

的。由于“三权分置”改革的一项重要目的是通过促进土地经营权的流转和抵押,以放活土地的财产增值权能,[14]克服债权属性的土地经营权的弊端:经营主体对原承包农户的高度依赖性和经营权利的短期性与不稳定性,因此,以法律视角思考其下的关系之时,不能局限于简单的债权关系法律逻辑,而应该考虑到问题的症结并结合一定的实践情况,提出一种适合解决农户与经营主体关系的法律方案。

尽管从此前以及现在的文件的规定来看,国家采取谨慎的态度,以物权化债权的形式将经营权从土地经营权中分离出来,即经营权虽具有债权之名,却有独立于承包农户的物权形式:一方面,在征收时可获赔偿;承包农户转出土地经营权,不得妨碍经营主体的权利等;另一方面,《农村承包土地经营权抵押贷款试点暂行办法》允许土地经营权抵押,但又设置了“承包方同意”“承包方已明确告知发包方”等限定条件。从上述看来,造成此现象的原因,是因为经营权尚未入法,尚不具备相应的法律逻辑结构,但在实践中会导致权利的名不副实和结构混乱,无法真正发挥经营权的分离的功能。因此,对于经营权的定性,国家必须要对经营权是物权抑或是债权作出明确回答,不能作含糊和折中的回答。

进一步而言,如果“三权分置”改革的目的只是确立一个债权性的经营权,土地租赁完全可以解决问题,国家根本无须颁布如此繁杂的文件以另行创设土地经营权,并花费人力、物力鼓励各地关于经营权的抵押试点开展工作。从当前国家的政策来看,大力推动土地经营权抵押,也必须赋予土地经营权的物权地位,其才真正具备抵押资格,否则,债权属性的土地经营权至多只能成为债权质押的标的。[15]

笔者认为,目前,国家应将经营权定性为物权,明确土地经营权的物权地位,则其抵押既不需要取得原承包农户同意,也不需要另行告知发包方,只需按照物权变动的要求抵押登记,才符合“三权分置”改革的目的和政策推行的应有之义。

(四)承包土地经营权定性为物权的理论可行性

土地经营权被定性为物权,合理的逻辑结构应该为,土地承包经营权人在

---

[14] 参见李国强:《论农地流转中“三权分置”的法律关系》,载《法律科学》2015年第6期。

[15] 宋志红:《三权分置关键是土地经营权定性》,载 http://www.p5w.net/news/xwpl/201607/t20160714_1517692.htm,访问时间:2016年7月14日。

其权利上设定了经营权这一用益物权,其依然享有土地经营承包权,经营权只是其利用土地、实现土地价值的手段。从物权法理论而言,若土地承包经营权与经营权的客体相同,确实违反了一物一权原则:物权具有排他性,一物之上不可存在两个以上所有权,也不可存在两个以上种类一致、效力相同的用益物权或者担保物权。⑯ 土地承包权与经营权虽同属用益物权,但其客体相异,两者相互排斥的矛盾就会迎刃而解,则经营权为土地承包经营权之上设立的权利用益物权,⑰其关键在于扩展我国物权法中用益物权的客体。

我国的物权法关于用益物权的规定:

《物权法》第117条:用益物权人对他人所有的不动产或者动产,依法享有占有、使用、收益的权利。但实际上,我国目前具体的用益物权种类包括承包经营权、建设用地使用权、宅基地使用权、地役权、海域使用权、探矿权、采矿权、取水权、养殖权、捕捞权。即我国的用益物权体系当中,仅仅包括以不动产为客体的用益物权。从我国《物权法》来看,关于用益物权客体范围的界定失于过窄,限制了土地承包经营权等权利发挥效能的可能途径。适当放宽用益物权客体的范围,符合时代发展应有之义,其本身具有正当性。尽管《物权法》第5条实行了严格的物权法定原则,但是,2006年10月26日《物权法(草案)》第六次审议稿第5条规定:"物权的种类与内容,由法律规定;法律未作规定的,符合物权特征的权利,视为物权。"据此,有学者指出,物权法定原则缓和的具体措施之一便是总结司法审判的经验,完善非法定物权的体系。⑱

民事权利的客体有层次和顺位之分,其须以物、精神上创造或权利为支配的客体,是第一阶层的权利客体。权利本身则须作为权利人处分的对象,乃第二层的权利客体。⑲ 处分作为支配物的一种表现形式,不为所有权所独有,用益物权和担保物权也享有处分权能。⑳ 用益物权的本质在于物尽其用,充分利用物的使用权能。一般而言,用益物权的客体为一种实体物,皆属正常之

---

⑯ 参加孙宪忠:《中国物权法总论》,法律出版社2014年版,第259页。

⑰ 参见焦富民:《"三权分置"视域下承包土地的经营权抵押制度之构建》,载《政法论坛》2016年第5期。

⑱ 参见杨立新:《物权法定原则缓和与非法定物权》,载《法学论坛》2007年第1期。

⑲ 王泽鉴:《民法总则》,中国政法大学出版社2001年版,第205页。

⑳ 参见[德]迪特尔·梅迪库斯:《德国民法总论》,邵建东译,法律出版社2001年版,第168页。

理，但随着时代的发展和社会生活方式的多样性，仅将用益物权客体限定于实体物则不利于实现用益物权设立的价值目标。同理可知，在法理逻辑上，权利本身可为客体，则以用益物权充分利用物的使用价值这一目标为导向，其客体涵盖了特定的权利，自然不属逻辑之混乱。[21]

并且，近代以来，大陆法系国家业已承认了以权利作为物权客体：《德国民法典》第1273条、第1068条第1款规定了以权利为客体的权利质权与权利用益物权制度。[22] 可以说，以权利作为用益物权客体的立法，既有理论逻辑支撑，也有当代范本，具有合理性。

土地承包经营权是基于农地所有人的意愿，以农地为客体，而形成的农地用益物权；土地经营权则是以承包农户的意愿为基础，创设以土地承包经营权为客体的用益物权，经营主体在一定期限内享有对农地的占有、使用、收益的权能。[23] 综合上述，则经营权作为一种权利用益物权是具有理论逻辑的。但是，也应该明确，只有法律才能赋予经营权以物权之效力，三权分置这一改革最终要落实到《物权法》以及《农村土地承包法》等修法工作当中，方能最终实现其促进农地流转、放活农地经济权能的目标。

四、“三权分置”下承包土地经营权抵押的实现

从我国现行法的角度来看，关于土地承包经营权抵押问题，其就不同的情况分别采取了否定和肯定的态度。对于通过招标、拍卖、公开协商等方式取得的“四荒”土地承包经营权，法律允许抵押；[24]而对于以家庭承包方式取得的土地承包经营权，法律则禁止抵押。[25]

（一）承包土地经营权抵押的理论可行性

1. 基于“三权分置”改革的目标

此前，国家关于土地承包经营权不可用于抵押的规制目的，在于防范农地承包经营权被抵押后，农民面临失地的风险。因此，为了避免此种冲突，国家提出“三权分置”政策，并围绕此主题鼓励各地进行试点改革。土地的承包权

---

[21] 蔡立东、姜楠：《承包权与经营权分置的法构造》，载《法学研究》2015年第3期。

[22] 《德国民法典》，陈卫佐译注，法律出版社2015年版，第421、377页。

[23] 蔡立东、姜楠：《承包权与经营权分置的法构造》，载《法学研究》2015年第3期；高圣平：《新型农业经营体系下农地产权结构的法律逻辑》，载《法学研究》2014年第4期。

[24] 参见《担保法》第34条、《物权法》第180条。

[25] 参见《担保法》第37条、《物权法》第184条。

与经营权分离后,经营权应被界定为一种权利用益物权,具有独立性和绝对性,不必适用债权中的许多限制性规则,有利于流转(包括抵押)活动的开展。则农户可以自身土地的经营权进行抵押,在其无法偿还债务时,债权人可就经营权的拍卖所得优先受偿;农户也可将其流转于其他农业经营主体,而农业经营主体因享有对经营权处分的权利,可为债权人设定抵押权,不必受到须经发包方同意等规则的约束,当经营主体无法偿还债务时,抵押权人实现抵押权,仅仅发生抵押权的变动效果,而不影响农户承包权的继续存在。㉖

2. 物权法放松抵押物范围管制的立法思想

《物权法》第 180 条第 1 款第 3 项规定,债务人或者第三人有权处分的"以招标、拍卖、公开协商等方式取得的荒地等土地承包经营权"可以抵押,但第 184 条第 2 项规定:"耕地、宅基地、自留地、自留山等集体所有的土地使用权"不得抵押,"法律规定可以抵押的除外"。

第 184 条第 2 项前段表述与《担保法》第 37 条第 2 项完全相同。但是"集体所有的土地使用权"在《担保法》立法之时,指的是《土地管理法》中所称土地使用权,但《物权法》业以"用益物权"来概括对土地的物权性利用关系,并且以"土地承包经营权""建设用地使用权""宅基地使用权""地役权"分别指称不同利用目的的用益物权,时移事异,该条文虽然被保留在《物权法》当中,但其真实涵义,却无法在物权法定主义之下体现出来。㉗

结合该项但书的规定,进行立法目的解释,可以得出的结论是,以家庭承包方式取得的耕地上的土地承包经营权不能抵押。反言之,《物权法》并未禁止所有以家庭承包方式取得的土地承包经营权设定抵押,只有耕地的土地承包经营权不能抵押,其他用途的则可以抵押。以家庭承包方式取得的除耕地以外的(土地)承包经营权,属于第 180 条第 1 款第 7 项所称的"法律、行政法规未禁止抵押的其他财产"。

从《物权法》第 180、184 条规定来看,《物权法》明令禁止抵押的仅是耕地上设定的此类土地承包经营权,在《物权法》尽量放松抵押物范围管制的立法指导思想㉘之下,其他用途农地上设定的此类土地承包经营权均可抵押。虽

㉖ 参见姜红丽:《放活土地经营权的法制选择与裁判路径》,载《法学杂志》2016 年第 3 期;李国强:《论农地流转中"三权分置"的法律关系》,载《法律科学》2015 年第 6 期。

㉗ 高圣平:《农地金融化的法律困境与出路》,载《中国社会科学》2014 年第 8 期。

㉘ 孙丽丽、陈兴中、李富忠:《从完善土地承包经营权权能看农村土地承包经营权抵押》,载《广东土地科学》2011 年第 2 期。

然,就此而言,其与《意见》某些规定仍有出入,但是,在一定程度上,为现行的土地经营权抵押的问题扫清了法律障碍,有利于土地经营权抵押工作的顺利开展。

3. 类推适用的可能性基础

不同类型的土地承包经营权,其法律规则虽有不同,但对于土地经营权的规则,法律尚未涉及。笔者认为,基于土地经营权的本质,其为农业经营主体在他人土地之上进行农业生产经营的活动。就此而言,土地经营权与《物权法》第180条第1款第3项所规定的“以招标、拍卖、公开协商等方式取得的荒地等土地承包经营权”相似,源于此类土地承包经营权由农业经营主体通过市场化方式与集体经济组织订立土地承包经营合同而设定。[29] 从上述的物权法的规定来看,其允许荒地土地承包经营权进行抵押,则关于土地经营权的法律规则尚处空白阶段,类推关于荒地土地承包经营权的抵押问题的处理方式,不失为一种合乎法律逻辑的推理。关于类推适用,就是在法律出现漏洞时,可以经由任何具有类似性或“同一法律理由”的现存规范比附援引,以达到平等的目的和正义的要求。[30] 尽管有学者提出,根据物权法定原则,在物权法范围内权利的类推适用均是不合理的。但是笔者认为,正如刑法中的罪刑法定原则一样,其限制的仅为不合理地扩张现有的罪名及其适用;物权法定的真实涵义在于限制随意创设新的物权,而不限制在物权范围内对某一种物权内容的比照、类推适用。且《物权法》就抵押财产的范围已经采取开放的态势,允许“法律、行政法规未禁止抵押的其他财产”设定抵押权,如此已在一定程度上缓和了物权法定原则。

4. 抵押权客体扩展的可行性

《物权法》第179条将一般抵押权的客体限定为“财产”,事实上为抵押权成为法定物权种类预留了解释和法律修订的空间。[31] 可见如下分析:

对比同为担保物权的质权和留置权的规定,《物权法》第17章,质权之下,分为2节:第1节为动产质权;第2节为权利质权,说明质权的客体有2种:一为动产;二为权利。第18章为留置权,第230条,直接规定留置权客体

---

[29] 参见胡康生:《中华人民共和国农村土地承包法释义》,法律出版社2002年版,第107页。

[30] 王泽鉴:《民法总则》,北京大学出版社2009年版,第52页。

[31] 蔡立东、姜楠:《承包权与经营权分置的法构造》,载《法学研究》2015年第3期。

为“动产”。

由上述可知,《物权法》实际上,并没有限定抵押权的客体,而是以“财产”这一宽泛的范围进行表述。笔者认为,抵押权的客体应不仅限于不动产与动产。从学界关于财产的分类来看:财产,通常可以分为有形财产,如金钱、物资;无形财产,如物权、债权、著作权等。据此分析,权利属于一种财产,则作为用益物权的土地经营权亦可被解释为抵押权的客体。

(二)司法实践中的承包土地经营权抵押问题分析

(见表2)以下的案例则是围绕“三权分置”政策推行过程中的土地经营权金融抵押是否有效的问题进行展开:

表2　法院判决结果㉜

由于以下原因导致土地经营权抵押无效或未设立　无效或未设立	承认抵押有效的判决所涉及优先受偿问题的表达　有效
1.贷款主体不合格 [〔2016〕黑12民终第1161号] 2.未签订书面抵押合同 [〔2016〕渝0228民初第1346号] 3.承包方未同意 [〔2015〕阳西法儒民初字第44号]	1.只承认有效(未提及借款无法偿还时贷款方如何实现抵押权) [〔2016〕黑0223民初第701号 〔2016〕黑0230民初第669号 〔2016〕黑0822民初第1911号] 2.承认有效,原告未主张,则法官也未提及抵押权实现的问题 [〔2016〕黑1102民初第950号 〔2015〕沾幸初字第34号 〔2015〕方商初字第520号 〔2015〕木商初字第786号] 3.只提及优先受偿,具体形式未提及 [〔2016〕内0721民初第1025号] 4.认为抵押权人可以就土地经营权流转、折价、拍卖或变卖所得 [〔2016〕黑0111民初第1975号 〔2015〕阳西法儒民初字第44号 〔2015〕颚江夏民二初字第00582号]

㉜　上述案例均通过www.openlaw.com检索可得。

而关于上述案例，主要争议焦点有三：土地经营权抵押时，是否需要得到发包方同意的问题；抵押权成立的问题；抵押权实现的问题。上述案例的焦点问题的解决，于“三权分置”政策的目的和价值的实现而言，有重要的作用。笔者拟对此进行深入分析：

1. 是否需要发包方同意的问题

在〔2015〕阳西法儒民初字第44号这一案件当中，被告以其享有的7宗土地承包经营权作抵押，签订了抵押担保合同，并在签订时由广东省阳江市恒丰公证处公证，该公证处出具了〔2013〕粤阳恒丰第000324号公证书。但在签订上述抵押担保合同时，只有其中的4份担保合同有发包方签名的同意抵押声明书。

法官依据《中华人民共和国担保法》第34条、《中华人民共和国物权法》第133条及《中华人民共和国农村土地承包法》第49条，认为上述涉及的7宗承包土地经营权可以进行抵押，但必须经发包方同意。同时，因土地承包经营权未列入《中华人民共和国担保法》第42条中规定的需办理抵押物登记的财产，故根据该法第43条其他财产适用登记对抗形式的规定，法官认为其中四份附有发包方同意抵押的声明书的抵押合同是有效的。

法官的审判思路是以当前的《物权法》《担保法》《农村土地承包法》中关于土地经营权抵押的思路进行，认为抵押合同必须附有发包方同意的声明书，至于抵押生效的问题，因为法律未严格要求，则可采取以抵押合同生效为要件的登记对抗模式。

在上述其他案件中，法官仅仅是认定抵押合同生效，并未特别提及是否需要有发包方的签名同意等问题。

由上述可知，关于发包方的签名问题，实践中法官的裁判标准不一而足。究竟是否需要以发包方的签名为经营权抵押合同生效的要件呢？

笔者认为，基于我国三权分置改革的目的，其为放活土地的财产权能，因此不宜在土地经营权转让时附加发包方同意这一严苛条件：

其一：若然设置允许发包方同意这一规定，则难免发包方会滥用其审核权利，阻碍土地承包经营权之流转。主要体现在：根据上述对案例二（本文第二部分）关于发包方不同意转让的六个法定理由中，第一个和第五个标准（承包方有稳定的非农职业或者稳定的收入来源和同等条件下本集体组织的成员享有优先权），本身具有模糊性，可操作性差，且不利于土地经营权的市场化流转，发包人拥有完全决定权，这与鼓励和促进土地经营权流转的政策是相背离的。

其二:根据笔者上文所述,土地经营权是一种独立的权利用益物权,其具有物权的对世性和绝对性。土地经营权一经独立,经营权主体即享有自行处分之权利,[33]则农业经营权人可以此对抗土地的所有权人和承包农户。至于认为须经发包人同意的观念,则明显是受到债务转移之影响,在土地经营权物权化的前提下,适用债权规则是值得商榷的。

其三:土地经营权的取得是依据农业经营者与承包农户的合同,合同具有相对性,并不涉及非合同相对方——发包方的意愿问题。同理,土地经营权抵押合同,亦是经营主体与银行等金融机构之间签订的,如果仍需取得发包方的同意,则有违合同相对性之原理。[34]

2. 抵押权成立的问题

在〔2015〕阳西法儒民初字第44号案件中,法官认为抵押合同生效,则经营权的抵押权即已经设立。但在〔2016〕渝0228民初第1346号案件中,法官则依据我国《物权法》第185、187条规定,认为应当办理抵押登记。抵押权自登记时设立。涉案承包地虽办理了农村承包土地经营权抵押登记,但当事人未签订抵押合同,以导致该项抵押权未设立。

笔者认为,关于土地经营权的抵押究采何种模式的问题,因为立法尚未明确规范,而实践中关于此类争议已然出现,所以成为亟待解决的问题。

上文笔者对于土地经营权与招投标方式取得的荒地承包经营权之间存在类似性,拟认为土地经营权的抵押规则,亦应采荒地承包经营权抵押的登记生效模式为宜,主要是基于平等的原则和正义的目的[35](上文业已分析,此处不再赘述),作为一种市场流转的形式,不及家庭承包方式中,所涵盖的同一农村经济组织之间熟悉的乡土环境的意义;若采登记对抗的形式,必然会影响土地经营权交易的顺利进行,不利于维护交易安全和鼓励土地经营权的流转活动。至于是否应采书面合同的形式,笔者认为,此亦是必要的,同理可得,此目的在于固定市场流转形式和维护市场秩序。

3. 抵押权实现的问题

根据对上述案例的分析,大部分案例当中,一方面是当事人自己并未主张

---

[33] 参见王利明:《物权法研究》,中国人民大学出版社2013年版,第10页。

[34] 高圣平:《承包土地的经营权抵押规则之构建——兼评重庆城乡统筹综合配套改革试点模式》,载《法商研究》2016年第1期。

[35] 王泽鉴:《民法总则》,北京大学出版社2009年版,第52页。

对土地经营权抵押权的优先受偿问题,另一方面,我国法律关于土地经营权的抵押如何实现的问题也并没有明确的规定。

在〔2016〕内0721民初第1025号案件中,原告为中国银行股份有限公司阿荣旗支行(被告提供耕地进行抵押担保)法院判决原告有权优先受偿;在〔2015〕鄂江夏民二初字第00582号案件,法官的表述为:"故原告民生村镇银行对上述抵押物的拍卖、变卖的价款享有优先受偿权。"在〔2016〕黑0111民初第1975号案件中,法官认为:"哈尔滨市呼兰区农村信用合作联社可以本案所涉抵押物流转、折价、拍卖或变卖所得的价款在抵押担保范围内优先受偿。"关于抵押权实现的问题,实践中法官的表述不一,有些法官甚至连具体的实现方式都尚未提及。在有些案件当中,当事人甚至并未提及土地经营权实现的主张。由此可以看出,无论是当事人抑或是法院,均未将土地经营权的抵押实现,完全视作债务的最后保障,换言之,即土地经营权的价值功能基本上没有体现。

但笔者认为,在三权分置政策改革过程中,抵押权的实现问题对于抵押权人而言是非常重要的,也涉及其是否愿意给抵押人即本文所涉及的土地经营权人,进行融资贷款的问题,换言之,实现的方式是否能弥补抵押权人的经济损失是其衡量是否应该拨付贷款的关键问题;㊱进一步而言,抵押权实现的方式不但影响着当事人双方的权利义务关系,而且实现的程度、对当事人利益的保护程度,也对整个改革工作的推进起重要的作用(若抵押权人的损害利益可以被填补,自然这一土地经营权抵押方式会被更广泛地使用、推广,真正实现"三权分置"改革的目标)。

就目前抵押权实现的方式:主要见于《物权法》第195条的规定,债务人不履行到期债务或者发生当事人约定的实现抵押权的情形,抵押权人可以与抵押人协议以抵押财产折价或者以拍卖、变卖该抵押财产所得的价款优先受偿。

拍卖、变卖土地经营权对于承包农户而言,只是经营权被流转经营而已,其承包权尚未被损害,该方式是可取的,但是对于折价这一方式,银行等金融机构,若取得承包土地的经营权,则与其身份不符,并不利于土地经营权的市场化流转和土地利用效率的提高。因此,土地承包经营权抵押只能采取拍卖、

㊱ 中国人民银行南昌中心支行课题组:《破解农村土地制度改革和两权抵押贷款试点的实践障碍与法律约束:江西视角》,载《金融与经济》2014年第9期。

变卖的方式实现抵押权(此处尚作此总结,下文中笔者将对各地的土地经营权试点工作经验作分析总结,继续探讨这一问题)。

(三)各地承包土地经营权试点工作的有益探索

综合上述问题来看,尽管根据国家"三权分置"政策的大力推动,各项关于放活土地权能的措施不断推出,业已有不少学者针对该政策如何与法律契合的问题作了许多深入的探讨,本文也将理论与司法实践结合起来,对其中出现的一些典型司法案例进行总结归纳并借鉴许多学者观点,提出了相应的法律制度规则的问题,但是,考虑到实践当中面临的问题仍然很大,尚不是上述的法律制度所能涵摄的,所以,笔者拟对各地关于土地经营权抵押试点工作中的问题进行分析总结。

1. 各地试点工作的介绍

武汉市农村土地经营权抵押融资改革:主要通过鼓励规模经营主体,比如农业企业,在武汉农村产权交易市场通过流转获得的农用土地从事农业经营的权利,同时赋予该类农村土地经营权抵押权能,实现农地抵押价值的规模效应。㊲ 同时,为解决抵押农地处置问题和提高农村金融机构的贷款供给意愿,在抵押之前须经土地转出方同意农地抵押和二次流转。此外,政府建立相应的风险基金以解决贷款无法偿还的问题。

枣庄市农村土地使用产权抵押融资改革:由枣庄市政府出台相关制度赋予农村土地使用产权入股、抵押等权能;㊳此次改革,土地使用产权抵押贷款对象主要瞄准具有一定经营规模的土地合作社。而土地合作社凭借其获得的土地使用产权证作为抵押来申请银行贷款。政府通过成立担保公司,与金融机构分摊违约风险发生之后的损失,由此鼓励改革工作的有效推进。

根据对调查报告的整理:目前的土地经营权抵押试点大致有以下几种模式:(1)土地经营权抵押贷款的复合型担保模式(是指除了需要土地经营权作为担保物之外,借款人还需要有其他担保人提供担保);㊴(2)土地经营权作为附加担保方式或者"反担保"模式;(3)土地经营权之上的"农作物收益权抵

㊲ 张龙耀、王梦珺、刘俊杰:《农民土地承包经营权抵押融资改革分析》,载《农业经济问题》2015年第2期。

㊳ 张龙耀、王梦珺、刘俊杰:《农民土地承包经营权抵押融资改革分析》,载《农业经济问题》2015年第2期。

㊴ 汪险生、郭忠兴:《土地承包经营权抵押贷款:两权分离及运行机理——基于对江苏新沂市与宁夏同心县的考察》,载《经济学家》2014年第4期。

押”模式。[40]

2. 对各地试点模式的分析总结

(1)抵押主体问题

通过对各地的试点工作的总结,目前存在以下几种形式的土地经营权抵押人:

承包农户,其本身掌握的是农村的细碎化的土地,抵御风险的能力不高,[41]一旦发生违约风险,无法偿还,则银行等金融机构进行拍卖、变卖等弥补损失的可能性极高,但是鉴于乡土社会的熟悉性,土地经营权流转的市场尚未建立完善,现今尚无法形成有效活跃的竞争市场。

家庭农场和专业大户(与目前正在发展的农业企业的具体内容相似,在此一并谈论,皆为规模经营主体的表现形式),其具有专业化、规模化、集约化等特征,是家庭农户的升级版。[42] 近年来,不少土地流转集中于规模化经营主体手中,土地的经营者与承包者发生了分离,但是,当上述的规模化经营主体将土地经营权进行抵押时,一般分为两种情况:一种是专业大户已经一次性付清流转年限的租金,则其可以将土地经营权进行抵押(即将土地经营权用作抵押,不会影响到承包农户的利益),但是一次性付清租金的情况毕竟是少数,而且不具有可操作性和现实性:一次性付清确实没必要,而且一般未全部付清的必为资金充实、实力雄厚的经营主体,尚不太可能而后用此土地经营权作抵押;另一种情况则比较常见,则是专业大户分年付清土地经营权的流转租金,在现行法律规则下,此时其若将土地经营权用作抵押,则一般得征得承包农户同意,由于风险与收益不对等,承包农户一般不会同意将土地经营权进行抵押,其后,在抵押权实现时,如果承包农户的租金损失无法得到弥补,那么银行等金融机构对土地经营权的处置也是很困难的。

农业股份合作社,即土地股份合作社是农户以农村土地承包经营权入股合作社,把土地承包经营权变成股权,农民成为股东。农业股份合作社进行土地经营权的抵押贷款与承包农户基本一致,其通过民主投票决议,将合作社的

---

[40] 唐薇、吴越:《土地承包经营权抵押的制度“瓶颈”与制度创新》,载《河北法学》2012年第2期。

[41] 参见陈朝兵:《农村土地“三权分置”:功能作用、权能划分与制度构建》,载《中国人口·资源与环境》2016年第4期。

[42] 赵振宇:《基于不同经营主体的农地承包经营权抵押问题研究》,载《管理世界》2014年第6期。

土地经营权抵押给银行等金融机构，一旦出现了违约风险，则银行可以处置在剩余期限内的土地经营权，并优先受偿。待经营权到期后，承包经营权无条件返还农业股份合作社。

综上所述，农村股份合作社较上述的各种形式，都更加符合当下“三权分置”政策的改革：

一方面，主要在于其能克服单个承包农户进行土地经营权抵押的碎片化土地处理困境。其属于规模经营主体，对于银行等金融机构而言，无疑，其规模、资金、专业的程度以及防范违约风险的能力都远远超于单个承包农户，银行自然更愿意与其签订土地经营权抵押合同。

另一方面：上述关于各类土地经营权主体介绍，家庭农村、专业大户、农业企业等规模经营主体，在某种程度下，也能克服单个承包农户进行经营权抵押的风险问题，但是弊端在于，承包农户与农业市场规模化经营主体无法实现对接，因为在多数情况下，规模经营主体均选择分年付清流转年限租金，然而，用于抵押必然涉及承包农户的同意问题（上文业已提及），则经营权抵押的问题也无法得到解决；进一步而言，即使农户同意抵押，但是最终贷款无法偿还时，银行要花费更大的成本去考虑农户关于土地经营权的处置利益，则银行等金融机构甚或选择不进行抵押贷款工作。

而农村股份合作企业能克服这一难题，农户以其土地经营权入股，以经营权换股权，则农业股份合作企业拥有了土地经营权，并对经营权享有处分权，结合上述的经营权物权性质，以进行物权为主要内容的抵押担保时，则可避免产生诸如需要承包农户同意方可抵押的问题（主要通过企业内部投票表决形式进行）；即使贷款无法偿还，银行处置土地经营权也不必考虑农户的利益补偿问题（因为经营权已然转化为股权，只需要通过分红来获取利益，至于经营权的拍卖、变卖，对其利益并没有影响）。

（2）抵押实现困境

尽管在司法实践当中，法官会作出拍卖、变卖的判决，以实现抵押权人的抵押权（上文中笔者业已分析，以折价这一方式实现银行等金融机构的抵押权，是不可行的）[43]，但具体的试点工作中，出现的问题是，一旦借款方出现了借款无法偿还的违约风险时，则土地经营权会被银行拍卖、变卖，则此时的经营主体不会再为此支付租金，村集体组织以此为由进行租赁合同的解除、终

[43] 高圣平：《农地金融化的法律困境与出路》，载《中国社会科学》2014年第8期。

止,此际,银行将难以处置土地经营权。

同时,银行处置抵押物面临较高的处理成本:㊹虽然与小规模的土地相比,处置规模化的土地具有一定的优势,但是基于农村土地交易市场尚未发展充分的现实情况,银行很可能需要自身主动去搜索交易主体;并且碍于农村土地的人情和乡土背景,对土地经营权的处置难度较大,花费的时间和机会成本很高,上述的原因和现实情况,在很大程度上会削弱银行关于土地经营权抵押贷款的积极性。

因此,就上述抵押权的实现问题,笔者认为,在拍卖、变卖无法实现其应有之弥补损失功能时,可以采取强制管理㊺这一方式:

在实践当中,以拍卖、变卖方式实现抵押权时,除了会遭遇笔者上述的困境外,还有可能出现无人受让承包土地经营权的现象。对此,不少学者提出可以进行强制管理的建议。强制管理,是指执行机关对于被执行的不动产委托管理人实施管理,以其所得收益清偿债权的制度。

于此可知,强制管理是以不动产或者不动产权利的使用价值或者收益为对象,对不宜变价的抵押财产,可以实现其应有的使用价值以弥补抵押权人之损失,则其在实现抵押权的层面上具有很强的实践价值。目前,日本已在2003年新设了一个等同于强制管理的程序——担保不动产收益执行,㊻也就是关于收益管理型的抵押权执行制度。

我国虽未明确,但实践中已有类似做法。抵押权人可以采取入股、出租等形式实现抵押权,取得入股收益或者以出租收益优先受偿。㊼ 笔者上述业已提及土地经营权的抵押主体方面,承包农户可以其土地经营权入股农业股份合作社,一来增强银行等金融机构的融资信心,二来,当无法偿还贷款时,根据国发〔2016〕54号文件中关于银行债转股转化方案:银行不得直接将债权转为股权。银行将债权转为股权应通过向实施机构(金融资产管理公司等)转让债权、由实施机构将债权转为对象企业股权,㊽则此时的实施机构成为抵押权

㊹ 参见钟甫宁、纪月清:《土地产权、非农就业机会与农户农业生产投资》,载《经济研究》2009年第12期。

㊺ 房绍坤:《论土地承包经营权抵押的制度构建》,载《法学家》2014年第2期。

㊻ 参见[日]汤浅道男:《日本担保法制度改革的动向》,李又又译,渠涛主编:《中国民商法研究(第2卷)》,法律出版社2004年版,第219页。

㊼ 参见《铜陵市农村土地承包经营权抵押融资管理办法》第23条。

㊽ 参见《国务院关于积极稳妥降低企业杠杆率的意见》。

人,可采强制管理之方式,在农业股份合作社中取得相应的股权,以股权的收益来弥补债权之损失。对于其他方式而言,强制管理的灵活性更能适应市场的发展,具有可探索性和可实践性。

笔者认为,为配合三权分置下土地经营权抵押制度的建立与实现,我国宜在未来的制度修改设计中,将强制管理作为抵押权的实现方式予以确定。

五、结语

国家"三权分置"政策不断推行过程中,放活土地经营权业已成为改革工作的重中之重。要使"三权分置"激活土地的财产价值的目标得以实现,将土地经营权定性为权利用益物权并将其以纳入法律的轨道进行规制则为当务之急。土地经营权作为权利用益物权,则应该具有绝对性,农业经营权主体享有相应的处分权能,其以之进行抵押属应有之义。但由于土地经营权本身的特殊性,基于对司法实践当中和土地经营权试点工作的探索,发现了不少问题,因此,土地经营权抵押的规则并不是对土地承包经营权抵押的直接套用。而应该对土地经营权涉及的抵押主体问题、抵押权成立问题、抵押权实现问题,在对司法实践和试点工作进行总结分析之后,结合中国本土的国情环境,创新出有实践意义的可操作性强的土地经营权抵押规则。

The Nature of the Contracted Land Management Rights and Mortgage Problems

Abstract: Our country puts forward the specific measures of three rights division, but land transfer rules of the management rights have not been build. In order to realize the effective transfer of land rights, at first our country should treat the land management right as a usufructuary , on this basis, for the mortgage on the solution of the problem, should expand the object of the mortgage from the legislation, in practice, rules of real right of independence should be applied as much as possible. In view of the land around the mortgage pilot bottlenecks and difficulties in the work, the solution is to encourage contracted farmers with land management rights shares stake in agricultural joint - stock cooperatives , which can be as the mortgagor mortgages from Banks and other financial institutions; In the method of auction or selling off, it is unable to realize the rights and interests of the mortgagee, and then our country can explore the innovative approaches such as forced management to protect the realization of the creditor's rights and interests of a mortgage.

Key Words: Three Rights Division; the Contracted Land Management Rights; Usufructuary ; Agricultural Joint - stock Cooperative; Forced Management

（责任校对：韩旭至）

司法理论

Judicial Theory

遇见未来的律师：
在线纠纷解决机制中律师的机遇与挑战

戴勇坚　李少强*

摘　要：互联网技术以及互联网思维对传统律师的业务产生了深远影响，传统律师的生存空间受到挤缩，律师开始与电子商务、新媒体结合，利用互联网提供法律服务或进行自我营销。此外，由于多方面的原因，在线多元化纠纷解决机制在我国迅猛发展。参与在线多元化纠纷解决机制，为律师带来了新的发展机遇、新的角色和新的价值。本文从在线协商、在线调解、在线仲裁、在线诉讼等方面对律师如何参与在线多元化纠纷解决平台、构建新型法律服务产品进行了详细探讨。律师参与在线多元化纠纷解决机制也面临多项挑战，目前律师参与在线多元化纠纷解决机制的问题主要来自在线多元化解平台的建设与发展、社会环境、互联网技术以及律师与在线多元化纠纷解决平台的融合。展望未来，完善律师参与在线纠纷解决机制需要律师、高校、律协、政府、法院、人大等主体的共同努力。

关键词：多元化纠纷解决　在线纠纷解决　“互联网＋”

一、引言

网络时代对人类社会、经济、文化、政治以至于人类的生活方式、思维模式等方方面面的影响是如此深刻，法律以及运用法律进行服务的律师自然难以“独善其身”。[①] 互联网打破了传统律师对法律知识、律师经验与技能的垄

* **作者简介**：戴勇坚（1969—），男，上海建纬（长沙）律师事务所主任、高级（一级）律师、湘潭大学法学院兼职教授、硕士生导师；李少强（1995—），男，华东政法大学2017级法律学院行政法学硕士研究生。

① 王永强：《网络时代律师发展新趋向》，载《武汉大学学报（哲学社会科学版）》2013年第1期。

断,传统律师在互联网面前将大幅贬值,甚至失去其本有的生存空间。② 随着律师工作方式信息化的不断加深,纸质时代的物理限制被打破。虚拟律师事务所的问世,③将对传统的律师事务所产生巨大冲击。法律科技研究报告《文明2030:不久将来的律所》的观点称:"经过长期的孵化和实验,技术突然可以以惊人的速度向前行进了;在15年内,机器人和人工智能将会主导法律实践,也许将给律所带来'结构性坍塌',法律服务市场的面貌将大为改观。"④目前法律电商正冉冉升起,⑤"口袋律师""律生活"等互联网在线法律服务平台正在像"滴滴打车"一样渐渐被公众接受,自媒体逐渐成为提供律师案源的新渠道。"网红"律师不断涌现。与此同时,法院为了推进国家治理体系和治理能力现代化的战略目标,而开展的多元化纠纷解决机制改革将创新在线纠纷解决方式列为重点建设对象。在线多元化纠纷解决平台不仅能大大缓解法院"案多人少"的压力,而且从世界范围来看,其在化解线上、线下纠纷的作用也是无可替代的。⑥ 律师参与在线多元化纠纷解决机制,是促进解纷资源与解纷主体多元化的重要保证。律师的本质属性和律师自身的社会特点决定了其在参与在线多元纠纷化解时具有其他解纷资源所不具有的独特优势。⑦ 在线多元化纠纷解决平台化建设、一站式服务、人工智能化等新特点将改变延续数

---

② 前引①。

③ 吕德快:《虚拟律师事务所若干问题初探》,载《法治研究》2009年第7期。

④ 曹建峰:《"法律+人工智能"十大发展趋势》,搜狐网,http://www.sohu.com/a/162390641_455313,访问时间:2017年8月5日。

⑤ 目前国内互联网化的法律服务主要体现为数十家法律电商,诸如中国法律网、中国大律师网、中国律师网、法律界、中律网、法务在线、中国法律顾问网、法邦网、好律师、法律管家、法宝网、绿狗、中律纵横、律云、北大法宝、法易网、大华律盟、大状网、福师网等。

⑥ eBay网站自设的纠纷调解中心每年能化解6千万件纠纷。我国的在线调解平台法院有419家,联合在线调解机构634家,引入在线调解员2390名,每年处理纠纷547件,调解成功154件。

⑦ 律师是非官方的法律专业人士,能够缓解当事人的对抗情绪。尤其是现阶段,我国虽然整体上网人数众多,但知法、懂法的人数仍然不容乐观。非法律专业人员难以胜任矛盾纠纷化解工作。只有精通法律的律师参与在线多元化纠纷解决机制,机制才能有生命力,才能真正起到化纷止讼的作用。另外,在协商、调解过程中,律师是独立的法律专业人士,将为当事人提供预防和化解法律纠纷的专业意见,使当事人的利益得到更好的保护。最后,律师的执业活动涉及政治、经济、文化以及社会生活的各个领域和社会生活的主要过程,服务对象是全体的社会成员,包括个人、企业和政府。律师能提供十分广泛的法律服务,对在线纠纷解决机制的推广和运用将起到无可比拟的作用。

百年律师行业传统服务的模式,改变律师新的竞争规则,赋予律师新的角色与价值,也给律师带来新的挑战。

二、角色与价值:在线多元化纠纷解决中律师的定位

(一)律师的新角色定位

传统律师主要依靠自身对法律知识、律师经验与技能的垄断为当事人提供法律服务,在进入互联网之后,律师行业的变化主要是:一,律师及律师事务所创立网络律师平台,将非诉讼业务进行标准化,为中小企业提供法律服务;二,律师及律师事务所利用网页、APP、微信公众平台等进行业务推广。从过去到现在,律师最主要的角色便是利用自身的法律专业技能,为当事人预防纠纷、化解纠纷提供服务。在线多元化纠纷解决平台与律师融合之后,将促进律师与律师、律师与当事人之间、律师与其他解纷团体之间的信息互通、资源共享和社会合作。律师通过在线多元化解平台获得新的发展和新的角色。

1. 新型法律服务产品的提供者。在线多元化解平台通过网上公示使信息变得更为透明化,当事人与律师对对方信息的了解将由原来巨大的不对称而逐渐向对称方向转变。传统法律服务中巨大的信息不对称造成的律师对当事人的侵害(如超标准收费)或者不负责任,在平台的透明聚焦面前,将不再存在。律师必须进行业务转型。理查德·萨斯坎(Richard Susskind)大胆预测了法律模型的转变:律师提供的法律服务将从咨询业务转向提供信息业务、从一对一服务转到一对多服务、从被动式服务转为主动式服务。具体到在线多元化纠纷解决平台上来说,律师及律师事务所可以开设在线多元化纠纷解决平台公司,搭建在线多元化纠纷解决平台,吸引其他律师的入驻,提供以信息技术为基础的新型法律服务产品,而入驻平台的律师,则是这一产品的直接提供者。

2. 新型法律业务市场的开拓者。律师提供的法律服务的价值是受市场的供需关系影响的。谁先进入新市场或者说谁先开拓新市场,谁便能在占领市场方面占有优势。目前,由政府及法院推动的在线多元化纠纷解决服务平台正在完善,律师参与线下多元化纠纷解决正方兴未艾。毫无疑问,在线多元化纠纷解决是一片新的领域,其之完善及有效利用将有效化解线上线下的纠纷,缓解法院的诉讼压力。对于律师来说,这便是网络时代法律服务的新型"金矿",正等待着被挖掘。律师应积极利用自身的专业优势以及律师行业高度市场化的特点,积极投身于这一新型法律业务市场。

3.多元化纠纷解决机制与社会治理的参与者。律师参与在线多元化纠纷解决机制既符合最高人民法院关于深入推进多元化纠纷解决机制改革的精神,又能为我国新形势下的社会治理增添动力。最高人民法院发布的《关于人民法院进一步深化多元化纠纷解决机制改革的意见》中的原则部分明确指出要坚持党政主导、综治协调、多元共治,构建各方面力量共同参与纠纷解决的工作格局。[⑧] 律师通过在线多元化纠纷解决平台,运用互联网思维化解社会矛盾无疑是多元化纠纷解决机制中的重要组成部分。自党的十八大以来,我国由"社会管理"转向"社会治理",虽然只是一字之差,但是却体现了治国理念在新时期、新形势下的新变化、新要求和新跨越。[⑨] 治理强调的是多元主体参与,民主化决策。构建全民共建共享的社会治理格局要在发挥好党委领导、政府主导作用的同时,引导社会成员增强主人翁精神,激发社会自治、自主、能动力量,让大众的问题由大众来解决。[⑩] 在新形势、新时期下,社会矛盾不管是在质上还是量上都有了非常巨大的变化,单单依靠政府、法院以及传统理念、技术很难有效化解社会矛盾。充分发挥以律师为代表的社会主体在化解纠纷时的独特作用,通过在线多元化纠纷解决平台,运用现代科学技术,通过互联网将社会大众与律师联系起来,让律师更好地为群众提供法律服务是社会治理社会化的重要保障。

(二)律师的新价值定位

目前在"互联网+"的影响下,互联网律师提供的法律服务更多的是与电子商务结合,形成法律服务产品,而律师参与在线多元化纠纷解决机制,将为律师带来新的机遇和新的价值。首先,参与在线多元化纠纷解决机制能使律师拓展法律服务市场,提高收入。其次,参与在线多元化纠纷解决机制能拓展律师法律服务的广度和深度,使律师提供更具个性化法律服务。最后,参与在线多元化纠纷解决机制是律师在互联网时代下开拓远程法律服务的重要途径。

从律师拓展法律服务市场的角度看,在线多元化纠纷解决机制的建设与完善将深刻改变社会纠纷的解决模式,并对律师行业产生广泛而深远的影响。

---

⑧ 李少平:《最高人民法院多元化纠纷解决机制改革意见和特邀调解规定的理解与使用》,人民法院出版社 2016 年版,第 2 页。

⑨ 胡仕浩:《多元化纠纷解决的"中国方案"》,载《中国应用法学》2017 年第 3 期。

⑩ 孟建柱:《加强和创新社会治理》,中国共产党新闻网,载 http://cpc.people.com.cn/n/2015/1117/c64094-27822579.html,访问时间:2017 年 7 月 20 日。

在线多元化纠纷解决机制作为纠纷化解平台，将起到汇集线上线下纠纷，吸收、整合官方、非官方解纷资源的作用。律师作为非官方解纷资源的中坚力量，参与到平台的解纷活动中，既是为当事人提供解纷服务的过程，也是律师获得案源、提供互联网时代下新型法律服务产品的过程。律师通过参与在线协商、在线调解、在线仲裁、在线诉讼等多元化纠纷解决业务，提高自身收入水平，创建自己的互联网专业品牌，拓展自身的法律服务市场。

从拓展法律服务的广度和深度，提供更具个性化法律服务产品来看，互联网时代，法律需求更具个性化、多元化和专业化。⑪ 律师及律师事务所无论是创立在线多元化纠纷解决机制，还是入驻平台，充当调解员、仲裁员及担任当事人的代理人为当事人提供法律服务都要求律师及律所进行业务创新，满足互联网时代下当事人的不同需求。搜索技术的高度发达，使法律咨询服务、法律文书的起草等常见的非诉业务逐渐沦为互联网法律服务生态链中的低端生态，面临被淘汰的命运。律师只有提供深层次服务针对不同当事人提供个性化的服务，熟练解决某一类或某几类纠纷，才能深耕在线多元化纠纷解决平台，在平台上形成自身的影响力。平台的透明聚焦效应，将使那些真正从当事人出发，拥有良好专业素养的律师成为“网红”。那些什么都会一点，只会拉关系找关系的“万金油”律师将难有容身之地。

从开拓远程法律服务的角度来说，在线多元化纠纷解决平台使律师及律所的合作突破地域限制。律师之间、律师和非律师之间实现高效率的远距离的跨区域、跨国界办公不再是难事。目前，我国“互联网＋法律”的模式较多，主要有：一，以中顾网、找法网为代表的检索导流类；二，以法大大和无讼案例为代表的法律工具类；三，以知果果、绿狗网和快法务为代表的交易平台类。⑫ 律师与律所对互联网的应用趋于单调，大多数法律服务局限在运用网络进行信息查询、检索导流和律所的宣传与推广，而为中小企业提供非诉化业务的网络律师平台还未形成规模。⑬ 律师事务所的虚拟化、律师之间的远程法律服务并未在我国得到有效开展。在线纠纷解决平台将使这些远程法律服务得到普及，平台的纠纷来源以及解纷资源不再局限于某一地区。互联网技术使律

⑪ 徐旭柏：《互联网时代下律师的机遇与挑战》，载《中国律师》2015 年第 9 期。

⑫ 前引⑪。

⑬ 谢军、钱一一：《“互联网＋”形式下律师业务的路径优化》，载《知与行》2015 年第 4 期。

师解决异地纠纷甚至跨国纠纷常态化。在这一背景下,律师和律所可以建立网上委托系统,与异地律师开展专业合作,联合推广法律服务产品,利用在线纠纷解决平台共同为客户提供服务。在这一过程中,在线多元化纠纷解决机制起到一个为律师提供推广和运用律师电子商务的平台作用,让律师与律师之间、律师与当事人之间实现无缝对接,打造新的业务模式。

三、提供新型法律服务:律师参与在线纠纷解决的具体形式

与传统法律服务相比,在线纠纷解决中,律师提供的是新型法律服务产品。新型法律服务产品是律师通过在线多元化纠纷解决平台,运用"互联网+"思维、多元化解纠纷思维,利用多种网络信息化技术,在线上为用户提供多元化纠纷解决服务而形成的网络法律产品。新型法律服务产品与以往的互联网法律服务产品最大的不同之处在于:律师提供的法律服务与在线多元化纠纷解决平台相融相生。新型法律服务产品需要人们的不断开发与完善。目前,依据国内外经验,成熟的、商业化的在线纠纷解决方式有:在线协商、在线调解、在线仲裁。⑭ 近年来,由于我国在线法院的出现(如杭州的电子商务网上法庭),在线诉讼作为在线多元化纠纷解决机制中的重要一环已开始发挥重要解纷作用。律师可以通过创立、入驻在线多元化纠纷解决平台,或在在线诉讼中将诉讼服务进行分包,借鉴我国电子商务中的商业模式(如京东商城采用自营+吸引品牌入驻的模式),打造新型法律服务产品,发挥出律师及律师行业更大的价值。

(一)在线协商

在线协商是指在没有第三者的参与下,利用电子邮件、电子布告、聊天室、音频/视频会议、网站系统软件等,以"屏对屏"形式进行纠纷解决的信息沟通和交流,最后当事人之间达成纠纷解决协议的一种在线协商形式。⑮ 在线协商中,网络只是让当事人避免碰面而已,当事人之间协议的达成与线下并没有多少实质的区别。在此种情况下,律师提供的法律服务与线下的协商谈判并没有差别,但律师自身的服务形式却可以发生巨大的改变。新型法律服务产品意味着法律服务产品化,是可以放在平台上自由出售的。首先,律师通过申请,成功入驻在线多元化纠纷解决平台之后,便成为平台的解纷资源。平台将

---

⑭ 郑世保:《ODR 研究》,西南政法大学 2010 年博士学位论文,第 27 页。

⑮ 前引⑭,第 27 页。

对律师的专业特长以及具体案件的性质,对案件进行分配。然后,律师接收案源,按照平台规定,通过在线协商系统,提供自己的法律服务。解决纠纷之后,律师将取得属于他自身的酬劳。在解纷过程中,律师或律师事务所还可以针对某些纠纷,设计出纠纷解决的具体程序或流程,以便于更加便捷地提供法律服务。例如,电子商务中消费者与电商之间的产品或服务纠纷,具有量大、标的额小、事实清楚、适用法律明确等特点,适合律师提供类型化、标准化的法律服务。因此律师或律师事务所可以归纳出一套帮助消费者日常维权的在线协商服务模式,通过在线多元化纠纷解决机制的在线协商平台,为当事人提供服务。

(二)在线调解

在线调解是指在第三人的协助下,当事人之间、当事人与第三人之间利用网络信息技术所打造的网络纠纷解决环境,在没有会面的情况下,利用网络信息技术进行纠纷解决的信息传输、交流、沟通,最后达成纠纷解决的协议并最终解决纠纷。⑯ 我国在线调解的发展依靠国家的推动和福利化措施,法院对在线调解的参与、控制程度较高,是典型的司法模式。⑰ 但随着我国社会的全面转型,社会分工日趋精细化。社会矛盾日趋多元化、新型化、复杂化,对矛盾纠纷化解的要求也日益专业化、科技化、信息化。⑱ 再加上,目前我国法院案多人少的压力逐渐增大,法官兼职调解员或人民调解员将难以适应现实的需要,社会解纷资源的参与将使商业调解市场的形成和拓展成为可能。因此,笔者认为,学习美国经验,⑲通过宏观调控引导和鼓励民间力量参与,形成司法模式与市场模式并重的状态,搭建多方主体参与的在线调解平台是未来在线调解发展的趋势。而律师既可以是在线调解平台的搭建者,也可以凭借自身的专业知识成为专职调解员,为在线调解平台服务。

(三)在线仲裁

在线仲裁指充分利用网络信息技术工具,将仲裁机构、仲裁人员和当事人

---

⑯ 前引⑭,第29页。

⑰ 范愉:《当代世界多元化纠纷解决机制的发展与启示》,载《中国应用法学》2017年第3期。

⑱ 廖永安、吕宗澄:《我国“互联网 + 调解”发展困境及其路径选择》,载《安徽大学学报》2017年第3期。

⑲ 美国的Jams调解公司的调解人员包括退休法官、律师等组成的将近300名全职中立者队伍和195名辅助员工,能够提供促参式调解、估判式调解等调解服务,调解员按小时收费,不同类型调解员收费不同。

三者之间资讯的处理和交换通过网络来进行，在网上进行案件的在线庭审以及庭审人员之间的在线和议等其他程序性事项，最后做成在线仲裁裁决的一种仲裁形式。线上仲裁以其开放性、即时性和便利性的特点满足了电子商务纠纷解决机制的需要，逐渐成为电子商务纠纷的主要形式。⑳ 目前，国外已将在线仲裁服务商业化，由专业的公司来运营。㉑ 但我国的仲裁有着较为严格的法律程序，将线下仲裁搬到线上存在许多难题，㉒再加上我国 ODR 刚刚起步，因此我国在线仲裁解决纠纷的数量要远远少于在线调解。中国大陆运营最成功的在线仲裁是中国国际经济贸易仲裁委员会网上争议解决中心，其成立于 2000 年。据北京市第一中级人民法院杨伯勇庭长介绍：该案受理的域名纠纷中，经过该机构裁决的案件比例高达 60%，法院审理结果和裁决结果基本一致。㉓ 域名纠纷在线仲裁的成功有其独特性，不可复制。㉔ 对于具有普遍性质的在线仲裁来说，我国可能会遇到一个难以克服的法律障碍：我国《仲裁法》只规定了机构仲裁，而没有规定临时仲裁。㉕ 因此，在现实生活中，许多从事 ODR 业务的网络服务商作出的仲裁协议并没有法律效力，不能得到承认和执行。也就是说，目前，我国只有仲裁机构能够开展在线仲裁，如上文提到的域名争议解决中心。㉖ 这种方式使得当事人的选择范围大大缩小。有众多技术完善的网络服务商提供的 ODR 服务不能被选择，显然并非最终的解决办法。㉗ 因此，在对《仲裁法》进行修订时，规定临时仲裁的法律制度，让更多的 ODR 法律服务提供商参与进来，才能更好地促进我国 ODR 事业的发展。于中国律师而言，律师参与到在线仲裁中大有可为。一则，律师可以针对线上仲

---

⑳ 李棠洁：《论电子仲裁协议的有效性》，载《时代金融》2012 年第 12 期。

㉑ 以虚拟法庭（virtual court house）为例，你可以从仲裁员资料库中建议三名或更多名仲裁员，你也可以指定你所熟悉的仲裁员（前提是虚拟法庭要确保他在仲裁员资料库中）。仲裁员审阅案情，提供电子格式的仲裁决定，以供参考。这是虚拟法庭网站的收费服务。一般申请费为 50 美元，加上 10% 的网站管理费，仲裁员按小时收费，另外计算。

㉒ 比如电子证据问题、管辖问题、在线仲裁裁决的承认与执行问题等。

㉓ 前引⑭，第 29 页。

㉔ 比如该机构的案源十分稳定，裁决易于在网上执行，该机构的仲裁员均为业内专家等。

㉕ 肖永平、谢永胜：《ODR：解决电子商务争议的新模式》，载《中国法学》2003 年第 6 期。

㉖ 该机构目前已获得国内外域名管理机构的授权，具有法律效力。

㉗ 前引㉕。

裁提供专业化服务。由于我国目前相应的在线仲裁规则并不完善,因此律师或律师事务所可以针对线上纠纷的特点,结合线下仲裁规则,自行开发一套全面易用的商业仲裁规则及个人伤害仲裁规则,提供在线仲裁服务。[28] 二来,律师可以创建在线仲裁平台,向社会提供在线仲裁服务。

(四)在线诉讼

由于诉讼遵循着一套十分严格的程序,裁判严格依照法律与事实作出,依照我国法律规定,审判权只能由法院所独有,其他机构或个人作出的裁判不具有法律效力,因此,我国在线诉讼的创立者只能是法院本身。诉讼涉及众多环节和程序,如起诉、立案、庭前调解、取证、质证、法庭辩论以及上诉等。在互联网时代,当事人与律师之间的信息将更加透明,当事人在选择律师从事法律服务时将变得更有优势、更加精准。当事人不必再像往常一样,将整个诉讼程序委托给一个律师或一家律师事务所,当事人可以通过互联网选择不同的律师和律所,以实现利益最优化。而对于律师及律师事务所来说,如果将在线诉讼中的各个环节和程序进行分包,且尽量将每个分包任务都通过互联网转移到成本更低的地方,尽可能地降低当事人的成本,就能在市场上具有更强的竞争力。在这一背景下,各个律师及律师事务所将在互联网上进行合作办案,充分发挥各自的专业优势,采用标准流程和系统来满足客户的具体需求,提供自己独特的法律服务。此外,在线诉讼由于将当事人及律师的出庭方式由"面对面"改为"屏对屏",律师的发言和辩论技巧也必须作相应的调整,适应未来业务市场及客户的需要。

四、现实困境:律师参与在线多元化纠纷解决所面临的问题

目前,在线多元化纠纷化解机制在我国已经发展了十余年了。从整体趋势来看,在线多元化纠纷化解机制在解决网络民事纠纷时所体现的优势正逐渐明显化,其自身所特有的价值,如快捷、灵活、适合网络民事纠纷解决等,随着网络信息技术的提升而增大。但该机制在发挥价值的同时,在建设与发展方面也遭遇到了瓶颈。同时我国的社会环境以及互联网技术也必然影响到律师能否成功实现与在线多元化纠纷解决机制的融合。再加上新型法律服务产品作为新兴产物,不可避免地会触动不少传统律师的利益,因此遭遇到许多阻力。

---

[28] 前引㉕。

(一)在线多元化纠纷解决平台的问题

1. 区域发展不协调与构建全国在线多元化纠纷化解平台的问题。近年来,各地法院积极探索在线调解机制,比如,安徽合肥蜀山区法院建设“E调解”平台,四川成都法院、浙江杭州法院等开设在线调解,吉林电子法院平台开通“空中调解室”,河北开展“互联网+诉非衔接人民法庭工作机制”等。[29] 在线法院调解平台这些探索均取得了一定的成果。但是,这些已有平台的设计思路、要素模块、救济渠道各自为政,并不统一。[30] 我国是一个统一的多民族国家,不同地区建立和完善自己的在线多元化纠纷解决平台,而不上升至全国层面,不符合我国的基本国情,也不能够有效化解网络纠纷。在线多元化纠纷解决平台的未来发展方向是建立全国统一的在线多元化解平台,实现网上纠纷异地化解。[31] 目前,仍有不少法院对纠纷多元化解“在线化”的必要性和紧迫性认识不够,法院的硬件设备已经完成了信息化改造,但多元纠纷化解工作却止步于线下。也有不少“老少边穷”地区由于经济制约,法院没有多余的资金投入信息化建设,互联网基础设施建设不够完善。因此,如何解决发展短板,如何整合全国共有资源,共享数据,实现各地区在线多元化解机制的协调与统一,促成全社会形成在线多元化解纠纷的生态机制是我们首要面对的问题。

2. 政府主导与和平台市场化的问题。我国的在线纠纷解决机制的发展离不开政府的介入。一方面是一般的民营企业和民间组织无力推动这一机制的发展,另一方面是我国在立法体制上多为部门主导,缺乏民间推动。[32] 因而在制度建设上,惯于自上而下的推进。[33] 而在线多元化解平台的完善与正常运作,必然离不开市场的调控。政府不可以也不可能完全通过行政命令或行政引导,使律师等非官方解纷资源入驻在线多元化解平台,无偿或低价为当事人提供法律服务。律师提供的法律服务从本质上来说也是一种商品,是受市场

---

[29] 陈国猛:《大力推进在线纠纷解决机制建设》,载《人民法院报》2016年12月28日,第5版。

[30] 李少平:《示范带动 创新发展 不断提升多元化纠纷解决机制改革法治化水平》,载 http://www.court.gov.cn/xunhui5/xiangqing-43032.html,访问时间:2017年7月8日。

[31] 前引㉕。

[32] 刘哲伟:《国家介入:我国ODR建设的新思路》,载《网络法律评论》2009年第00期。

[33] 秦前红:《宪政视野下的中国立法模式变迁》,载《中国法学》2005年第3期。

的“供求关系”调控的。只有当平台建设符合律师心中的预期,能为律师带来现实利益,平台才能得到律师的青睐。现阶段,在线纠纷解决平台的建设和完善,需要投入大量资金,平台建立的启动资金动辄上百万,后续的定期维护也花费不小。[34] 政府的支持是必不可少的。但平台建设完成后的商业化问题值得我们思考:政府是否应当逐步淡出对在线多元化解平台的运营?让律师接管或创立自己的在线纠纷解决平台后,政府该如何对平台进行监管?该如何把握政府宏观调控与平台市场化之间的平衡?

3. 律师业务复杂化与构建律师科学评价系统的问题。律师入驻在线多元化纠纷解决平台之后,如何构建一个科学的评价体系帮助当事人选择合格的律师,避免出现电子商务平台中依靠刷数据、卖次货的情况。科学的律师评价体系既能维护当事人的利益,又能维护平台自身的权威性。但律师的法律服务是复杂的,不像网上的产品交易一样,当事人可以通过货物的好坏验证电商服务的好坏。律师的胜诉率或者调解成功率并不能完全衡量一个律师的能力。只有全盘考量律师接案、案件进程、结案、胜败等结论化信息以及律师在平台上留下的所有碎片化信息,(如律师发表过的文章、代理过的案件、客户的评价、同行的评价、法官等其他法律服务参与方的评价)才能作出对律师最中肯的评价。律师业务的复杂化决定了平台必须建立一个更加复杂、参数更多的评价模型,做到对律师评价的科学、客观和具体。

4. 在线多元化纠纷解决机制可能存在被滥用的问题。在线多元化纠纷解决机制程序设计的严格与否,裁决的执行是否有无强制力,将对当事人是否使用机制、是否退出机制、是否执行机制等的随意性产生直接影响。如果机制设计得过于严格,那么必然会牺牲纠纷解决的效率和便利。而一旦机制程序设计为软性的程序,那么当事人就可能滥用该程序。

(二)社会环境问题

1. 立法滞后与时代进步的问题。现行民事诉讼制度,是构建于传统的工业化社会背景下的,适用于当事人面对面的交易、纸对纸的记录,亲临法庭的诉辩。[35] 而在信息技术时代,“屏对屏”交易,大数据记录交易数据,人工智能与法院相结合已不再稀奇。在现行民诉法框架下,在线解决纠纷必然会面临许多操作瓶颈和制度障碍,如上文提到的临时仲裁问题。立法的跟进是完善

㉞ 前引㉕。

㉟ 前引㉕。

在线多元化解机制的前提。当下,有关在线多元化解决机制的规定只是零星地出现在最高人民法院出台的《人民法院改革纲要》和《多元解纷改革意见》中,这两个文件是司法文件,不能作为判案依据。在地方性法规层面,只有山东、厦门两个地区对"在线调解"作出了原则性规定。《安徽在线调解规则》是唯一对法院在线调解作出的专门规定,而它只是省级法院的内部工作规定,不具备规范效力。总体而言,我国目前的在线多元化纠纷解决机制规则很不完善,规范效力层级低。

2. 上网群众素质与推广在线多元化纠纷解决机制的问题。对于信任网络虚拟环境、习惯上网、信任在线多元化纠纷解决机制的当事人才可能使用该解决机制来解决其纠纷。虽然,目前中国大部分人都已成为网民,据统计,截至2016年12月,我国网民规模达7.31亿,全年共计新增网民4299万人。互联网普及率为53.2%。㊱ 但我们必须认识到,由于种种原因,我国目前接受了大学高等教育的人,仍然占较低比例。据2011年我国第6次人口普查数据显示,大学以上文化人口占总人口比例为8.93%,本科生占比约2.7%。㊲ 有非常多的网民没有固定上网的习惯,打字慢到可怕,不熟悉网上环境,甚至对虚拟的网络环境抱有恐惧之心,更别说有些网民,无法利用文字准确地表达自己的需求或情绪,这种电脑或网络科技排斥症,对于在线多元化纠纷解决机制的推广是存在非常大的阻力的。而互联网技术正在升级,大数据、云计算、人工智能运用到在线多元化纠纷解决平台已是世界趋势。光是让有专业法律知识,有较强学习能力的律师进驻在线多元化解平台、熟练使用平台化解纠纷是不够的,还得有群众基础。在线多元化纠纷解决平台得到网民的接受和认可,让他们能够像网上购物一样自然地使用平台是平台成功运作的关键。

(三)互联网技术问题

信息技术为律师提供更优质服务带来方便的同时,也为律师参与在线多元化纠纷解决带来了相应的风险。互联网的不安全性及不机密性与纠纷解决的便捷性如影随形。律师如果没有互联网安全意识,在线上解决纠纷时对保存在服务器或主机上所储存的电子资讯缺乏足够的重视,就会导致涉及当事

㊱ 2017年互联网络总体网民规模、手机网民规模、农村网民规模及非网民现状发展趋势预测分析,中国产业信息网,载 http://www.chyxx.com/industry/201703/499994.html,访问时间:2017年6月20日。

㊲ 国家统计局第六次人口普查数据,载 http://www.stats.gov.cn/tjsj/pcsj/rkpc/6rp/indexch.htm,访问时间:2017年6月22日。

人隐私的信息极有可能被黑客或其他不相关及未经授权的第三人通过科技进行接触甚至破坏。保障当事人的信息安全是建设在线多元化纠纷解决平台所要考虑的重要问题，而律师对当事人信息安全的保护应有必要的提醒义务。

此外，当前技术或多或少存在一些固有的缺陷，这些缺陷给在线纠纷解决留下了“技术漏洞”，容易被少数人“别有用心地钻空子”。漏洞的存在使得在线多元化纠纷解决机制的权威性、公正性存在隐患。因此，律师在化解纠纷时，对当事人利用信息技术进行身份造假，电子证据造假、言词证据造假获取不正当利益不可不防。[38]

（四）律师与在线多元化纠纷解决机制互相融合的问题

在“互联网+”时代，法律服务正在被逐步产品化、模块化和流程化。许多律师及律所看到了互联网的挑战，开始尝试着拥抱互联网，纷纷开通了提供法律服务的个人网站、APP，还有微信，但效果却并不让人满意。有些律师试水三四年，真正成交的业务只有三四个，代理费仅够维持网络平台的运行成本。[39] 其原因是多方面的：一，中国的互联网用户习惯了免费午餐，难以转化成真实的购买力。二，律师或律所法律服务的竞争与市场拓展最常用的手段就是价格战，牺牲利润来获取客户。[40] 三，法律电商行业刚刚起步，还未形成规模化、规范化的市场。另外从传统律师的角度出发，在线多元化纠纷解决平台的诞生将触动他们的既得利益，对他们的收入和自尊心产生威胁。因此，律师参与在线多元纠纷化解机制会受到部分律师的抵制。从整个律师行业的现状来看，律师融入在线多元化纠纷解决机制还有很长的一段路要走。

五、展望未来：律师参与在线多元化解机制的完善

2017年是一个极富挑战的一个年头，这一年，一些至关重要的在线多元化纠纷解决机制相继成立。一些令人惊叹的信息技术以及互联网+思维不断冲击着人们的大脑。如AlphaGo大战李世石、无人驾驶汽车的研发，以及共享理念的流行。互联网给律师带来了在线多元化纠纷解决平台，这是一个新的发展机遇也是新的挑战。律师参与在线多元纠纷化解机制所遭遇的现实困境中的一些会随着我国经济的发展、社会的进步而得到改善，如网民素质问题。

---

[38] 前引㉕，第153页。

[39] 李华：《下一步颠覆律师行业？》，载《广州日报》2015年10月20日。

[40] 安新华：《“互联网+法律”打造律师新未来》，载《法制日报》2015年6月11日。

而剩下的一些,则应通过社会各方主体的努力来化解。

(一)律师应树立"互联网+"思维,积极投身在线多元化纠纷解决机制建设

在不久的将来,律师的工作绝不仅仅是从事诉讼业务,律师的收入来源也不应该局限在代理与诉讼有关的事务上。一方面,律师及律师事务所应当对我国目前的纠纷解决形式有正确的认识,主动调整自己的工作侧重点,结合自己的工作实践,为各地在线多元化纠纷解决机制的建设出谋划策。另一方面,律师应主动拥抱互联网,在现有框架下,探索成立相应的多元化纠纷解决公司。目前,国内已有像美国的一样,专门提供多元化纠纷解决的商务公司。[41]

(二)高校、律协应改革人才培养(培训)模式,为律师参与在线多元化纠纷解决提供大力支持

法学院是培养新一代法律人才的摇篮。法学院在开展常规法律专业课程的同时,应当与时俱进,开设专门课程对学生进行多元化纠纷解决,特别是进行在线多元化纠纷解决的训练,以使未来的律师能够更快、更好地跟上时代发展的步伐。[42] 律协作为律师行业的自律组织,依法担负着律师职业道德和执业纪律的教育、检查和监督、律师业务培训等职责,因此,律协应通过教育、检查、监督、培训等多种方式,提高律师对在线纠纷解决的思想认识水平,提升律师参与在线多元化纠纷解决的业务能力,让律师更加积极主动地拥抱在线纠纷解决。首先,针对那些年纪较大、不熟悉互联网的老律师,律协应与律所互相配合,设置相应的律师参与互联网的技术培训,特别是有关于律师参与多元化纠纷解决机制的观念、方式、机制、技巧的培训。对于那些年轻、有潜力、有较强学习能力的律师,律协应当与司法行政部门等相关政府职能部门、法院合作,完善律师参与多元化纠纷解决的评优考核机制,对于那些在和解、调解、仲裁、法院调解工作中特别突出的律师,给予表彰。保障年轻律师对参与多元化纠纷解决工作的干劲和积极性。

(三)政府应进行宏观调控,为律师参与在线多元化纠纷解决提供良好条件

首先,政府应整合现有资源,共享数据,凝聚各方力量,健全在线多元化纠纷解决机制建设的保障机制,通过进一步推动纠纷在线化解平台建设,为律师

---

[41] 2013年12月27日,湖南创通商务谈判咨询服务有限公司成立,该公司是全国首家以商务咨询、谈判和调解为主要业务的公司。

[42] 目前,湘潭大学在这方面进行了积极探索。例如,湘潭大学与最高人民法院司法改革办公室联合创建了多元化纠纷解决基地,成立了调解与谈判专业委员会,在本科生中开设调解实验班等。

参与在线多元化纠纷解决创造良好氛围。在线多元化纠纷解决平台的建设不单单是法院或某一部门的分内之事。政府应充分调动其他部门的积极性,让官方资源与非官方资源更加积极主动地参与到在线多元化纠纷解决机制的建设上来。就律师而言,政府应对律师参与在线多元化纠纷解决机制建设及入驻在线多元化纠纷解决平台进行大力倡导以及提供相应的物质支持与奖励。其次,政府应提高在线多元化纠纷解决机制的宣传及经费保障力度。我国的在线多元化纠纷解决机制的发展离不开政府的支持,政府创办试验性、示范性的在线多元化纠纷解决网站之后,应不断宣传、鼓励广大网民利用在线多元化解平台,让广大网民形成利用该平台化解纠纷的习惯。最后,政府应把握好宏观调控与平台市场化之间的平衡。一方面,平台的运营离不开政府的监管,政府应该出台相应的运营规则,保证平台的合法性和公正性。另一方面,在线多元化纠纷解决平台不能像线下的人民调解、仲裁委员会一样,机构的设立,人员的组成完全由政府决定。允许市场的进入,让市场"这只看不见的手"来调动律师等解纷资源的积极性无疑是最有效率的。

(四)法院应总结线上平台运行规则和各地试点经验,为律师参与在线纠纷解决机制立法提供支持

网络化场景下的纠纷诉讼解决规则的滞后、不足、缺位等问题需要从立法层面予以解决。[43] 各地的法院信息化建设、"智慧法院"建设和在线多元化纠纷解决机制的建设仍处在试点或草创阶段:2015 年,吉林电子法院在吉林省高院正式开通运行;杭州中院及三家基层法院经浙江高院同意,试点电子商务网上法庭,分别审理网上交易、网上支付及网上著作权纠纷和相关上诉案件;2016 年中央综治委赋予浙江省进行"矛盾纠纷多元化解一体化网络平台"创新项目试点。法院在试点过程中,应总结各方意见和建议,出台在线纠纷解决平台内部的运营规则,以规范平台的运行。例如,法院可在试点过程中,通过总结平台用户、平台入驻律师以及地方律协、相关学者的建议及意见,对入驻平台的律师进行有效监督,出台科学合理的律师评价规则,建设完善的律师评价系统。

对于在线多元化纠纷解决立法问题,当前较为稳妥的办法是:各地法院在试点过程中,先积累地方性经验,制定相应的规则或内部规定,如果条件允许,由最高人民法院制定全国统一的在线纠纷解决指导规则或意见。等到时机成

---

[43] 前引[25]。

熟,由各地法院或最高人民法院向立法部门提出立法建议,上升为地方性法规乃至全国性法律。

(五)人大应总结国内外经验,为律师参与在线纠纷解决机制提供法律保障

律师参与在线纠纷解决机制的法律效力需要全国人大或有立法权的地方人大以法律或地方性法规的形式予以确立。欧盟出台的《消费者 ODR 条例》(2013 年)为充分释放 ODR 机制的潜能提供了法律保障,极大地促进了欧盟电子商务的发展,进而带动了欧洲经济的发展。对我国而言,相应的法律法规的出台将为律师参与在线纠纷解决机制扫清障碍,如就在线仲裁而言,赋予律师开设的在线仲裁平台作出的仲裁裁决以法律效力,使该裁决能够得到承认和执行,将极大激发律师参与在线纠纷解决机制的潜能与积极性。另外,相应法律法规的出台能够规范律师参与在线纠纷解决机制以及保障律师和当事人的权益。律师参与在线纠纷解决机制,通过互联网为当事人提供多元化纠纷解决服务的过程中,必然会产生纠纷。纠纷的主体可能是律师与在线多元化纠纷解决平台、律师与律师、律师与当事人、律师相关监管部门等主体。相应的法律法规,将直接对律师的执业行为起到规范作用,在律师与当事人或其他主体发生纠纷之后,相应的法律法规能直接厘定各方责任,保护好律师和当事人的权益。

Meet the Future Lawyer: The Opportunity and Challenge of Lawyer in Online Dispute Settlement Mechanism

Abstract: Internet technology and Internet thinking have had a profound impact on the business of traditional lawyers. The living space of traditional lawyers has been compressed. Lawyers have started to combine with e - commerce and new media to provide legal services or self - marketing through the Internet. In addition, due to various reasons, online diversification dispute resolution mechanismin China is developing rapidly. Participate in online diversification dispute resolution mechanism for lawyers to bring new development opportunities, new roles, new value. This paper discusses how lawyers participate in online diversification dispute settlement platform and construct new legal service products from online consultation, online mediation, online arbitration, online litigation and so on. Lawyers' participation in online diversification dispute resolution mechanism is also facing a number of challenges, the current problem are mainly from the construction and development of the online diversification platform, social environment, Internet technology and the integration of lawyers and online diversified dispute resolution platform. Looking to the future, improve the lawyers to participate in online dispute resolution mechanism requires lawyers, universities, law firms, government, courts, people's congress and other major efforts.

Key Words: ADR; ODR; "Internet Plus"

（责任校对：凌艳怡）

我国法院在线调解的兴起、挑战与未来[*]

吕宗澄[**]

摘　要:在以信息通信技术为标志的第五次技术革命影响下,“互联网+”在全球的发展如火如荼。“互联网+”与法院调解相结合产生了法院在线调解。近年来法院在线调解在我国开始兴起并逐渐得到推广,形成了独有的功能和特征。在调解全球化趋势下,法院在线调解为我国多元化纠纷解决提供了新的理念、方法和路径,为调解的现代化转型带来了新的机遇,同时也提出了新的挑战。

关键词:法院在线调解平台　“互联网+调解”　多元化纠纷解决

当今,以信息通信技术为标志的第五次技术革命对人们生活的各个方面产生着巨大的影响。在第五次技术革命的浪潮中,我国互联网高速发展,现代通信技术全面普及。特别是近年来,我国互联网向传统行业渗透并与之结合,形成了“互联网+”模式。在“互联网+”迅猛发展中,“互联网+”与法院调解相结合,由此法院在线调解诞生了。具体来说,法院在线调解是指,法院利用互联网设施(互联网、电子计算机、手机等)和通信技术(如电子邮件、电子布告栏、语音视频聊天室、信息管理系统等),通过法院系统网站、法院自主研发或合作开发的互联网平台,对当事人之间的纠纷进行调解,以达成调解协议

---

* **基金项目**:本文是湖南省研究生科研创新项目“中美调解制度比较研究——兼论经济全球化和转型社会背景下我国调解体系的完善”(CX2014B245)的主要研究成果。本文的实证调研得到了杭州西湖区法院陈辽敏副院长以及该院诉调对接中心、知识产权庭等部门法官、书记员、调解员的支持和帮助,在此表示感谢。

** **作者简介**:吕宗澄(1988—),男,湖南衡阳人,湘潭大学法学院博士研究生,研究方向为民事诉讼法、司法制度等。

的活动。近年来,法院在线调解在部分地区进行了初步尝试和实践,并被越来越多地运用到纠纷解决中,得到了官方媒体的一致认可和宣传。①

一、我国法院在线调解兴起的背景及原因

习近平总书记指出:"以互联网为代表的信息技术日新月异,引领了社会生产新变革,创造了人类生活新空间,拓展了国家治理新领域,极大提高了人类认识水平,认识世界、改造世界的能力得到了极大提高。"②在以互联网为显著时代特征的背景下,当今中国原有的社会结构、经济结构、地缘结构、文化结构已经发生改变,社会呈现出革命性、颠覆性的发展趋势。③ 法院在线调解的兴起顺应了时代的潮流、社会发展的要求和人们的需要,是各种影响因子在互联网时代背景下综合作用的结果。

(一)互联网技术发展与全民普及是法院在线调解兴起的基本前提

"手机就是当年的电灯泡,未来我们可以想象到的,就是几乎所有设备都会接入网络。"这是爱立信总裁兼 CEO 卫翰思(Hans Vestberg)对互联网发展的形象比喻。④ 迄今为止,我国目前已拥有 12 亿手机用户、5 亿微博用户、5 亿微信用户,每天信息发送量超过 200 亿条,网站达 400 万家。⑤ 据中国互联网信息中心(CNNIC)报告,截至 2016 年 6 月,我国网民规模达 7.10 亿,互联网普及率达到 51.7%。同时,移动互联网塑造的社会生活形态进一步加强,"互联网+"行动计划推动政企服务多元化、移动化发展。⑥ 当前,"宽带中国"战略正在实施,互联网宽带将在我国进一步普及。"预计到 2020 年,中国

---

① 例如,早在 2005 年,哈尔滨铁路运输中级人民法院利用网络技术手段,成功调解了民事纠纷;2006 年,深圳市南山法院法官利用网络仅 40 多分钟使得当事人达成离婚调解方案。

② 《习近平在互联网大会开幕式演讲(全文)》,载 http://www.edu.cn/rd/zi_xun/201512/t20151216_1348529.shtml,访问时间:2016 年 4 月 5 日。

③ 龙飞:《中国在线纠纷解决机制的发展趋势》,载 http://finance.sina.com.cn/sf/news/2016-06-28/144335120.html,访问时间:2016 年 6 月 29 日。

④ 《爱立信:未来几乎所有的设备都会接入网》,载 http://www.chniot.cn/news/YJDT/2010/529/105299392983.html,访问时间:2016 年 5 月 1 日。

⑤ 《中国已拥有 6.3 亿网民 12 亿手机用户 5 亿微博微信用户》,载 http://news.china.com.cn/2014-10/30/content_33920340.htm,访问时间:2016 年 5 月 1 日。

⑥ 《第 38 次中国互联网络发展状况统计报告》,载 http://www.cnnic.net.cn/hlwfzyj/hlwxzbg/hlwtjbg/201608/t20160803_54392.htm,访问时间:2016 年 10 月 8 日。

宽带网络将基本覆盖所有农村,打通网络基础设施最后一公里。"⑦作为生产力要素之一的生产工具,互联网技术直接影响着法院在线调解生产力的发挥。加之生产力另一要素——人对互联网的普遍使用,两者合力奠定了法院在线调解发展的基础。

(二)公众观念转变与互联网意识增强是法院在线调解兴起的内生动力

"民主""开放"和"参与"是互联网思维的关键词,它们在互联网中的直观体现就是共享与互动。随着互联网的普及,上网成为越来越多人的生活方式和离不开的生活习惯。人们在互联网营造的社区中交流互动,如在网上参政议政,对社会公共问题参与投票、发表评论,等等。在互联网"润物细无声"的影响下,人们观念意识悄然转变,公众参与意识开始生长,公民意识越来越多地得到体现。在新浪的网络人民调解委员会,"网民自治"的理念得以贯彻实施。由网友组成的社区委员会来判定微博内的纠纷,在此基础上,创立了"左手是微博纠纷、右手是网络调解"的低成本、高效率的权利救济模式。⑧

(三)新型纠纷产生与增长为法院在线调解的兴起提供了市场需求

随着互联网用户的增加,网络纠纷也呈现多样化增长趋势。新型纠纷的产生与增长不仅必然要求与之相匹配的新型纠纷解决方式,而且还为在线调解提供了作用场域。例如,在浙江兴起的网上法庭及网上调解是顺应互联网和电子商务发展需求的典型。⑨ 在浙江省杭州市,几乎是人人使用支付宝,当地人常言道:"出门可以不用带钱包,但不可不带手机支付宝。"这里是阿里巴巴、支付宝、淘宝、天猫等众多知名电商企业的聚集地,电子商务发达,涉及电子商务的纠纷频发。针对日益增长的网络新型纠纷,浙江省高级人民法院于2016年4月开通了电子商务网上法庭,将网上调解与网上审判等相连接,并在杭州市中级人民法院以及西湖区人民法院、滨江区人民法院、余杭区人民法

---

⑦ 《习近平在互联网大会开幕式演讲(全文)》,载 http://www.edu.cn/rd/zi_xun/201512/t20151216_1348529.shtml,访问时间:2016年4月5日。

⑧ 新浪微博社区委员会的裁判机制类似普通法系陪审团制度,流程为:由公开招募的微博网友组成社区委员会——社区委员会成员投票决定具体行为是否违规——站方依照公约及管理规定,执行委员会研判结果。《左手是微博纠纷 右手是网络调解 探访首家网络人民调解委员会》,载 http://www.legaldaily.com.cn/index_article/content/2014-12/06/content_5876664.htm,访问时间:2016年4月18日。

⑨ 在笔者实地调研的杭州市西湖区人民法院,该院电子商务网上法庭的法官认为,电子商务网上法庭在浙江是"自生"的,是在浙江特有的环境中自然而然产生的。

院三家基层法院进行试点,以网络支付纠纷、著作权纠纷、网上交易纠纷和相关上诉作为网上审判的主要业务。[10]

(四)政府职能转变与司法改革深入为法院在线调解的兴起提供了政策支持

党的十八届三中全会提出了"创新社会治理体制"的改革新思路,治国理念实现了从"社会管理"到"社会治理"的转变。十八届五中全会提出了树立创新、协调、绿色、开放、共享的发展理念,并指出"加强和创新社会治理,推进社会治理精细化,构建全民共建共享的社会治理格局"。法院在线调解融合了互联网和传统法院调解的理念,其跨界意识、创新意识、重构意识、人本意识、开放意识和连通意识与生俱来地和国家新的发展理念相契合。[11] 随着司法改革的深入推进,最高人民法院"网络法院""阳光法院"和"智慧法院"工程在全国全面实施。2016 年 6 月,最高人民法院出台的《关于人民法院进一步深化多元化纠纷解决机制改革的若干意见》(下文简称《多元解纷改革意见》),在"创新在线纠纷解决方式"中明确要求"创新在线纠纷解决方式"和"推广现代信息技术在多元化纠纷解决机制中的运用""推动建立在线调解"。2017 年 2 月,最高人民法院在全国开展在线调解平台建设试点,进一步推进在线调解建设。[12] 由此可见,法院在线调解的发展已经并且将继续得到国家政策的支持。

二、我国法院在线调解的发展现状

纵观我国法院在线调解十余年的发展历程,我们可以看到,法院在线调解建设,特别是在近三年来取得了较大的进展。具体表现为:工作开展已从个别地区初创试验走向全面试点和深入推进,解纷主体从法院一家独大走向法院、政府职能部门、企事业单位、行业组织、社会团体等多元主体共建,解纷资源从单一的司法资源走向公共资源、社会资源、市场资源等多元化资源,解纷方式从单打独斗、各自为政走向平台共建、资源共享,解纷技术从单一的互联网远程通信技术走向互联网、云计算、大数据、人工智能等技术的综合运用。解纷力量从单一化走向专业化、职业化和国际化。

---

[10] 《利用"审务云"平台深化"浙江法院互联网 + 审判":浙江法院电子商务网上法庭开庭》,载《人民法院报》2015 年 5 月 31 日,第 1 版。

[11] 程琥:《以"互联网 +"推进我国矛盾纠纷多元化解机制的完善》,载《人民法治》2015 年第 12 期。

[12] 《最高法启动在线调解平台建设试点工作》,载 http://www.chinacourt.org/article/detail/2017/02/id/2546606.shtml,访问时间:2017 年 2 月 20 日。

（一）法院在线调解的主要功能

1. 联通线上线下力量，高效化解矛盾纠纷

化解矛盾纠纷的效率是衡量一个国家治理体系和治理能力现代化水平的重要指标。在法院在线调解的建设中，互联网、云计算、大数据、人工智能等技术被运用于纠纷解决，通过这些技术，在线调解、在线立案、在线司法确认、在线审判在线上相衔接，并与线下的立案、诉前委派调解、诉中委托调解、审判等相联通。法院可以实时掌握纠纷动态，合理调动线上线下的解纷力量和解纷资源，科学评估纠纷现状和解决方案，预测纠纷未来发展趋势。矛盾纠纷可通过线上、线下以及线上和线下结合的多种途径灵活处理，解纷效率得到提高。

2. 整合法院内外资源，解决"案多人少"难题

在经济发展、社会转型和司法改革的合力下，一方面经济发展和社会转型产生了大量的矛盾纠纷；另一方面，司法改革使得法院受理案件门槛降低，诉讼费用减少。于是，大量矛盾纠纷涌入法院，而国家对司法资源的投入落后于矛盾纠纷的增速，法院"案多人少"的负担加重。法院在线调解，在利用诉调对接有效分流诉讼案件的同时，发挥特邀调解的功能，通过互联网平台连接全国的公共资源、社会资源、市场资源等多元化解纷资源，"实现法律资源与非法律资源、官方资源与民间资源的合理配置和资源共享"。⑬

3. 满足案件实际需要，提供利民便民服务

电子商务的迅猛发展也催生了网络交易纠纷、网络域名纠纷、网络游戏纠纷、网络版权纠纷、虚拟财产纠纷等新型纠纷，而随着交通、电讯、全球化的发展以及跨国法律共识的达成，跨国、跨境商事纠纷也日益增加。这些纠纷的产生和增长成为在线调解发展的新需求。

与诉讼和传统调解相比，在线调解主要的优势在于便捷高效、成本低廉、方式灵活。当事人可以灵活地选择调解组织和调解员，调解时间、地点和方式，在线上进行立案、调解以及其他程序，减少了烦琐的诉讼程序，节约了时间、精力等。

（二）法院在线调解的主要特点

1. 日益信息化、科技化

最高人民法院 2015 年发布的人民法院第四个五年改革纲要（2014—

---

⑬ 龙飞：《中国在线纠纷解决机制的发展趋势》，载 http://finance.sina.com.cn/sf/news/2016-06-28/144335120.html，访问时间：2017 年 2 月 28 日。

2018)(下文简称《人民法院改革纲要》)对法院信息化建设提出了专门要求,[14]《多元解纷改革意见》提出"推广现代信息技术在多元化纠纷解决机制中的运用"。随着全国"智慧法院"建设的推进,在各地在线调解实践中,互联网工具等现代科技手段日益被运用于调解纠纷,调解信息化、科技化的趋势越来越显著。例如,沈阳皇姑区法院开通了"互联网+答疑与调解",由6名资深法官实行24小时全天候在线咨询和视频调解。杭州西湖区法院成立了"陈辽敏网上工作室",将网上立案、案件查询、在线调解、网上预约、留言咨询等功能集合于一体,向公众提供网站式便民诉讼服务。西湖区法院还通过与微软、阿里、新浪等互联网企业合作的方式,迭代更新在线调解系统。

2. 日趋平台化、集约化

近年来,法院在线调解运行方式日趋平台化,处理纠纷日趋集约化。法院通过自身搭建或合作搭建的互联网平台,统一调度调解组织、调解员等解纷力量,有效对接人民调解、行政调解和商事调解机制,充分利用社会资源,集约化处理纠纷。例如,安徽高院搭建了诉调对接、案件速裁、专业解纷、网络调解、信访化解、攻克执行难六大平台。四川高院推出了升级版"四川法院网上诉讼服务中心",将诉非衔接工作与互联网深度融合,搭建网上诉调对接和网上调解平台,实现矛盾纠纷网上流转,诉调对接工作网上运行。全国规模最大的在线法院调解平台是由法院与新浪网合作搭建的"在线法院调解平台"。该平台将在线调解、司法确认、在线立案、在线审判相连接,提供一站式多元解纷服务。从2016年10月开通试运行至今,全国已有15个省级行政单位的421家法院、637个专业调解组织机构和2455名调解员入驻该调解平台。[15] 据最新统计,该平台处理纠纷1697件,调解成功775件,另有10%的纠纷进入司法确认程序。[16] 最高人民法院日前已明确要求北京、河北、上海、浙江、安徽、四川6个试点的高级法院要牵头建立省级统一的在线调解平台。[17]

---

⑭ 《人民法院改革纲要》要求:"推动人民法院信息化建设。加快'天平工程'建设,着力整合现有资源,推动以服务法院工作和公众需求的各类信息化应用。最高人民法院和高级人民法院主要业务信息化覆盖率达到100%,中级人民法院和基层人民法院分别达到95%和85%以上。"

⑮ 该组数据为在线法院调解平台实时统计数据,时间截至2017年3月4日。

⑯ 《最高法启动在线调解平台建设试点工作》,载 http://www.court.gov.cn/zixun-xiangqing-36282.html,访问时间:2017年3月1日。

⑰ 前引⑯。

3. 逐步规范化、制度化

“加强顶层设计,鼓励地方探索实践”⑱是当前法院深化改革的基本原则。近年来,中央和地方先后以政策性文件、指导性规则、地方性法规、内部工作规则等形式对“在线调解”作出了规定,以指导法院在线调解实践,法院在线调解逐步向规范化、制度化发展。在国家层面,2015 年最高人民法院召开的眉山会议确定了多元化纠纷解决机制改革的新“三步走”战略——“国家制定发展战略,司法发挥保障作用,推动国家立法进程”。《人民法院改革纲要》在“完善诉讼服务中心制度”中提出“推动远程调解”。《多元解纷改革意见》在“创新在线纠纷解决方式”中要求“推动建立在线调解”。在地方层面,山东省、福建省厦门市出台的多元化纠纷解决地方性法规中对“在线调解”作出了原则性规定。⑲ 国内第一部有关在线调解的专门规定则是 2016 年 10 月安徽省高级人民法院制定发布的《安徽省法院在线调解工作规则(试行)》(下文简称“安徽在线调解规则”)。该规则对在线调解有关的基本概念和原则、权利义务、调解流程、监督管理等作出了较为具体的规定。

4. 面向多元化、多维化

随着经济发展、社会转型、改革深入和利益调整,各类矛盾纠纷日趋频发,人民群众对纠纷解决的需求也更加迫切和多元化。在“互联网 +”时代,互联网恰好给人们带来了更多选择的空间和自由。法院在线调解的多元化可以满足人民群众多元化的司法需求。法院在线调解多元化集中体现三方面:第一,主体多元化。法院在线调解的主体不仅仅只是法院和法官,还有涉及各行各业的特邀调解组织和调解员。第二,资源多元化。互联网不仅连接了法院系统的内部资源,也联通了法院系统之外的政府职能部门、行业组织、社会团体等社会公共资源。第三,方式多元化。当事人可以根据自身的需要和实际情况,灵活选择调解方式,既可全程线上调解,也可线上和线下调解相结合。法院在线调解多维化主要表现为两方面:其一,多维度处理纠纷,其打破了时空的束缚,可在现实和虚拟空间、线上和线下多维处理纠纷。其二,受理多维度

---

⑱ 参见《最高人民法院关于全面深化人民法院改革的意见——人民法院第四个五年改革纲要(2014—2018)》。

⑲ 《山东省多元化解纠纷促进条例》第 31 条规定:“鼓励利用互联网和其他新技术,通过在线咨询、在线协商、在线调解等方式,实现纠纷网上化解。”《厦门经济特区多元化纠纷解决机制促进条例》第 55 条规定:“依法成立的咨询、评估、鉴定、在线调解等机构,参与纠纷解决服务的,可以收取费用。”

纠纷,既可受理在网络空间特有的线上纠纷,也可受理现实空间发生的线下纠纷,还可以受理线上和线下相连交叉的综合纠纷。

三、我国法院在线调解的现实问题

(一)区域发展不平衡,各地情况差异较大

全国各地区法院在线调解的发展,大致表现为东部沿海地区快于中西部内陆地区,经济发达地区快于经济欠发达地区。例如,位于东部沿海地区的山东省、福建省厦门市率先制定了多元化纠纷解决的地方性法规,电商、互联网经济的主要发源地的浙江首创电子商务网上法庭,浙江杭州西湖区法院率先开展法院在线调解。在全国法院深入推进多元化纠纷解决机制改革暨示范法院经验交流会上(后文简称“马鞍山会议”),5 个基层示范法院分别来自上海浦东新区、浙江杭州、辽宁沈阳、云南昆明和重庆荣昌区,均属于全国或区域经济中心或重镇,经济、科技等方面优势明显。

造成地区差异的主要原因有三点:其一是经济条件,在线调解的发展与当地的经济发展密不可分。一般而言,经济发达地区财政收入较高,法院有更多的资金可投入信息化建设;互联网等基础设施建设较完善,上网便捷、低廉;民众素质较高,互联网使用成为生活常态;而互联网经济的日益发展也带来了网上纠纷日趋增多。这些因素构成了在线调解发展的前提和基础。其二是思想意识,各地区对在线纠纷多元化解工作的重视程度对在线调解的发展至关重要。位于中部内陆地区的安徽能够率先出台专门的在线调解工作规则,显然是当地法院高度重视、积极推动的结果。但也有不少法院缺乏互联网思维、“对纠纷多元化解‘在线化’的必要性和紧迫性认识不足”“虽然在小范围内‘触网’,却还没有大规模深度‘入网’”“硬件设备已经完成了信息化改造,但多元纠纷化解工作却止步于线下”。[20] 如果说经济发展水平决定了各地在线调解发展的起点和门槛,那么各地法院主观认识水平在某种程度上就确定了在线调解发展的潜力和后劲。法院思想意识的差异在加剧法院在线调解发展“马太效应”的同时,也创造了“弯道超车”的机遇。其三是动力来源,在线调解的长远发展需要法院内外的多重动力。当前,法院案多人少的压力倒逼法

---

⑳ 陈国猛:《大力推进在线纠纷解决机制建设——互联网时代“枫桥经验”的创新发展》,载《最高人民法院多元化纠纷解决机制改革意见和特邀调解规定的理解与适用》,人民法院出版社 2017 年版,第 509－514 页。

院发展多元化纠纷解决机制。法院在线调解看起来似乎是法院一家的事，而事实上，其涉及了政府相关职能部门、企事业单位、行业组织、社会团体等法院以外的单位和团体。推动法院在线调解仅仅只依靠法院本身的力量还远远不够。目前，在法院系统外部，法院在线调解与其他单位的协同不够，也没有在行政层级或业务主管方面更高一级的单位（如同一级的政府、政法委）总揽全局，进行统一协调与联动，在线三调联动功能发挥不足。在法院系统内部，很多法院并未将包括在线调解在内的在线纠纷解决工作纳入工作考核目标，在线调解缺乏激励和引导机制。

（二）实践操作不便捷，实际使用率较低

理论上而言，法院在线调解能够打破时间、空间的束缚，当事人可通过互联网提交矛盾纠纷，自由选择调解员，预约调解的时间、方式，可灵活机动、随时随地参加调解，法官和调解员也可随时跟进调解案件，在线处理纠纷，从而节约各方时间、交通等成本，提高纠纷解决效率。然而，目前法院在线调解操作并没有想象的那么便捷，实际使用率也较低。很多纠纷即便是在网上受理的，但事实上还是“线上约时间，线下做调解”，在线调解流于形式，很多时候变成了“走过场”。

在杭州西湖区法院调研时笔者发现，[21]该院诉调中心受理的在线调解案件并不多见，在调研期前后大概一个月都没有当事人申请在线调解。此外，在该院所在的浙江电子商务网上法庭中，在线审理前设有在线调解程序，而基本上也没有当事人选择在线调解。影响在线调解使用的因素是多元、多维的，它们纵横交错，错综复杂。

1. 纠纷类型的限制。纠纷的具体类型很大程度上决定了适合解决纠纷的方式。目前，在线纠纷解决的受案类型比较有限，大多集中在一些案情较简单、事实较清楚、权利义务较明确的案件，另外，还有一些案件属于当事人出庭不便、电子商务纠纷等类型。

2. 参与主体的影响。法官、调解员、当事人等主体因素也影响着在线调解的运用。就法官而言，毋庸置疑，在以审判为核心的观念的影响下，部分法官存在对调解的偏见，不重视调解，更遑论在线调解。此外，正处于试验阶段的在线纠纷解决机制，法院出于审慎、稳妥的考虑，线上的案件在线下还要重走

---

[21] 该院早在2007年就开展在线调解，属于全国法院系统中最早一批实践在线调解的单位。

一遍流程,制作相应的卷宗文书。加上用于与当事人反复沟通、引导使用在线调解的时间、精力,法官、书记员的工作量不但没有减少,反而倍增。[22] 就调解员而言,很多调解员更倾向于面对面的调解,这样更容易进行调解的程序控制,通过环境氛围、言行举止等及时作出对调解案件有利的影响。就当事人而言,对互联网的信任缺失和在线操作陌生等是影响在线调解的主要因子。如今电信、互联网诈骗多发频发,而互联网更容易受到黑客、病毒等攻击,稳定性和安全性遭受质疑。[23] 在原本就信任缺失的年代,公众对互联网更是心存疑虑。值得一提的是,在新浪法院频道发布的在线法院调解平台免责声明中,对因网络安全问题困扰和因互联网技术的不稳定所造成的损失由用户承担责任。该声明无疑加重了当事人选择在线调解的隐忧和心理负担。

3. 系统操作设计的影响。在线调解系统在操作设计上是否简单、方便、快捷、人性化等影响在线调解的使用。此外,在线操作陌生也会影响在线调解的便捷度和用户体验。例如,笔者首次试用在线法院调解平台时就出现了问题。笔者用电脑上网进入"在线法院调解平台",根据网站的指引,选择用手机端下载当事人客户端软件。而笔者通过手机扫码进入软件下载页面后,十余次点击"下载"按键都没有反应,最终无法下载软件。同时,笔者发现该软件下载量只有 1000 次(其中应该还包括工作人员为了测试而下载的次数)。而当笔者想拨打网站服务电话求助时,才发现服务热线时间是周一到周五(9:00—17:30),非全天候(当然,该时间与法院的一般工作时间大体一致,具有一定的合理性);想通过在线留言咨询时,却发现该网站首页没有"在线咨询"的栏目。

(三)法律规则不完善,规范效力层级较低

目前,有关在线调解的规定只是零星地出现在最高人民法院出台的《人民法院改革纲要》和《多元解纷改革意见》中,这两个文件是司法文件,不能作

---

[22] 一位办案的书记员告诉笔者,由于现在电信诈骗频发,最初通知当事人注册在线调解时十有八九会被误认为是诈骗,与当事人电话沟通往往需要反复多次。

[23] 新浪法院频道发布的在线法院调解平台免责声明称:在线法院网站的服务同大多数因特网产品一样,易受到各种安全问题的困扰,包括但不限于:1)透露详细个人资料,被不法分子利用,造成现实生活中的骚扰;2)哄骗、破译密码;3)下载安装的其他软件中含有"特洛伊木马"等病毒,威胁到个人计算机上信息和数据的安全,继而威胁对本服务的使用。对于发生上述情况的,用户应当自行承担责任。载 http://www.fayuan.com/statement,访问时间:2017 年 3 月 1 日。

为判案依据。在地方性法规层面，只有山东省、福建厦门市对“在线调解”作出了原则性规定。《安徽在线调解规则》是唯一对法院在线调解作出的专门规定，而它只是省级法院的内部工作规定，不具备规范效力。总体而言，法院在线调解规则不完善，规范效力层级低。

《安徽在线调解规则》虽填补了在线调解有关的概念、原则、适用范围、权利义务、调解流程、监督管理等方面规定的空白，但具体规定仍有待细化，有必要出台实施细则或解释以进一步明确和落实。例如，该规则在某些概念界定上留有争议。该规则将“在线调解”的主体界定为“特邀调解组织和特邀调解员”，而将实践中法院及法官主体进行的在线调解排除在外。[24] 而“在线调解平台”概念中并没有区分法院在自身网站上搭建的在线调解平台和法院在其他主体（如新浪法院频道）搭建的在线调解平台两种类型。[25] 再有，该规则某些规定实践操作性不强。如规则的第 33 条原则上规定了在线调解平台所在网站的运营主体的责任，但在具体如何认定方面（如怎样处理因运营主体的管理不当、工作失职等人为因素导致调解案件保密信息泄露、当事人财产损失等）却缺乏指引性规定。[26]

（四）保障机制不健全，人财物等投入不足

法院在线调解保障机制不健全主要反映在人、财、物及配套制度上。人员配备方面，法院在线调解工作人员（包括法官、书记员、调解员、技术人员等）不足的状况普遍存在。例如，西湖区法院的陈辽敏网上工作室，最初运行时整个工作室常驻人员只有陈辽敏法官和她的书记员两人，由于还要承担法院的日常审判和其他工作，她们很多时候是利用午休、晚上或周末的休息时间来完成网上工作室的有关工作。经费保障方面，在线调解平台建设耗时耗钱，前期启动资金动辄数百万，后期维护和管理的花费也不菲。很多地方党委政府对

---

[24] 《安徽省法院在线调解工作规则（试行）》第 1 条规定：在线调解是指特邀调解组织、特邀调解员经人民法院选聘、在线调解平台认证注册，通过在线调解平台接受人民法院委派调解纠纷，结合线上线下调解工作，高效、灵活解决纠纷的一种调解方式。

[25] 《安徽省法院在线调解工作规则（试行）》第 2 条规定：在线调解平台是指具有裁判规则引导、纠纷案例学习、调解资源整合、在线远程视频调解、在线司法确认、诉调对接等功能的在线纠纷解决平台。

[26] 《安徽省法院在线调解工作规则（试行）》第 33 条规定：在线调解平台所在网站的运营主体应当负责平台日常运维，确保平台按照本规则要求实现各项功能。出现技术故障应第一时间修复，确保在线调解平台稳定、持续运行。网站运营主体应当为在线调解平台上的数据传输、存储等提供安全保障，并采取为案件信息加密的形式为案件信息保密。

在线调解平台重视不够,平台建设立项难、审批周期长,经费不能及时、足额到位。硬件设置方面,在线调解对电脑的操作系统、互联网设备等有一定要求,早期由于法院的信息化建设滞后,很多地区的法院硬件设施无法达到在线调解的基本要求,随着信息化建设的进一步发展和科技进步,目前情况有了根本好转,但仍有少数位于老少边穷地区的法院的硬件设施尚未达到在线调解的要求。配套制度方面,在线调解的工作激励机制、考核评估机制、人才培养机制等尚未形成,很多机制还仅仅停留在理念或设想阶段。在线调解实践急需一套系统、科学的长期配套机制。

四、我国法院在线调解的发展完善

从司法实践来看,法院在线调解在迅速发展的过程中还存在:部分地区法院不够重视,社会各方参与度和协同度不足;在线调解平台功能不完善,解纷方式高效化、智能化水平不高;法律规范不健全,相关机制规范化、精细化不够;配套保障不配套,系统化、科学化程度不高等问题。法院在线调解建设需在统一观念认识、推进在线平台建设、完善法律规则、强化保障机制等方面进一步完善。

(一)统一观念认识,协同社会各方力量,构建以法院为主、多元化主体参与的格局

当前,推进多元化纠纷解决机制改革,需要"形成'党委领导、政府主导、社会参与、多元并举、法治保障'的工作格局,构建各种纠纷解决力量积极参与、多元共治、各取所长、各尽其能、科学系统的多元化纠纷解决体系"。㉗ 法院在线调解作为多元化解决机制中的一个重要组成部分,需要法院协同各方力量,吸纳多方主体参与共建。

1. 统一法院内部思想,强化主体意识与责任意识。"有的法院领导对改革政策精神的理解不够深入、重视程度不够""个别地方还存在消极等待、走一步看一步、与改革举措不同步的现象"㉘,针对上述问题,法院应先在系统内部统一思想,各级法院、同级法院内部各组织机构应通过学习中央、最高人民法院等政策文件和会议精神,结合当地具体情况,明确发展法院在线调解的意

㉗ 李少平:《示范带动创新发展 不断提升多元化纠纷解决机制改革法治化水平》,在"全国法院深入推进多元化纠纷解决机制改革暨示范法院经验交流会"上的讲话。

㉘ 前引㉗。

识、责任分工。

2. 争取党委政府支持，吸收各界力量参与共建。“部分地方法院争取党委支持力度不够”㉙，这就导致法院在线调解发展的动力来源不足。“眉山经验”等各地成功实践的关键在于“坚持党政主导第一位、全市一盘棋”“将多元化纠纷机制改革纳入平安建设和综合治理考核”。㉚ 因此，各地法院应将包括在线调解在内的多元化纠纷解决机制改革与当地经济发展、社会综合治理、科技文化建设等具体情况有机结合，获得当地党委、人大和政府在政策、资金等方面的支持。同时，上级法院应帮助下级法院争取同一级党政的支持。

(二)推进平台建设，加强与其他平台的系统整合，发挥高效化、智能化的功能

进一步完善在线调解平台功能、有效衔接在线调解平台与其他解纷平台，以发挥网络平台解纷的高效性和智能性。1. 系统整合其他解纷平台，实现高效化。在法院系统内部，在线调解平台须深度融合法院诉讼服务网、案件信息管理系统，形成平台的集群化效应，“充分利用信息化手段，建设集网上立案、案件查询、网上咨询、在线调解、诉讼指南等功能为一体的网络便民平台，构建高效便捷、灵活开放的调解网络”。㉛ 在法院系统外部，设置专门的数据接口，与综治组织的纠纷解决平台、淘宝等电商企业纠纷解决平台相连接，进行数据信息共享、案件的引流和分流。

2. 运用数据分析和挖掘技术，实现平台的智能化。通过运用数据分析和挖掘技术，对进入在线调解平台的纠纷进行实时监测和全程留痕，共享其他平台的信息资源，对比分析收集数据等方法，科学评估纠纷矛盾的现状、发展趋势和解决方案，为当事人理性选择纠纷解决方式提供合理预期，为化解纠纷和社会治理决策提供依据和参考。

(三)完善法律规则，鼓励各地先行实践探索，统筹兼顾法制统一和地方特色

完善法院在线调解制度建设，应以“试点先行、总结经验、示范带动、全面

㉙ 前引㉗。

㉚ 前引㉗。

㉛ 周强：《全面深化多元化纠纷解决机制改革 为维护公平正义 实现人民安居乐业社会安定有序提供有力保障》，载《人民法院报》2015年4月10日，第1版。

推广的工作思路”,[32]鼓励各试点地区进行大胆实践,将已形成的成果经验在全国范围内推广,在条件允许和时机成熟的情况下,制定国家层面的政策和规定。

1. 省级法院或者有条件的设区的市级法院可自行制定有关规则。法院可联合政府相关职能部门(如公安部门、司法行政部门、工商管理部门、信访部门等)、社会团体(工会、妇联等)、企业组织(互联网企业、保险公司等)等单位和机构共同制定在线调解、在线诉调对接等工作规则,进一步形成纠纷解决合力,促进制度的规范化、精细化。法院须积极争取党委、政府、人大等支持积极参与并推动在线多元化纠纷解决机制改革的地方性立法。

2. 最高人民法院制定法院在线调解工作规则。在总结各地区经验的基础上,待条件成熟,由最高人民法院出台统一的工作规定。根据未来社会发展的需要,进而决定是否将多元纠纷解决机制上升为国家立法。

(四)强化保障机制,进行周边制度系统化和科学化建设,实现在线调解建设的可持续发展

将法院在线调解发展规划具体落实需要一套科学可行的保障机制。1. 探索法院在线调解经费保障机制。目前,法院特邀调解员开展调解工作尚未实行收费制度,法院只发放误工、交通等补贴。提高特邀调解员的工作积极性,需增加司法投入,在物质和精神双重层面提高调解员的待遇。可将调解员的办案补贴列入法院财政专项预算,探索建立以财政支持为主、社会投入为辅的经费保障机制。

2. 建立科学的内部绩效考核评价体系。参考北京法院、陕西法院将多元调解工作纳入法官业绩考评的做法,制定量化考核标准,将在线调解纳入案件管理系统和司法统计系统,作为年度各级法院审判质量综合考核的一项参考指标。

3. 建设专业化的在线调解员队伍。从短期而言,加强在线调解人员培训力度,设置在线调解员资格认证等可在较短时间内提高调解员在线调解能力措施。而从长远来看,推动调解职业化进程是长期的发展大计。具体措施包括制定和落实调解职业规范,设置全国统一的调解员资格考试,实行调解员职称评级(参照初级、中级、高级专业技术人才的考核标准),在高等院校设立调

---

[32] 李少平:《示范带动创新发展 不断提升多元化纠纷解决机制改革法治化水平》,在“全国法院深入推进多元化纠纷解决机制改革暨示范法院经验交流会”上的讲话。

解相关专业,建立调解员行业协会等。

4. 推进在线调解信息技术的研发。科学技术的发展水平在客观上决定了法院在线调解发展瓶颈。法院应与高等院校、科研机构、科技公司、互联网企业等单位深入合作,投入资金,以委托立项等方式促进在线调解科技水平的更新换代,推广更廉价、更人性化的在线调解技术。

The Rising, Challenge and Future of China's Online Court Mediation

Abstract: Now "Internet Plus" is growing prosperity all over the world with the influence of the Fifth Technology Reform marked by Information and Communication Technology. Online court mediation is the result of combination of "Internet Plus" and court mediation. Thriving all over the country recently, online court mediation has its unique functions and features. With the tendency of mediation globalization, online court mediation provides new ideas, methods and pathways for ADR in China, and brings both new opportunities and challenges to China's mediation modernization.

Key Words: Online Court Mediation Platform; "Internet Plus Mediation"; ADR

(责任校对:赵毅宇)

从混沌走向协同

——论检察机关案管职能和检务督察职能的关系

盛　波*

摘　要：检察官办案责任制作为司法改革的“重头戏”，关键是如何落实并实现监督制约机制的建立和完善。其中，案件管理职能和检务督察职能是监督制约机制的重要组成部分，当前案件管理职能和检务督察职能也面临着适应发展需要、加快改革创新的紧迫形势。作为具有密切关联的检察职权，如何实现二者在基层检察机关既能保持自身健康发展，又能促进它们之间的相互协调，发挥最优合力，是摆在广大基层检察人员面前的一个重要课题。

关键词：检察权　基层检察机关　案件管理职能　检务督察职能

古韩非子云：“法与世转则治，法与世宜则有功。”意指法制随社会发展而发展变通，则天下太平；法制与社会发展相适宜，法制才会发生好的作用。经济社会的发展使人们的人权保障意识和法治理念日益增强，执法者必须对这一现实变化有所回应才能免于被动，而司法体制改革就是顺应这一形势的最好诠释。2012 年国家首次发布了司法体制改革白皮书，对我国的司法体制问题进行了细致的分析和阐释，白皮书的重要内容之一就是对司法权的科学划分、合理配置和司法权的有效运转。根据白皮书的改革精神，理顺检察机关内部关系，促进检察职能的科学化、精细化成为当前检察机关特别是基层检察机关面临的重要任务。其中，作为重要职能的案件管理职能和检务督察职能是基层检察机关理顺管理与监督关系，提升检察职责效能的重要保障，也是推进

---

*　**作者简介：**盛波（1984—），男，山东烟台人，西南政法大学法学硕士，山东省济南市发展和改革委员会法规处科长、济南市法学会常务理事会员代表。

依法治国、深化司法改革的应有之义。二者无论是从构建、内涵，还是执行上都存在着相似的地方，也不可避免地存在相互矛盾甚至冲突的地方，因此对案件管理机制和检务督察机制进行科学平衡与配置势在必行。

一、案件管理职能与检务督察职能的关系

在若干年前的基层检察机关组织和职能架构体系中，案件管理职能和检务督察职能实际上是混在一起，由同一主体集中行使的。近年来，通过检察机关的不断探索，很多基层检察机关将案件管理职能从检务督察职能中分离出来，成为检察机关内部独立行使的一项重要职权，所以从产生发展的脉络上看，二者有着很深的“缘分”。

要清晰阐释二者的关系，首先必须明晰检察机关的职能概况。笔者认为，作为一个具有完整架构的基层检察机关，应当具有三大职能板块：一是检察业务职能，这是检察机关的立足之本；二是检察事务职能，这是检察机关的重要保障；三是检察监督职能，这里的检察监督职能与我们平常所说的检察机关作为国家法律监督机关的“监督”内涵不同。检察监督职能指的是检察机关内部的监督职能，通俗地讲，就是针对系统内部的人或事行使监督职责，这一职能又可以分为两大类，即案件管理职能和检务督察职能。这就好比金字塔结构，检察业务职能是塔尖——最耀眼的地方；两个支点——一个是检察事务职能，另一个就是检察监督职能，他们共同为检察业务职能服务，共同构成了检察职能的全部内涵和外延。

实际上，案件管理机制和检务督察机制在现实运行中存在着交叉重合的问题。一些基层检察机关在案管机制没有建立之前，将案件管理和监督的职责交予检务督察机构，在案件管理机构成立后，没有及时将职能进行重新置换，导致职能交叉重合，矛盾增多，实际上增加了检察工作运行的成本，造成监督和管理效率双重低下，反而不利于检察职能的充分发挥。

二、基层检察机关案管机制与督察机制的运行现状

案件管理职能与检务督察职能作为检察机关基础职能之一，本应在检察工作中顺利予以执行，但从实际运行效果来看，二者的效用远远没有发挥出来，究其原因首先是案管职能与督察职能在现实中都存在诸多这样或那样的问题，其次就是两种职能之间存在着一些亟待解决的矛盾冲突。下面分别从两种职能在检察工作中的现状和二者之间的矛盾说起。

(一)案件管理机制头绪繁多,配置不力

基层检察机关设立案件管理部门的过程并不是一帆风顺的,面临着很多不一致、不协调的地方:机关内部机构职能重叠、制度规范重构、案管部门与各业务部门之间的关系理顺、经费保障等诸多方面。其中最突出的矛盾表现为两个方面:一是案件管理部门与本院其他部门和上级机关的协调配合问题;二是人员配备和信息化基础设施建设方面亟待强化。

1. 基层检察机关内部各部门之间的监督力度不足。各部门之间"相对独立,各自为政",单独收案、各建台账,分别负责审查,并以本部门制定的案件质量标准对案件质量进行自评、考核,其相互之间的监督基本上是以提出意见或者协商的方式,突出表现为滞后性、低效率、重复性等弊端。"内设机构职责划分不清晰,影响检察职权的行使,容易造成内设机构之间的推诿。"①

2. 检察委员会的监督力度相对较弱。基层检察院检察委员会对案件的监督方式一般先由办案部门上报须经检察委员会讨论决定的重大、疑难、复杂案件,然后由检察委员会办事机构负责安排召开检察委员会讨论、研究、决定。监督行为具有被动性,而且监督对象单一,不具有连续性。

3. 上级检察机关的监督相对滞后。上级检察机关对下级检察机关实行业务部门对口指导、监督,主要是通过对下级检察机关定期的统计上报,发现问题后进行整改,监督相对滞后。同时,由于种种原因,统计数据有可能因下级检察机关上报不准确、不全面甚至弄虚作假而不实,影响了上级检察机关的有效监督,从而影响检察机关的绩效评价。

4. 案件质量考核机制不健全。近年来,各基层检察院对业务部门都建立了案件质量检查考核机制,有的将案件质量作为综合目标考核的主要内容,提升为评先创优的重要依据,这些都对提高案件质量起到较大的激励作用。但检察机关对案件质量的考评体系由于缺乏系统性和科学性,无法反映案件质量的真实状况,更谈不上案件质量的跨越式提升。

5. 有的基层检察院没有建立专门的案件质量管理机构或有机构但未发挥专门机构的作用。部分检察院没有设立专门的案件质量管理机构,实施案件质量监督管理的部门不统一、不稳定,随意性较大,力量较弱,没有真正独立发挥案件质量管理的职能作用。

---

① 张智辉:《应当重视检察机关内设机构改革》,载《检察日报》2011 年 9 月 6 日,第 3 版。

6. 案管部门的人员素质有待提高。基层检察机关的一些办案人员质量意识和业务素质相对较低，执法行为不规范，把关不严，更有极少数办案人员道德素质差，办关系案、人情案、金钱案，徇私枉法，造成案件质量不高。

7. 案件管理部门的地位、职能缺乏统一定位，导致案件管理部门与其他部门间的职能划分不明确，上下级之间职能也不对应。从当前案管部门设立的过程看，案管职能的独立设置作为一项创新探索之举，由各级检察机关根据自身特点试点设立还未全面铺开，而且设立的方式及具体做法由各院根据自身实际自行设定，虽各有创新、各有特色，但对案管机构的地位、职能、具体的操作流程尚未予以明确统一的规定，特别是在《人民检察院组织法》等专门性法律中没有明确规定，并非长久之策。

8. 对案管部门的设立存在认识上的误区。案管部门的设立颠覆了传统的案件管理模式，将案件由各部门自行管理变为集中统一管理，这一全新的案件管理模式给检察工作带来巨大变化。但由于习惯旧有模式，故传统上对案管部门的产生存在一些认识上的误区，阻碍了案管部门的发展：一是认为案管部门应该包揽各项检察事务性工作，忽视了案管机构的监督职能；二是认为案管部门应吸纳各部门的内勤和书记员的工作，案管部门就是为业务部门提供服务的，但对案管机构的质量评查和监督职能却只字不提；三是将执法规范化等同于复杂化，认为案管部门的设立只会将工作复杂化，对案管部门运行后带来工作量上的增加和工作流程的变化存在抵触情绪，认为不如原先由部门管理来得方便。

9. 建立案件管理机制的目标不清。随着检察业务的发展，绩效考核逐渐成为基层检察机关业务工作的“标杆”，在综合考评的数量和位次的影响下，一些基层检察机关把“量化指标”当成了案件管理机制的唯一目标，实质是对检察机关的价值追求和角色定位模糊不清，动摇了公平正义的首要价值目标。②

(二)检务督察机制相对滞后，监督虚化

笔者认为，检务督察是对检察业务和检察事务的综合性监督。从地位上讲，检察机关是法律监督机关，社会上一直存在着“检察机关监督别人，谁来监督检察机关”的声音；从对象上讲，是对检察机关履行法律监督职责和对检

② 最高人民检察院：《第十届全国检察理论研究年会述要》，载《人民检察》2009 年第 11 期。

察机关日常事务的常态化监督;从内容上讲,是以检察权行使和事务处理的合法性、正当性为监督内容;从方式上讲,是一种针对检察机关内部的自我监督、自我约束机制。正是因为其具有上述特点,所以检务督察制度更应仔细推敲,力求取得实效。从基层检察机关检务督察机制建设的实际来看,存在着地位不清、监督机构和人员匮乏,监督与被监督主体混淆,监督力度弱化等体制没有理顺的问题。

1. 检务督察工作在整个检察工作中的地位不够明确,检察机关内部职能架构不科学,导致检务督察职能行使不畅,地位尴尬。笔者认为,检察机关从职能组织架构上,应分为检察业务、检察事务、检务督察三大板块,三者构成了检察工作的全部,三者相辅相成,缺一不可。然而,无论是从理论上还是实践上,基层检察机关都过分强调检察业务工作,检察事务次之,而检务督察最次之,导致在检察机关内部言之必业务,而实际上检务督察应当是对检察业务和检察事务发挥震慑效应,能够对其产生掣肘作用,但从基层检察机关实际来看,这一效果并未显现。

2. 由于基层检察机关普遍存在人案矛盾突出的问题,特别是在人员、财力捉襟见肘的情况下,很容易导致检务督察工作流于表面。一些基层检察机关往往没有专门的检务督察机构,从各部门抽调人员作为兼职督察员,但实际上从来没有或者很少开展督察工作,兼职督察员还是从事自身本职工作,几乎不过问检务督察工作。

3. 监督主体与被监督主体相互混淆,缺乏自身独立性,导致监督力度弱化甚至虚化。一些基层检察机关虽然成立了专门的检务督察部门,但是其检务督察部门却隶属于本院的检务督察委员会或检务督察领导小组,由之领导,而相应领导机构由院领导和相关业务处室人员组成,这本身就造成监督主体错乱。因为检务督察是对检察业务工作和检察事务工作的监督,如果让被监督对象凌驾于监督者之上,监督就不存在了,只能是走过场、走形式。

(三)案管职能与检务督察职能的矛盾与冲突

案管职能与检务督察职能除了自身存在的问题,二者之间也存在着明显的矛盾。一是在监督的对象上,存在着职能交叉的问题。案管职能的直接对象是案件,而检务督察职能在最初建立之时,监督对象涵盖了检察事务和检察业务,其中就包括案件。虽然案管部门在很多基层检察机关建立起来,但是在职责范围上并没有进行清晰的划分,所以案管职能与督察职能存在交叉重叠部分,留下了“尾巴”。二是在人员配备和机构设置上,由于基层检察机关人员编制有限,因此一些基层检察院将案管部门和检务督察部门混在一起,有的案管部门人员身兼检务督察员,有的检务督察员又是具体负责案件办理的办案人,这种既当“运动员”,又当“裁判员”的人员搭配和机构设置,使其职能混淆,运转失灵凸显。三是案管部门与检务督察部门之间的关系不顺,没有形成合力。案件管理部门针对的是具体案件,但案件都是由具体的办案部门和办案人员承担的,案件有问题就需要追究具体办案部门和办案人员的责任,但是在涉及具体责任处理时,案管部门往往需要与纪检监察部门进行沟通,基层检察机关的纪检监察部门与检务督察部门往往是两块牌子一套人马,因此就需要案管职能与检务督察职能进行有机结合,由案管部门和检务督察部门提出具体意见,经检委会或党组会讨论决定。但是不少基层检察机关在出现案件纠错、需要追究责任时,往往没有征求案管部门或检务督察部门的意见,而是直接由检委会或院党组或检察长办公会决定,在程序上存在缺陷和不足。

三、案管职能与督察职能衔接整合语境下的几点思考

(一)两种职能的“泾渭分明”是前提和基础

案管职能与督察职能有着相同和不同的地方,相同的地方使之有突破口进行整合,不相同的地方则为其发挥各自不同的效能提供了便利。从权力来源角度,案件管理机构作为检察长和检察委员会的参谋机构进行案件审查把关、提供决策参考意见,由案件管理机构作为检察长和检察委员会业务职能方面的代表行使监督权,不仅符合其原有的功能设想,也具有授权上的便利性和正当性。检务督察部门本身就是检察机关的基本组成部分,其地位和作用具有其他部门所不具备的独立性和特殊性。从行使监督权的能力角度,案件管理机构是检察机关内部从事综合检察业务的机构,其配备人员都有参与业务活动的经验,具备对检察机关各项业务职能实施全面监督的能力。检务督察机构则是专门的监督机构,其在检察机关中的相对超然的地位为其行使监督权提供了保证。从监督的公正性角度,案件管理部门的综合业务活动均不具有直接针对社会对象的性质,容易摆脱职能部门的局限性,因而能够较为客观公正地分析案件质量,提出意见。检务督察机构在这方面比案管部门更具有优势。从监督的程序角度,案管部门对案件的审查本身,往往是案件决定过程的一个组成部分,有利于避免对办案程序不适当干预或中断。检务督察部门的监督职能则是以一套完整的党纪、政纪标准和程序体系为依据的,其监督的立足点是对人的监督,而不直接针对案件实体,在监督职能上也是以存在违法

违纪行为为限,如果由检务督察部门直接承担业务督察的职能,不仅会造成检务督察部门与案管部门在监督权限和监督导向方面的混乱,也极易造成行政措施对执法活动的干预。

(二)完善自身监督体系是两种职能协调整合的目标

检察机关集中了侦查、逮捕、公诉等多种职能,并全程参与刑事诉讼过程,外部难以实施有效监督,内部管理体系也较为复杂。因此加强检察机关内部监督制约,对规范检察执法活动有其不可替代的作用,既是回应外界提出的"监督者由谁监督"的质疑,营造良好的检察工作环境的需要,也是进一步构建权责明确、相互配合、相互制约、高效运行的检察工作机制的需要。

案件管理进一步完善了"强化自身监督"体系的构建。如今,"强化自身监督"和"强化法律监督"同等重要,已成为全体检察人员的共识。如何构建和完善自身监督体系,也是近年来检察机关着重研究的重大课题。检察机关监督体系体现在:检务督察(含纪检监察)一体化,针对检察人员执行党的纪律和检察纪律、遵守检察行为规范等方面。而人大报告工作、代表委员联络工作、人民监督员、特约检察员、检务公开等制度组成针对检察权运行的外部监督体系。检察权运行的内部监督体系也日趋完备,通过优化检察权内部配置的制度设计,以加强检察权的自身监督,通过逐步构建诸如全程录音录像制度、规范涉案款物扣押制度、自侦案件批捕权上提一级制度等规范了检察权的行使,加强了内部监督。案件集中管理制度又进一步丰富和完善了检察权内部监督体系的制度构建。可以说,案件管理工作是遵循强化自身监督要求,丰富和完善自身监督体系的重要举措。

(三)组织队伍建设是两种职能协同开展的重要保障

案件管理职能对队伍建设的要求和标准与检务督察职能在这方面的要求有所不同。案件管理工作首先要有丰富的办案工作经验和扎实的法学理论功底。因为案管部门的工作对象是各个业务部门和种类多样、繁简不一的案件,所以业务素质是案管部门的第一要素。而检务督察工作除了要求具备一定的业务素养外,更重要的是需要具有坚定的政治品格和甘于平淡的精神境界。案管部门队伍建设可以与业务部门办案人员形成梯队培养引进机制。新招录干警不能直接进入案管部门工作,只能先从各个业务部门做起,在具备一定工作经验和能力后,再根据工作需要和安排进入案管部门工作,依次循环,形成人才的良性流转互动。而检务督察机构人员组成则要保持相对稳定,因为其地位的特殊性和监督职责的相对超然性,决定了过于频繁的流转变动只会影响工作的连续性和完整性,造成人心不稳。特别是在中央出台八项规定、破除“四风”问题之后,检务督察机构的地位和作用应当得到强化。无论是硬件还是软件配备齐全,比如配备录音、录像设备,照相设备,酒精测试仪等督察装备,甚至配备检务督察专用车辆,从而为检务督察工作顺利开展提供物质保证。综合来看,案管队伍建设的强化与检务督察队伍的强化息息相关,因为案管工作与检务督察工作有着共生性,所以两种职能中的任一种职能的组织建设得到落实,都能给基层检察机关内部监督体系带来积极的变化。

四、案管职能与检务督察职能的行使原则

(一)独立与合作原则

案管职能与检务督察职能分属性质不同的职能体系,职责对象也不尽相同。因此,两种职能的行使必须坚持独立原则。从改革实践来看,案管职能实际上是将案件管理和监督的职责从检务督察职能中分离出来,交由专门的部门来承担。但这并不是说检务督察职能就不管案件了,实际上只是管理监督的方式发生了变化。这样一是为了避免资源的浪费和效率的低下。通过分权,将一个拳头变成了两个拳头,目标更明确,力道更足,更有针对性。二是案件管理职能本身就是对检察业务部门办理的案件进行监督管理的部门,一旦发现问题,涉及追究相关办案部门和办案人员的责任时,就需要和检务督察部门进行联合办理,共同保障检察工作有序进行,二者存在很大的合作空间。

(二)权力分解原则

一是检察权是一项内涵丰富的职权,设置中间环节,通过各检察部门间的分权,将检察权分解,防止一个部门权力过大;同时设置具体人员承办、部门负责人审核、分管检察长批准或者检委会决定的层层把关的工作模式,防止检察人员以权谋私,这是检察机关目前进行内部监督管理的基础。二是通过内部的检务督察部门查处违法违纪的检察人员,教育办案人员严格遵守办案纪律,在办案中保持廉洁。三是上级检察机关对下级检察机关的监督,包括工作上的指导检查制、专项执法检查制、大案要案线索的备案审查制,以及职务犯罪案件撤销、不起诉的上级审批制等,这些实际上都是对检察权的制约和监督,同样也是案管职能与检务督察职能进行自我规制和相互平衡的重要原则之一。

(三)执法规范化原则

针对执法办案中存在的突出问题,进一步完善执法办案的监督制约体系。

要完善检察机关各业务部门之间、执法办案各环节之间的监督制约机制，特别是要在检察权过于集中的领域和岗位合理配置权力，明确各执法办案环节分工负责、互相配合、互相制约的内容、形式、程序，规范自由裁量权的行使。建立严格规范的案件受理、办理、管理工作机制，是完善检察权运行机制的重要内容，也是坚持严格公正文明规范执法、提高办案质量和效率的重要途径。要抓紧加强案件管理和检务督察规范化建设，不断规范流程管理、程序监控、质量监督、业务考评等机制，确保案管工作和检务督察工作严格依程序、依规范、依制度推进。基层检察机关要以深化案件管理机制和检务督察机制改革为抓手，强化执法管理和动态监督。

（四）弥补契合原则

内部监督实际上存在着刚性约束不足、监督节点滞后等问题。监督者在维护部门利益与履行监督职能的问题上可能存在利益冲突，能否做到公正、严格地履行监督制约的职能，很大程度上有赖于监督者的个人主观评判，这就使得监督制约机制成为可变通的柔性机制，而非具有权威性的刚性制度。而内部纪检监察的监督比较滞后，检察内部制约机制中，纪检监察工作与一线的办案工作实际上处于相脱离的状态，纪检监察人员不熟悉办案业务，不直接接触案件，无法实时深入地了解案件的办理情况，不能对检察权的运行实施有效的监控，结果往往在检察权被滥用、危害后果已经发生的情况下才得以介入。通过设立案件管理部门，将检务督察职能从脱离办案一线的尴尬中解脱出来，由案管部门负责监督管理业务部门办理案件的全过程，检务督察部门得以将重点放在对案件出现问题、急需追究责任时的督促处理上，如此则同时重点加强了对检察事务和检察队伍的监督力度，而且做到了有的放矢。

结语

案件管理职能与检务督察职能作为基层检察机关基本职能的重要组成部分，有着不可替代的地位和作用。对于基层检察机关，检务督察职能的行使已有很长时间，但是还有很多值得思考和完善的地方；案件管理职能在一些基层检察机关只是刚刚起步，还处于摸索适应阶段。但是不管怎样，两种职能有着先天的渊源，后天又有着割不断的关联，如何进行再平衡、再评估、再协调，实现二者和谐共生才是今后的正道。希望伴随着党的十八届四中全会上提出的依法治国这一大幕的徐徐拉开，更多的检察职能能够进入改革的洪流中，推动检察官办案责任制之真正落实及司法公平正义之维护。

From Chaos to Collaboration

——Study on the Relationship between the Procuratorial Case Management Function and Procuratorial Supervision and Inspection Function

Abstract: As one of the most important parts of judicial reform, the key to establish the prosecutor responsibility system is how to implement and achieve well – established supervision mechanisms. Among them, the case management function and procuratorial supervision and inspection function are important parts of the functions of supervision and control mechanisms. Case management function and procuratorial supervision and inspection function are currently facing the urgent situation to accelerate the reform and innovation, in order to adapt to the development. As above two prosecutorial powers are closely connected, it is an important issue to figure out the method that could not only maintain their sound development, but also promote the mutual coordination between them, in order to achieve their combined maximum effectiveness.

Key Words: Prosecutorial Power; Grassroots Procuratorial Authority; Case Management Functions; Procuratorial Supervision and Inspection Functions

（责任校对：罗素敏）

评阿根廷诉欧盟生物柴油反倾销案

——WTO 上诉机构对“成本替代”规则裁决的得失

倪素栋　庞艳飞[*]

摘　要:使用构成价确定“正常价值”是《反倾销协议》所允许的方式之一,不过对于构成价格时使用的各种价格要素,《反倾销协议》第 2.2 条、第 2.2.1.1 条和第 2.2.2 条都有明确、严格的规定。在阿根廷诉欧盟的生物柴油反倾销案件(DS473)中,欧盟在构成价中对于价格要素的使用表面上突破了《反倾销协议》的相关规定,对于这一“突破做法”该怎么评价,上诉机构的裁决是具有一定的权威性的。不过,遗憾的是上诉机构不但没有对欧盟的做法作出全面、准确的分析,而且其裁决对《反倾销协议》相关规定的适用产生了负面影响。

关键词:上诉机构报告　成本　合理反映　成本替代　成本分摊

2016 年 10 月 6 日,WTO 上诉机构发布了阿根廷诉欧盟生物柴油反倾销案的裁定报告。在该报告中,上诉机构基本支持了专家组的裁决结论。上诉机构认为欧盟调查主管机关对阿根廷出口的生物柴油所发起的反倾销调查,其适用措施不符合《反倾销协议》第 2.2 条、第 2.2.1.1 条以及 GATT 1994 第Ⅵ条的相关规定,在结果上支持了阿根廷的适用指控(as supplied);对于阿根廷指控欧盟反倾销立法中“成本替代”规则的违规,专家组全面分析了欧盟这一规则的相关要素,包括文本内容、立法历史、法院适用解释等,上诉机构认为,

---

* **作者简介:**倪素栋(1992—),女,浙江绍兴人,华东政法大学硕士研究生,研究方向为国际法;庞艳飞(1989—),男,安徽阜阳人,华东政法大学法律硕士研究生,研究方向为法律与国际经济。

基于专家组的这些分析,阿根廷没有证实欧盟的立法一定会使得主管机关的行为违反 WTO 的相关规则,因此裁决该立法指控(as such)的举证不充分。本文认为,上诉机构支持阿根廷的适用指控是值得肯定的做法,其对相关术语的解释也表现了在处理国家间争端上一贯秉持的谨慎态度。因此,该案件的裁决表面上可以说没有超越法规限制,中规中矩。不过,必须要指出的是,上诉机构在裁决中对《反倾销协议》第 2.2.1.1 条的理解并不完全正确,其真实意思还有待进一步澄清,当前的分析仍不过是"一碗豆腐",这对于《反倾销协议》的正确适用会带来不利的影响,而中国基于自身的利益对该案件应该慎重表态。

一、简述案情和裁判要点

(一)案情概要

2012 年,欧盟针对进口自阿根廷的生物柴油发起了一项反倾销调查。欧盟主管机关在初裁调查中发现阿根廷的生物柴油市场被政府严重管制,认为其国内销售不属于正常贸易过程,因此决定适用构成价格确定阿根廷出口商的生物柴油正常价值。同时,欧洲生物柴油协会(EBB)指出,阿根廷的出口税压低了国内大豆价格,扭曲了阿根廷国内的生物柴油成本,建议调查主管机关考虑这一情况。欧盟主管机关通过随后的调查,得出结论:阿根廷的生物柴油因为投入原料受到出口税的影响,其价格低于国际水平,导致阿根廷出口商保存的记录没有合理反映主要原材料的成本。欧盟主管机关因此决定不采用阿根廷出口商记录的实际成本,而是将阿根廷农业部为出口制定的参考价格作为出口商的生产成本。这样做的后果是,阿根廷出口商的生产成本在反倾销调查中被统一价格"替代",并且,该价格远远高于其实际成本。阿根廷认为,欧盟主管机关的做法不符合 WTO《反倾销协议》和 GATT 1994 的相关规定,将争议付诸 WTO 争端解决机构。专家组裁决欧盟对于阿根廷的反倾销措施违规,但是对于阿根廷提出的欧盟反倾销法违规的指控却不予支持。由于欧盟和阿根廷都不满专家组的裁决结果,因此双方先后提出上诉申请,由上诉机构对该争议作出最后裁决。

(二)上诉机构裁判要点

上诉机构没有对专家组的裁决结果作出任何实质性改动,两者基本采取了相同的立场。具体的裁判要点如下:

1. 欧盟主管机关反倾销措施违规

(1)不采用阿根廷出口商企业记录的做法违规:关于《反倾销协议》第 2.

2.1.1 条

对于第 2.2.1.1 条第一句中的第二个条件,即“被调查生产者或出口商保存的记录合理反映与被调查产品的生产和销售有关的成本”,上诉机构认为该条件是说,被调查的生产者或出口商的记录是否恰当地、充分地与涉案生产者或出口商产生的成本相符,或者记录就是对成本的复制,而成本要与涉案产品的生产和销售有真实的联系。上诉机构说,专家组对法条的理解没有错,而且专家组拒绝欧盟所谓第 2.2.1.1 条中包含一条一般性的“合理”标准的做法也没有错。在生物柴油反倾销措施中关于第 2.2.1.1 条的适用,欧盟以阿根廷出口税导致其国内大豆价格低于国际水平为由,得出出口商记录没有合理反映与生物柴油的生产有关的大豆成本的结论,并在之后构成正常价值时忽略相关记录,专家组认为欧盟得出如此结论的理由是不充分的,做法违规。上诉机构认为专家组的裁决没有错误。① 最终上诉机构得出结论,支持专家组查明的情况,即欧盟因没有依据出口商的记录计算涉案产品的生产成本而违反了第 2.2.1.1 条。②

(2)“替代”出口商的生产成本的做法违规:关于《反倾销协议》第 2.2 条和 GATT 1994 第Ⅵ:1(b)(ii)条

上诉机构认为《反倾销协议》第 2.2 条和 GATT 1994 第Ⅵ:1(b)(ii)条中的术语“原产国的生产成本”,没有禁止使用非原产国的信息和证据,它们可以用来确立原产国的生产成本,如原产国内的信息一样。当依据任何非原产国的信息去确立第 2.2 条下的“原产国成本”时,主管机关必须要确保这些信息组成“原产国的生产成本”,而这可能需要主管机关改变或调整这些信息。在这个案子中,如同专家组一样,上诉机构认为欧盟主管机关使用的大豆替代价格没有代表阿根廷生物柴油生产者和出口商的大豆成本。因此,上诉机构发现专家组对《反倾销协议》第 2.2 条和 GATT 1994 第Ⅵ:1(b)(ii)条的理解没有错,而欧盟也没有证实专家组在适用这些条款处理争议的生物柴油措施中存在错误。③ 最终,上诉机构支持了专家组查明的情况,欧盟因在构成生物柴油的正常价值时没有使用阿根廷境内的生产成本,违反了《反倾销协议》第

① WT/DS473/AB/R, para. 7.2.

② WT/DS473/AB/R, para. 7.2 a.

③ WT/DS473/AB/R, para. 7.3.

2.2 条和 GATT 1994 第Ⅵ:1(b)(ii)条。[④]

(3)关于反倾销调查违规的其他条款

上诉机构还在报告中处理了关于反倾销调查的其他几个条款,涉及《反倾销协议》第2.4 条、第3.1 条、第3.5 条和第9.3 条,以及 GATT 1994 第Ⅵ:2条。对于第2.4 条的争议,上诉机构认为,既然已经认定欧盟针对阿根廷的反倾销调查违反了《反倾销协议》第 2.2.1.1 条和第 2.2 条,则继续审查欧盟在构成正常价值的过程中是否进行了“公平比较”是不必要的。因此,上诉机构对于专家组的裁决不置可否,而是依“司法经济原则”跳过对这一问题的审查。[⑤] 除此外,上诉机构对于专家组的裁决全部予以了支持。

上诉机构的裁决,基本上否定了欧盟主管机关的做法,换言之,从结果上看,阿根廷在这一阶段取得了实质性的胜利。

2. 阿根廷对欧盟反倾销法指控失败:关于欧盟《反倾销基本条例》第 2.5 条第 2 项

在审查了专家组对阿根廷提出的所有要素的评论后,上诉机构认为阿根廷没有证实专家组在评论第 2.5 条第 2 项时存在错误。如同专家组一样,上诉机构认为无论是法律文本,还是阿根廷依据的其他要素,阿根廷所谓的“当记录反映的价格被认为受到扭曲而人为或不正常偏低时,欧盟主管机关依据《反倾销基本条例》第 2.5 条第 2 项判定相关方的记录没有合理反映与涉案产品有关的生产和销售成本”的说法,没有足够的证据支持。[⑥] 对于指控第 2.5 条第 2 项与《反倾销协议》第 2.2.1.1 条不符的诉请,专家组和上诉机构都予以了否定。至于阿根廷指控“第 2.5 条第 2 项要求欧盟主管机关在原产国成本不可用时,使用其他有代表性市场的信息”的做法不能反映原产国的生产成本,且违反了《反倾销协议》第 2.2 条;专家组评论“即便使用了‘其他有代表性市场’的信息,第 2.5 条第 2 项也没有要求主管机关去反映其他国家的通行成本”,[⑦]上诉机构认为这样理解是没有错的。上诉机构还认为《反倾销协议》第 2.2 条和 GATT 1994 第Ⅵ:1(b)(ii)条没有禁止使用非原产国的信息和证据,它们可以用来确立原产国的生产成本,但是不论使用什么信息,

④ WT/DS473/AB/R, para. 7.3 a.

⑤ WT/DS473/AB/R, para. 7.4.

⑥ WT/DS473/AB/R, para. 7.8.

⑦ WT/DS473/ R, para. 7.172.

主管机关要确保这些信息是用来组成“原产国”的“生产成本”，而遵守这一项义务可能需要主管机关对收集的信息作一些调整。上诉机构认为，第2.5条第2项没有排除对来自“其他有代表性市场”的信息按照符合第2.2条的方式作出调整，以反映原产国生产成本的可能性。因此上诉机构和专家组的结论是，阿根廷没有证实第2.5条第2项约束了欧盟主管机关以符合第2.2条的方式计算生产成本的裁量权。⑧ 此外，上诉机构承认，阿根廷证实了第2.5条第2项能够以不符合《反倾销协议》第2.2条和GATT 1994第Ⅵ:1(b)(ii)条的方式适用，但是仅仅因为第2.5条第2项在某种情况下会违规，还不足以免除阿根廷初步举证的责任。⑨ 因此，对于阿根廷提出的第2.5条第2项违反《反倾销协议》第2.2条的指控，上诉机构和专家组都认为阿根廷举证不足，对其诉请不予支持。

其他的关于第2.5条第2项的指控同样没有获得上诉机构和专家组的支持，也即，欧盟在这一阶段取得了实质性的胜利。

二、立法指控(as such)的生产成本计算问题

欧盟《反倾销基本条例》第2.5条第2项规定：“如果与被调查的产品有关的生产和销售成本没有合理反映在涉案相关方的记录中，则这些成本应该以同一国内的其他生产者或出口商的成本为基础调整或者确立，或者当这些信息不可得或不能使用时，基于其他任何合理的基础，包括来自其他有代表性市场的信息。”欧盟的这一规定是阿根廷提出立法指控(as such)的理由，因为在《反倾销协议》的第2.2.1.1条中，并没有与欧盟的这一规定相对应的地方。而欧盟认为这是在行使自己的裁量权，主管机关执行该规定并不一定就会违反欧盟自己承担的国际义务。依据《反倾销协议》第2.2.1.1条第一句之规定：“就第2款而言，成本通常应以被调查的出口商或生产者保存的记录为基础进行计算，只要此类记录符合出口国公认的会计原则并合理反映与被调查的产品有关的生产和销售成本。”也即，成本要以被调查的出口商保存的记录为依据计算，这是一项义务性的规则，不过，条件是这一记录要符合两个条件：一是记录符合出口国公认的会计原则(以下简称“GAAP原则”)；二是

---

⑧ WT/DS473/AB/R, para. 7.10.

⑨ WT/DS473/AB/R, para. 7.11.

记录合理反映与涉案产品有关的生产和销售成本(以下简称"合理反映原则")。[10] 但是,对于不符合这两个条件时,主管机关该怎么做,《反倾销协议》没有明确的规定,而这正是欧盟《反倾销基本条例》第2.5条第2项存在的空间。因此,判断欧盟所利用的"空间"是否如其所想,就必须弄清楚这些条件本身的范畴,如此才能真正厘清双方在立法指控中的争议。

(一)《反倾销协议》第2.2.1.1条对生产成本计算的规定

1. 使用企业会计记录的条件

"GAAP原则"是计算生产成本时使用企业会计记录的第一个条件。《反倾销协议》中没有对这一原则作出详细的规定,因此在适用时就需要对这一术语进行解释。由于各国政策传统、价值取向的不同,会计原则难免各有侧重,[11]但对于会计信息的质量无不要求其真实可靠,[12]换言之,"GAAP原则"要求会计记录要如实反映特定生产者、特定生产活动的所有有关成本。《反倾销协议》同样没有对主管机关使用企业会计记录时要遵守的第二个条件,即"合理反映原则"作出详细规定,要对这一术语进行准确界定,首先要做的是廓清这两个条件之间的关系。正如上诉机构所言,《反倾销协议》第2.2.1.1条第一句中的第一个条件并没有使第二个条件成为多余或者使其没有意义。[13] 相反,两者应是互不重叠相对独立的原则。[14] 直接用于计算生产成本的企业记录要满足"GAAP原则",同时还要符合"合理反映原则"的要求,换言之,以企业的会计记录作为计算成本的依据,会计记录的信息除了要真实可靠外,还要有其他的要求。从上诉机构的分析来看,符合"GAAP原则"的记录之所以可能无法"合理反映"生产成本,是因为反倾销调查对成本记录的方式(manner)有特殊的要求。[15] 可是,上诉机构并没有在此基础上对"合理反映"

---

[10] China - Broiler(US), WT/DS427/R, para. 7.133.

[11] 参见盖地、刘慧凤:《会计原则协同:会计准则国家趋同的切入点》,载《会计研究》2004年第3期。

[12] 根据1989年《国际会计准则》(IAS)规定,可靠性要求会计信息要忠实反映交易,不带任何偏向,并且真实完整,不会令人产生误解。我国2006年修改的《企业会计准则——基本准则》第12条规定:"企业应当以实际发生的交易或者事项为依据进行会计确认、计量和报告,如实反映符合确认和计量要求的各项会计要素及其他相关信息,保证会计信息真实可靠、内容完整。"

[13] WT/DS473/AB/R, para. 6.33.

[14] China - Broiler (US), WT/DS427/R, para. 7.166.

[15] WT/DS473/AB/R, para. 6.21.

展开解释,而是撇开"方式"二字,将"合理反映原则"解释为,"被调查的生产者或出口商的记录恰当充分地与涉案出口商的生产成本相符,或者记录就是对成本的复制,同时成本要与涉案产品的生产和销售有真实的联系"。可以看到,这样的含义与"GAAP 原则"明显重叠,导致两者在理论上无法分辨,在实务应用中也无法进行有效指导。

2. 对"合理反映"的恰当理解

依照《反倾销协议》第 17.6 条第(ii)项规定:"专家组应依照关于解释国际公法的习惯规则,解释本协定的有关规定。"从中可以看出,对于该协议中的条款理解要依循国际公法的解释惯例,上诉机构在美国汽油案中已经裁定《维也纳条约法公约》第 31 条、第 32 条具有"国际公法解释惯例"的地位。⑯依据《维也纳条约法公约》第 31.1 条之规定:"条约应依其用语按其上下文并参照条约之目的及宗旨所具有之通常意义,善意解释之。"《反倾销协议》第 2.2.1.1 条共有三句话,任何时候都应该把他们当成是一个整体,因此第二句和第三句是理解第 2.2.1.1 条第一句中两个条件必须要考虑的上下文语言环境。第 2.2.1.1 条的第二句和第三句要求主管机关须考虑有关成本分摊的所有证据,对于没有反映在分摊中的特殊成本要作出适当调整。可以看出,后两句是主管机关审查记录反映成本之分摊方式的证据规则,及第一句不适用时处理例外情况的方式方法。按照 WTO 专家组和上诉机构在以往案件的解释原则,例外情况通常被限定解释,就第 2.2.1.1 条的例外情况看,该条款并不允许采用别的企业或者其他国家企业的成本作为直接替代,而是允许采用符合"GAAP 原则"并且合理的分摊方法重新分摊和调整成本。这在 WTO 白羽肉鸡案中(DS427),已被专家组所明确。因此,第 2.2.1.1 条成本规则所确立的例外情况,是指成本分摊方法的例外情况,并不涉及成本替代。⑰ 申言之,第 2.2.1.1 条第一句中的"合理反映"所指的符合反倾销调查要求的记录方式,就是指企业会计记录要采用符合"GAAP 原则"的合理"分摊方法"。上诉机构在本案的裁决分析中,一直闪烁其词,避免直接对这一问题作出确切的解释,其"小心翼翼"所要达成的目的就只是认定阿根廷指控所用的证据不充分而已。

---

⑯ US – Gasoline, WT/DS2/R, para. 6.8.

⑰ 傅东辉:《论贸易救济》,中国法制出版社 2015 年版,第 352 页。

(二)欧盟反倾销法对"合理反映"的"补充"规定

1. 评欧盟《反倾销基本条例》第2.5条第2项

上文提到,在《反倾销协议》中没有与欧盟的《反倾销基本条例》第2.5条第2项相对应的地方,这使得该条在反倾销规范体系中显得突兀而引人深思。第2.5条第2项是一个条件句,阿根廷忽略了这一关键特征,这是其在立法指控证明中被动乏力的原因之一。不过,这个条件句其实需要另一个条件句作为支撑,即如果企业记录违反"合理反映原则",则主管机关可以完全排除出口商企业的会计记录。而根据上文的分析可知,"合理反映"是指企业记录的分摊方法,即使主管机关认定出口商在成本分摊时未能"合理反映"成本而不用企业的会计记录,也不能用其他企业或其他国家的成本来替代,而只是在企业自身成本的基础上另用合理的成本分摊方法进行合理分摊。[18] 因此,显然这一支撑条件无法成立。由此可见,第2.5条第2项根本不能在实际情况中适用。退一步讲,即使上文的支撑条件满足,第2.5条第2项的存在仍是违规的。不管欧盟主管机关使用列举中的哪一种方式确定一个"成本",都不能用来"替代"企业本身产生的成本。理由有二,第一,第2.2.1.1条没有规定可以用任何其他成本来替代未"合理反映"的成本,除非主管机关因为出口商不合作而适用最佳可获得事实(《反倾销协议》第6.8条)。第二,上诉机构裁定,构成正常价值的生产成本与涉案产品的生产和销售要有真实的联系,所谓"真实的联系"就是指涉案出口商在原产国实际产生的成本,而不是其他某种情况下应该或可能产生的成本,不论这种情况是否有代表性。所以,"替代成本"因与涉案出口商生产的产品之间不具有这种"真实的联系",不能以之作为构成正常价值的成本。

2. 欧盟在《反倾销基本条例》中引入第2.5条第2项的背景和意图

针对"非市场经济国家"的"替代国制度"曾是欧盟对外展开反倾销调查的有力武器,但是随着各国经济在改革开放的过程中慢慢发展,市场化程度一步步提升,欧盟适用"替代国制度"受到越来越多的限制和挑战,甚至随着欧盟对外贸易联系的强化,还要担心受到报复。这些被动因素在不断触动欧盟反倾销作出改变,同时欧盟内部又不断有声音要求限制外来国家的"不公平

[18] 傅东辉:《论贸易救济》,中国法制出版社2015年版,第350页。

进口”。[19] 因此,欧盟试图从 WTO 现行反倾销规则中寻找到新的反倾销工具。2002 年欧盟在政治上承认俄罗斯的完全市场经济地位,同时修改《反倾销基本条例》引入第 2.5 条第 2 项,并在接下来对俄罗斯出口商的反倾销调查中不断适用这一条款。以 2009 年欧盟对俄罗斯 Acron 公司出口硝酸铵的“新出口商复审”的征税决定为例,欧盟认为俄罗斯出口商的记录没有合理反映生产成本,根据第 2.5 条第 2 项的规定,遂以俄罗斯出口至德国魏德豪斯的石油平均价格替代俄罗斯国内的石油市场成本价格,并且在随后确定正常价值时,欧盟认为在俄罗斯的石油价格被替代之后,其国内不存在足够的信息去确定管理、销售、一般费用以及利润,因此也要用其他有代表性市场信息去“替代”。这一典型案例,将欧盟在《反倾销基本条例》中引入第 2.5 条第 2 项的意图暴露无遗,即将对付非市场经济国家的“替代国制度”重新包装,以尽可能地保留在现行的反倾销规则中。并且,不管是针对“市场经济国家”,还是“非市场经济国家”的反倾销调查,反倾销的成本规则都可以完全按照主管机关的主观愿望被滥用,通过人为提高出口商的生产成本,任意虚增倾销幅度。如果各国相继效仿,那么近年来在 WTO 争端机制监督下正逐渐向合理化发展的全球反倾销实践,将会陷入混乱之中。[20]

三、适用指控(as supplied)的倾销认定问题

依据《反倾销协议》第 2.2.1.1 条之规定,生产成本的计算通常应该以出口商保存的记录为基础,只要该记录符合“GAAP 原则”和“合理反映原则”。在本案中,欧盟判定阿根廷国内存在“特殊市场状况”,决定适用构成价格确定阿根廷出口商的正常价值,但计算生产成本时,主管机关认为阿根廷出口商的记录不符合“合理反映原则”,因此拒绝采用出口商保存的会计记录,而是将阿根廷农业部为出口制定的参考价格作为出口商的生产成本,这是阿根廷与欧盟在适用指控(as supplied)上的主要争议。

(一)确定正常价值的生产成本计算与企业的会计记录

1. 欧盟拒绝阿根廷企业会计记录的争议

---

[19] “MEPs confirm call for tougher measures against unfair imports”, http://www.europarl.europa.eu/news/lv/news - room/20140411IPR43445/meps - confirm - call - for - tougher - measures - against - unfair - imports, 访问时间:2016 年 9 月 24 日。

[20] 傅东辉:《论贸易救济》,中国法制出版社 2015 年版,第 350 页。

欧盟认为,在《反倾销协议》第2.2.1.1条的“合理反映原则”里包含有一项一般性的“合理”标准,不但允许主管机关以此去审查企业记录是否“合理反映”成本,而且还允许主管机关以此去审查成本本身是否“合理”。[21] 如果出口商记录的成本是不合理的,则主管机关依据第2.2.1.1条可以拒绝将该记录作为计算生产成本的基础。[22] 在生物柴油案中,欧盟认为阿根廷出口税压低了国内大豆的价格(低于国际水平),进而扭曲了阿根廷生物柴油的生产成本,在这一基础上,欧盟判定阿根廷出口商记录的成本比国际价格“人为偏低”,记录不符合第2.2.1.1条的“合理反映”条件。最终,欧盟拒绝了阿根廷出口商的会计记录。阿根廷在专家组审查阶段提出,“第2.2.1.1条是关于生产者或者出口商保存的记录成本的分摊,而不是关于成本本身的合理性”。[23] 况且,国内市场是否“扭曲”根本与倾销问题无关,第2.2.1.1条没有允许主管机关因政府干涉使成本人为偏低,而忽视出口商的记录成本。[24]

2. 专家组与上诉机构对此争议的意见

专家组和上诉机构认为欧盟的做法是违规的,因为欧盟主管机关没有基于阿根廷出口商保存的记录计算涉案产品的生产成本。首先,专家组认为《反倾销协议》第2.2.1.1条确立了一条规则,在计算出口商的生产成本时,要优先适用出口商保存的记录成本,除非该记录不符合第2.2.1.1条第一句的两个条件。[25] 欧盟判定阿根廷出口商保存的记录没有合理反映生物柴油的生产成本,但专家组认为,第2.2.1.1条“合理反映原则”是要求“记录反映的成本要符合反倾销语境下所需要的形式”,[26]而欧盟主管机关拒绝阿根廷出口商记录依据地并不是一个充分的法定的理由。[27] 上诉机构在审查中还提出,欧盟的做法等于是在第2.2.1.1条的“成本”前面额外增加了“在正常情况下”这一条件。[28] 而对于欧盟所谓的第2.2.1.1条内含一条一般性的“合理”标准的推断,上诉机构予以了否定,得出了与专家组同样的结论,即第2.2.1.

---

[21] WT/DS473/AB/R, para. 6.35.
[22] WT/DS473/AB/R, para. 6.35.
[23] WT/DS473/R, para. 7.191.
[24] WT/DS473/R, para. 7.190 – 7.191.
[25] WT/DS473/R, para. 7.227.
[26] WT/DS473/R, para. 7.232.
[27] WT/DS473/R, para. 7.248.
[28] WT/DS473/AB/R, para. 6.30.

1 条不涉及记录的成本本身是否合理的审查。

3. 评论

《反倾销协议》第 2. 2 条规定，在使用构成价格确定正常价值时，构成价格要以“原产国的生产成本加上合理金额的管理、销售和一般费用及其利润”进行计算，因此，成本是反倾销调查中必须确定的关键数值。依循上文对“合理反映”的正确理解，欧盟主管机关显然犯了错误，违反“合理反映原则”，并不能使得主管机关有权完全拒绝企业的会计记录，只能对成本的分摊方法进行调整和替代。而阿根廷虽然在专家组审查阶段提出了对“合理反映”的正确理解，不过可惜的是，没有再继续展开，也没有在上诉机构的审查阶段作为观点论据提出。其实，欧盟之所以要想方设法排除适用阿根廷出口商保存的记录，是为了下一步使用“替代”方式计算被调查产品的生产成本。上诉机构和专家组裁决欧盟做法违规，使得欧盟失去了在本案中使用“替代成本”构成正常价值的基础，因此对于阿根廷取得“适用指控”的实质性胜利意义重大。

不过，还需要格外注意的是，专家组和上诉机构对于“合理反映原则”所作的解释，值得推敲。专家组虽然提到“‘合理反映’要求记录反映的成本要符合反倾销语境下所需要的形式”，但是对于这种“形式”究竟为何，同样没有作出明确的解释。而上诉机构认为，“合理反映”是指，被调查的生产者或出口商的记录是否恰当地、充分地与涉案生产者或出口商产生的成本相符，或者记录就是对成本的复制，其中成本要与涉案产品的生产和销售有真实的联系。[29] 由上文的分析可知，对“合理反映”作出解释，专家组是该做而没有做，上诉机构是该做而做错了。

(二)生产成本的“原产国”属性

1. 欧盟确定阿根廷企业的生产成本的争议

欧盟认为，尽管《反倾销协议》第 2. 2 条要求主管机关使用“原产国的生产成本”构成正常价值，但是对于计算生产成本的证据来源却没有限制，成本是一回事，而用来计算成本的证据又是另一回事。[30] 欧盟主管机关认为阿根廷生物柴油受到出口税的干预而价格扭曲，采用的“替代价格”是国际价格水平，反映了阿根廷生物柴油出口商在没有政府干预的情况下，应该支付的价

---

[29] WT/DS473/AB/R, para. 7. 2.

[30] WT/DS473/R, para. 7. 95 – 7. 96.

格,符合第 2.2 条所规定“原产国生产成本”[31]。阿根廷认为这些价格并不是国内出口商所能获得的,因此不能作为“原产国的生产成本”。

2. 专家组和上诉机构对“原产国”属性的理解

专家组和上诉机构认为《反倾销协议》第 2.2 条并没有限制用来确定生产成本的信息和证据来源,因此,“原产国”的属性要求是,当使用原产国以外的信息去确定第 2.2 条下的“原产国成本”时,主管机关可能要对这些信息做一些调整或者改变,以确保这些信息最后计算的结果可以被当成是“原产国的生产成本”(ensure that such information is used to arrive at the “cost of production in the country of origin ”)。

3. 评论

从上文的分析可以看出,虽然欧盟的做法被上诉机构和专家组裁定为违规,但是前者与后两者对于成本的“原产国属性”的理解都有重大错误(各自有不同的原因),他们都认为确定原产国的生产成本,可以使用原产国以外的其他信息或者证据。只不过上诉机构同时认为,对这些信息在需要的时候要做一些改变,最后的结果必须要反映出“原产国的生产成本”。对于这一点,本文认为,用于构成正常价值的生产成本一定要与被调查的出口商、被调查的出口产品有“真实的联系”,使用非原产国的数据信息,怎么可能维持这种联系呢? 况且,上诉机构已经裁定,第 2.2.1.1 条的“成本”并没有要求是“正常情况下”的成本,那么如果使用非原产国的信息和证据确定的成本,又怎么能准确判断结果是否反映出“原产国的生产成本”呢? 本文认为,虽然第 2.2 条使用的术语是“原产国成本”,但是在第 2.2.1.1 条下成本已具体化为涉案生产者或出口商之成本,因此既不能使用其他国家的成本替代,亦不能使用同一国内其他企业的成本替代。

(三)上诉机构裁决对第 2.2.1.1 条的正确适用所构成的“威胁”

上诉机构虽然在裁决中认定欧盟的反倾销措施违规,对于法条的解读也秉持谨慎、公正的态度,但该裁决还是留下了不小的隐患。首先,欧盟认为阿根廷出口税压低了其国内大豆价格,进而扭曲了生物柴油的生产成本,使其低于国际水平,因而对这一“生产成本”的记录没有“合理反映”阿根廷出口商应该支付的价格成本。上诉机构认为,欧盟对这一“合理反映”的判断理由是错误的,因而不能拒绝阿根廷出口商的会计记录,言下之意,存在某种可能使得

---

[31] WT/DS473/AB/R, para. 6.79.

主管机关拒绝出口商的会计记录是允许的。从上文的分析可知,欧盟判断“合理反映”不但理由是错误的,更严重的是其判断的方向都是错误的,“合理反映原则”只能用来判断出口商记录的成本分摊方法是否符合反倾销调查要求。而且,欧盟不能拒绝阿根廷出口商的会计记录是《反倾销协议》第2.2.1.1条的规定使然,不是因为其“合理反映”的判断理由错误。其次,欧盟适用“替代成本”计算阿根廷出口商生产成本的做法,没有在根本上被上诉机构所否决。上诉机构认为“原产国生产成本”可以通过用来自原产国以外的信息和证据确定,但上文的分析已经指出,计算生产成本的信息必须与被调查的出口商、被调查的产品存在“真实的联系”。这种“真实的联系”要求,主管机关不能只在结果上得出“原产国的生产成本”,而必须将计算始终聚焦在被调查的出口商和被调查的产品上。更何况,在通常情况下,主管机关是无法保证计算的最终结果是否符合“原产国成本”。因此,本案的裁决结果对第2.2.1.1条的正确理解和适用是极为不利的。

四、该案的裁决使 WTO 成员方对《反倾销协议》适用的合理预期陷入混乱

根据《关于争端解决规则与程序的谅解》第3.2条之规定:“WTO 争端解决体制在为多边贸易体制提供可靠性和可预测性方面是一个重要因素。各成员认识到该体制适于保护成员在适用协定项下的权利和义务,及依照解释国际公法的惯例澄清这些协定的现有规定。DSB 的建议和裁决不能增加或减少适用协定所规定的权利和义务。”从专家组和上诉机构对以往裁决的引用情况来看,争端解决机构的裁决在事实上形成了对以后裁决的指导和约束,确实为协议的稳定适用和统一理解发挥了积极作用,也正因为这样才形成了诉诸争端解决机构的成员国对争议解决的合理预期。但是该案的裁决,对于《反倾销协议》第2.2.1.1条的理解和适用是一个反面材料。

首先,上诉机构的解读仅在文本层面勉强说得通,但是因为没有重视上下文的语境约束,忽略了法条之间的联系与区别,以至于对“合理反映原则”的一些解读超出了本身的合理范畴,进行了错误的引导。在专家组审查阶段,阿根廷就已经提出“第2.2.1.1条是关于生产者或者出口商保存的记录成本的分摊,而不是关于成本本身的合理性”,遗憾的是,在专家组和上诉机构的审查报告中,没有对这一点有任何回应。虽然一方面是因为阿根廷自身没有将上述解读作为主要的支持论据,但是专家组和上诉机构的忽略似乎是有意为

之，毕竟在过往的争端案件中《反倾销协议》第2.2.1.1条都是跟“成本合理分摊”联系在一起的。[32] 上诉机构在裁决欧盟判断“合理反映”的理由是错误的，因而不能在拒绝阿根廷出口商的会计记录的时候，仿若打开了一个“潘多拉魔盒”，没有人确切地知道什么样的理由正确到足以拒绝出口商的会计记录，但总有人会不遗余力试图找到这样的理由。这无疑会给当前的反倾销调查秩序带来极大的挑战。

其次，上诉机构认为生产成本可以由原产国以外的信息和证据组成，只要这些信息组成的结果可以被当成是“原产国成本”。切断“原产国成本”与被调查的出口商、被调查的产品之间的真实联系，让“替代成本”的使用成为可能。这样一个结论，如果任其发展，将可能颠覆WTO成员方之间小心协商成的权利平衡和救济原则。反倾销制度的发展，是伴随着全球贸易壁垒的逐步削减和非歧视待遇而慢慢成熟的，而反倾销措施是WTO成员方共同认可的贸易保护措施之一。当初共同协商的救济原则是：倾销的认定要以“原产国的产品生产和销售”为中心展开，展开反倾销调查的成员国还必须指出本国产业受到了损害，并证明损害与倾销贸易之间存在因果关系。但是其中的权利平衡将由于主管机关可以使用“替代成本”，在倾销认定上获得压倒性的优势，而不复存在。

虽然上诉机构谨慎地依文本作出解释，保证裁决结论在文本的范畴之内，但必须指出的是，这一次上诉机构在倾销认定的相关规则的解释上遗留下的裁决结论，给正确理解和适用《反倾销协议》带来新的不确定性。在China - Broiler (US)案[33]、EC - Salmon(Norway)案[34]以及US - Softwood lumber(Canada)案[35]中，专家组着力解决出口商的“成本分摊”问题，对“合理反映原则”作出了恰当的界定，可是本案的裁决结论搅乱了以往的稳定适用和预期，在“合理反映”的理解上出现了新的可能性。这种新的可能性不仅会破坏《反倾销协议》的统一适用，更会使得成员国对争议解决的预期陷入混乱，有损争端解决体制的权威性和严肃性。

另外，耐人寻味的是，在专家组审查阶段，裁决的顺序先是立法指控争议，

---

[32] 参见China - Broiler (US)案、EC - Salmon(Norway)案和US - Softwood lumber (Canada)案等。

[33] WT/DS 427/R.

[34] WT/DS 337/R.

[35] WT/DS 264/R.

后是适用指控争议,可是到了上诉机构审查阶段,顺序就反过来了。本文的分析思路清楚地表明,只要对立法指控的争议问题作出明确的界定和分析,适用指控的争议问题自然会迎刃而解。上诉机构舍此"正途",而以阿根廷获得实质性胜利的措施指控开始审查分析,无非是想要先满足阿根廷的正义感,好在立法指控中模糊处理争议的相关问题,但这掩饰不了上诉机构在"替代成本"规则上的暧昧态度。一方面,上诉机构承认,符合"GAAP 原则"的企业记录可能在记录方法上没有"合理反映"成本,另一方面,却对这种方法闪烁其词,不下定论,提起何为"合理反映",仍是一头雾水。同时,一方面认为,构成正常价值的成本要与涉案出口商和涉案产品有真实的联系,另一方面,却认为计算生产成本可以依据非原产国的信息和证据。因此,如何判断欧盟的"替代成本"规则是否违规,估计连上诉机构都被自己搅晕了,又何谈阿根廷在立法指控中的举证不充分呢?

五、中国表达的第三方意见的可商榷性

在该争议的专家组审查阶段和上诉机构审查阶段,中国都作为第三方发表了独立意见。仔细分析不难发现,中国的以第三方身份发表的独立意见与上诉机构对该争议问题的裁决结论十分相似。是否可以认为是中国的第三方意见对上诉机构的裁决产生了影响,这不得而知,但是上面的分析已经清楚地证明,上诉机构的裁决结论存在失误之处,因此对中国的第三方意见也应该进行谨慎地检讨。今年,中国入世时的承诺即将到期,终于可以摆脱"替代国制度",摆脱在反倾销调查中所受的不公平待遇,不过,越是值此关节,越要谨慎,莫再滑入"成本替代"的桎梏中去。

从中国发表的意见来看,中国的出发点应该是,依据"合理反映原则"拒绝被调查出口商的企业记录其应有之义,在对外反倾销调查中,不但我国可以利用,而且在应对外国反倾销调查中也能适用"合理反映原则"调整我国出口商记录,但这不过是闭门造车一厢情愿。中国不但在立法上没有关于拒绝企业会计记录的明确依据,在实践上也没有成熟的套路和做法,因此不管是作为"成本替代"的适用国还是被适用国,都很容易被别国抓住把柄。申言之,中国很难保证在不违反《反倾销协议》的基础上,作出拒绝被调查企业记录成本的决定。因此,中国应该重新考虑,中国是否真的需要"成本替代"规则,慎重表示自己对本案裁决的态度。

"话不可说尽",世界经济形势充满变数,留有余地不失为一种生存智慧,

中国认为在极特殊情况下，可以使用原产国以外的证据确定被调查出口商的生产成本，这是基于现实的考虑。可是，中国没有注意到，在反倾销问题上中国一向被消极对待。哥伦比亚大学法学院著名 WTO 专家 Petros C. Mavroidis 教授就直言："即使中国被给予市场经济国家的地位，也同样会频繁地被指控构成倾销，因为欧共体委员会最经常使用的方法就是构成价格，其中内含了许多人为因素。"㊱中国发表的第三方意见等于是承认在某些情况下，中国出口商的企业记录可以被外国主管机关拒绝，而使用"替代成本"确定正常价值。这就等于是给了对中国发起反倾销调查的外国主管机关更多的人为操作空间，置中国企业于更为被动的境地。

该案的结论已经无法更改，上诉机构的裁决意见已经成为事实。若要跨越这一"卡夫丁峡谷"，㊲挽救上诉机构对该案的裁决给我国带来的被动局面，为今之计就是，中国在 WTO 争端解决机构提起新的争端解决请求，力求用新的裁决否定上诉机构在该案上的"错误"做法。

Comment on the Case between Argentina and European about the Anti – Dumping Measures on Boidiesel

——Loss and Gain in the Appellate Body Report for Cost Substitution

Abstract: To establish the normal value of the product, the Anti – Dumping Agreement permits that an investigating authority can construct the normal price, the agreement also provides the elements which used to calculate the normal value, and these elements are included in article 2.2, 2.2.1.1 and 2.2.2 of the Anti – Dumping Agreement. In the case between Argentina and European about the anti – dumping measures on boidiesel (DS473), when European authority constructs the normal value, they did not follow the Anti – Dumping Agreement. The WTO Appel-

---

㊱ 蒋小红：《欧共体反倾销法与中欧贸易》，社会科学出版社 2004 年版，第 43 页。

㊲ "卡夫丁峡谷"（Caudine Forks）典故出自古罗马史。公元前 321 年，萨姆尼特人在古罗马卡夫丁城附近的卡夫丁峡谷击败了罗马军队，并迫使罗马战俘从峡谷中用长矛架起的形似城门的"牛轭"下通过，借以羞辱战败军队。后来，人们就以"卡夫丁峡谷"来比喻灾难性的历史经历，并且"卡夫丁峡谷"成了"耻辱之谷"的代名词，并可以引申为人们在谋求发展时所遇到的极大的困难和挑战。

late Body should determine whether European authority did right or not. But it is so regretful that Appellate Body did not give its analysis on the base of clear and accurate words, the worse thing is that Appellate Body Report imposes negative effects to application of the Anti – Dumping Agreement.

Key words: Appellate Body Report; Cost; Reasonably Reflect; Cost Substitution; Cost Allocation

（责任校对：焦园博　唐熳婷）

画蛇添足还是画龙点睛

——一个对《刑法》第13条但书规定的体系化解说

李瑞杰*

摘 要：立法定量模式与司法定量模式，各有其道理。通过但书规定的补充作用，我国《刑法》第13条最终确立了具有中国特色的立法二重犯罪概念，通情达理，不宜废除。“情节显著轻微危害不大”应理解为“情节显著轻微尤其危害不大”，突出强调“情节显著轻微”之中“危害不大”的情况，表明客观危害不大尤其是主观恶性较大但客观危害有限之行为不属于犯罪，亦是说犯罪必须不是“危害不大”的行为。“情节显著轻微”可区分为主观情节显著轻微、客观情节显著轻微与主客观情节都显著轻微等三种情形。在犯罪成立条件的考察分析过程中，由于客观侧面先于主观侧面判断，因此，对于前者可认为罪过较小，不具有应受刑罚处罚的主观罪过；对于后二者可认为危害不大，不具有应受刑罚处罚的社会危害。

关键词：但书　功能　规范结构　同一解释　情节显著轻微危害不大

一、前言

事的结构不同于物的结构，前者具有主观性，后者具有客观性。刑法规范的结构为事的结构，对刑法规范的不同解读，是对规范结构的不同认识。在刑法规范的要素同一的情况下，刑法规范的结构决定刑法规范的功能，因此，对结构的认识不同，功能的理解与发挥也不会一样。一旦这种认识存在误差，必然会使刑法规范之性状迥异，进而影响规范功效的发挥。

---

* **作者简介**：李瑞杰（1995—），男，湖南华容人，西南政法大学法学院法学学士。

此外,由于刑法规范的运行必然存在于一定的关系之中,因之,刑法规范的功能的发挥还必须受到规范体系的制约。对于我国《刑法》第 13 条的理解必须前后照应,不能割裂前半段与后半段的关系,不能脱离本规范与其他规范的关系。通过但书的补充作用,我国《刑法》最终确立了具有中国特色的立法二重犯罪概念,表彰了通情达理的精神风貌,不宜废除。此外,在中外学术交流过程中应当注意相关理论的国别性,不可以将一时一地之理论命题照搬到本土。

犯罪的概念是刑法理论与司法裁判的基石,关于犯罪概念问题的研究与探讨,几百部著作似乎还少,数千篇论文也不嫌多。不过,晚近以来,我国不少刑法学人陷入了讨论犯罪构成理论优劣与革新的巨大漩涡之中,尤其是在话语体系与沟通渠道还不完全畅通的情况下,就开始众口非议我国《刑法》确立的具有中国特色的立法二重犯罪概念,广泛存在对于但书规定过火的批判,"立法定性 + 定量"的一元化定罪模式几成弃儿,大多数学者都主张废除但书之规定。其中,有学者还进行了犯罪定量模式之检讨,并认为:

> 众所周知,中外刑法由于法律文化传统、法律演进路径的不同而形成不同的犯罪定量模式,即西方国家一般实行"司法定量"模式而中国则实行"立法定量"模式。"立法定量"模式是实质主义刑法观的产物,虽然具有实质合理性,符合刑罚谦抑原则,但是欠缺形式合理性,从而带来一系列问题。因此,放弃立法定量,进行司法定量,并建构轻罪处理机制,是理性选择。①

有错即改,这是好事,但没犯错误,也就无所谓检讨了。笔者不禁深思:是不是我们将《德国刑法典》或者《日本刑法典》翻译过来并取代现有刑法典,我们就没有这但书带来的"一系列问题"了呢?犯罪概念诚属重要,但书存废之争也应继续进行,但是如果非得"全盘西化",一股脑搬进德日刑法的阶层理论,可能还是有问题的。在参酌东西的过程中,不要成为法律的掮客,误把他乡作故乡。真正的学术繁荣不是建立在无知与误读基础上的过火的批判,唯有冷静与理性的交流思索才可能为学术研究送上一阵清风。

笔者明显注意到,一方面,我们缺乏"问题意识",拼命构筑宏大的理论,却忘记了适用性,另一方面,我们又缺乏理论意识,在一个个问题的"解决"之中,出现了不少自相矛盾的怪状,难以逻辑自洽。科学的理论之所以科学,在于其逻辑体系缜密,更在于其恰当解决问题。当此之时,我们需要的是静默地

---

① 此论参见沈海平:《犯罪定量模式检讨》,载《法学家》2015 年第 1 期。

观察其内在性质,积极地考究其外在样态,从而,澄清相关概念与逻辑关系,大力进行正本清源之工作,绝不是人云亦云、亦步亦趋。法律不是嘲笑的对象,在但书之规定存废的争论上,我们应当反思的是:我们是否真正地理解了“情节显著轻微危害不大”的涵义?平面犯罪构成理论与阶层犯罪论体系之中,“情节”如何安放?是不是我们先将立法犯罪定量模式歪解一番,然后又将司法犯罪定量抬高一番,最后再度长絜大、比权量力?这些都是值得进一步商榷与争鸣的。

有鉴于此,本文将从但书的规范结构的认识入手,以求厘清长期以来,我国刑法学学者与司法裁判官员之中出现的对我国《刑法》第 13 条不少表现形式各异的误读,条分缕析地展示“情节显著轻微危害不大”应理解为“情节显著轻微尤其危害不大”的内在道理。接下来,花开两朵、各表一枝,笔者将在两种具有代表性的犯罪构成理论之中,寻求到但书的安身立命之所在。最后,自然而然地就会发现,我国《刑法》第 13 条一般规定与但书规定之间是被补充与补充的关系,共同确立了具有中国特色的立法二重犯罪概念,引情理入法理,合情合理、入情入理、通情达理,不宜废除,无论是立法犯罪定量模式,还是司法犯罪定量模式,并无绝对优劣之分,都各有其道理。

二、“情节显著轻微危害不大”的规范结构

一般认为,但书有以下三种作用:但书是前段的例外;但书是前段的限制;但书是前段的补充。有论者认为,对于《刑法》第 13 条而言,在“一切”这样的外延之下,但书是不应该存在的,要用“一切”就不能用但书,要用但书就不能用“一切”。② 这显然将前段与但书的关系视为原则与例外的关系所致。不过,误解也情有可原,就形式逻辑而言确有其矛盾之处,去掉“一切”于前段语义表达并无不妥。

我国《刑法》第 13 条规定:一切危害社会的行为,依照法律应当受刑罚处罚的,都是犯罪,“但是情节显著轻微危害不大的,不认为是犯罪”。我国刑法学界普遍认为,危害社会的行为必须达到相当严重或者应受刑罚处罚的程度,

② 参见樊文:《罪刑法定与社会危害性的冲突——兼析新刑法第 13 条关于犯罪的概念》,载《法律科学》1998 年第 1 期。另外,在有些专著之中,但书之作用还有“但书表示对前段的排斥”,并以此处但书为例说明。此显然是莫大的误读。该专著如,李永升:《刑法总论》,法律出版社 2011 年版,第 19 页。

才可能被认定为犯罪行为。但这显然不是可以通过前段得出来的结论,而是通过对但书的理解得出。例如,有学者言,《刑法》第13条关于犯罪概念的但书规定:"情节显著轻微危害不大的,不认为是犯罪,"由此而将大量的轻微犯罪排除在犯罪范围之外,使犯罪圈大为收窄。③ 但书之规定从立法上表明了成罪对应受刑罚处罚程度的要求,从而我国刑法的犯罪定义显现出不同于外国刑法"立法定性+司法定量"二元化定罪模式的"立法定性+定量"的一元化定罪模式。那么但书之"情节显著轻微"与"危害不大"关系如何呢?不过,本文无意于从但书的历史沿革加以考辨,而直接从前半段与后半段、本规范与其他规范的关系进行分析。④

代表性观点认为,此处属于并列关系,"情节显著轻微"并且"危害不大"的,不认为是犯罪。情节指除客观损害结果外影响行为社会危害程度的各种情况(包括犯罪构成要件),危害限定于客观危害结果,进而认为必须同时具备"情节显著轻微"和"危害不大"这两个条件才可以适用但书,仅仅情节显著轻微或者仅仅危害不大是不能适用但书的。⑤ 另有赞同的学者指出,如果说,显著轻微是对行为而言的,那么,危害不大就是对结果而言的,是指没有造成较大的危害结果。对于适用但书规定来说,情节显著轻微与危害不大必须同时具备。⑥ 可见,虽然代表性观点将但书的内容结构理解为联言命题,但是这一派之内部观点也有分歧:前者并未区分行为犯与结果犯,因此危害不大是指"危害社会的结果"不大;后者区分行为犯与结果犯,将危害不大视为"实害结

---

③ 陈兴良:《犯罪范围的合理定义》,载《法学研究》2008年第3期。补充:笔者已经不止一次质疑陈兴良教授的论理逻辑了。如果认为我国犯罪定量规定是由但书而来,那么"危害不大"的行为无论如何都不是犯罪,但是陈兴良教授又在其他的论文(如后文引用《但书规定的法理考察》一文)中,认为必须"情节显著轻微"并且"危害不大"才能适用但书,岂不是自相矛盾?事实是,他在比较前段与但书时将"危害不大"理解为"社会危害不大";他在研究但书内部结构关系时将"危害不大"立即为"实害结果不大"。

④ 更为确切地说,如果推崇历史解释,在寻根溯源之中,很容易忽视时空的转移。本文以下的写作中对于但书的理解与之显异。储槐植教授认为,苏俄刑法中该条附则是在社会危害性有与无的基础上论及的,而我国刑法中犯罪概念的但书规定则是在社会危害性大与小的基础上论及的,因而二者并不相同。参见储槐植:《刑事一体化与关系刑法论》,北京大学出版社1997年版,第272页。

⑤ 参见储槐植、张永红:《善待社会危害性观念——从我国刑法第13条但书说起》,载《法学研究》2002年第3期。

⑥ 参见陈兴良:《但书规定的法理考察》,载《法学家》2014年第4期。

果”不大,更为准确地说,对于行为犯仅需“情节显著轻微”,对于结果犯两者需同时具备。

此外,也有人主张“情节”侧重于说明行为僭越社会相当性的程度(主要包括行为目的、行为手段等影响行为无价值的因素,还包括行为人的主观恶性)、“危害”侧重于说明行为的法益侵害程度(主要包括客观后果等影响结果无价值的因素),二者共同构成社会危害性的内涵,在实际适用中可能更为合理。并且进而主张,通盘考虑“情节”与“危害”,统合起来是不是达到了应受刑罚处罚的程度。⑦ 这是不讨论二者关系的观点。还有人认为,从语法结构分析,但书中“情节显著轻微”与“危害不大”似乎是递进关系,落脚点是“危害不大”,表明立法者对行为的社会危害性的重视,这是极少数之论,笔者尚只见于一处。⑧

以上诸论,笔者着实不敢苟同。论据至少有三点:(1)见诸我国刑法的情节计有情节显著轻微、情节轻微、情节较轻、情节严重(恶劣)、情节特别严重、情节特别恶劣等。因此这些语词之中的“情节”应当是同一种含义的。运用逻辑反推法,考察我国《刑法》第 37 条“对于犯罪情节轻微不需要判处刑罚的,可以免于刑事处罚”之规定,不难发现此处并无“危害不大”之语,如果认为“情节显著轻微”并且“危害不大”才能适用但书规定,那么“情节显著轻微”但是“危害较大”或者“危害不大”但是“情节不显著轻微”的行为究竟是罪还是非罪?如果入罪将与第 37 条无法协调。(2)同一规范体系之内,对于某一个语词,可能规范与规范之间存在含义之别,但是同一规范内部出现差异的情况相当罕见。既然前段与但书都有“危害”一词,那么没有理由不先采取同一解释。并结合“定罪不处刑”之规定,比较合理的解释只能是成罪必须不是“危害不大”。因此,只要“危害不大”就可以表明“情节显著轻微”,不得认为是犯罪。“情节显著轻微”完全可以统合“危害不大”的情况。(3)一般认为,情节一词可以包含主观要素与客观要素,可以视为主观因素与客观因素的综合体。情节在犯罪论体系之上又可以区分为构成要件的组成部分、违法性的组成部分与有责性的组成部分。如果将情节局促于主观或客观之内,无法准确体现出它的入罪限制作用。而且,情节既包括事实评价,也包括了价值评

---

⑦ 参见王昭武:《犯罪的本质特征与但书的机能及其适用》,载《法学家》2014 年第 4 期。

⑧ 此论可阅前引①,沈海平文,其文脚注 46。

价,这也就意味着其体系地位相当特殊,将横亘整个犯罪论体系。可见,情节“只能是客观方面的表明法益侵害程度的情节”之论,有着显而易见的错误。⑨这里还需补充,我国刑法之中有限度地采取了“功能责任论”的观点。如果某种行为不应该或者不需要用刑罚加以惩罚,那么,就不应该将其犯罪化。⑩ 例如,犯罪后的表现、被害人的因素等,也被司法解释视为情节的影响因素,尤其是作为“情节显著轻微危害不大”之考量时。⑪ 责任的成立就意味着惩罚的到来,如果惩罚不是必要的或者说是无效的,那么不仅科处刑罚,甚至“定罪免刑”都是无意义的,理应直接宣告无罪。

前述理解不可行,那么可不可以将其理解为“情节显著轻微因而危害不大”呢?⑫ 这样的解释,虽然充分体现了但书对前段的补充作用,也恪守了情节为主观因素与客观因素的综合体的观点,但是将其最终立足于“危害不大”也无法准确体现出它的入罪限制作用。对于犯罪后的表现、被害人的因素等

---

⑨ 详见之张明楷:《犯罪构成体系与构成要件要素》,北京大学出版社 2010 年版,第 241 页。

⑩ 例如,许玉秀教授认为,犯罪阶层体系应该有两个阶层,即应罚性与需罚性。前者的要素为不法,不法包括构成要件与违法性阶层;后者的要素为罪责,罪责就是刑事责任,就是刑罚的意思。参见许玉秀:《当代刑法思潮》,中国民主法制出版社 2005 年版,第 117 页。不过笔者认为更准确的说法应为前者的要素为不法与传统上的罪责,后者的要素为新进纳入责任阶层的要素——处罚的必要性与有效性。当今的责任观念已经从积极的责任主义(有责任就有刑罚)转变为消极的责任主义(没有责任就没有刑罚)。消极的责任主义是对必罚主义的否定。即使有责任时,从一般预防、特殊预防的角度考虑,也有可能控制刑罚的适用。根据功能责任论,以往“从成立犯罪到承担刑事责任的断裂”之现象(如,修法之前的第 241 条第 6 款)应归位为不成立犯罪,这也是遵从消极的责任原则的必然结论。可见冯军:《刑法中的责任原则——兼与张明楷教授商榷》,载《中外法学》2012 年第 1 期;王钰:《功能责任论中责任和预防的概念》,载《中外法学》2015 年第 4 期。

⑪ 例如,2006 年最高人民法院发布的《关于审理未成年人刑事案件的具体应用法律若干问题的解释》第 9 条即将未成年人“案发后如实供述盗窃事实并积极退赃”与其他因素一起作为“情节显著轻微,危害不大”的情形。这意味着可能存在纵使有其他因素,但还是“认为是犯罪”的情形。

⑫ 这种具有立法上的沿革意义,1926 年《苏俄刑法典》第 6 条之附则规定:“对于形式上虽然符合本法典分则某一条文所规定的要件,但因显著轻微,并且缺乏损害结果,而失去危害社会的性质的行为,不认为是犯罪行为。”但笔者不想再对此多加置评,因为这种说法无法说明犯罪构成无法成为区分罪与非罪的标准,而且此处是由于失去危害社会的性质所致,与我国刑法不一致。当然,这里也可以说明为什么储槐植教授会认为但书是指“主观情节显著轻微”并且“客观可观危害不大”的,不认为是犯罪。

影响罪与非罪的时候,无法给予合理的解释。

而且,这种观点坚持了传统刑法理论之“社会危害性是主客观统一的概念”之论断,将犯罪的社会危害性视为人身危险性、主观恶性、法益侵害性、客观实害性等诸要素的统一体。亦即是说,但书之“危害”是包括主观与客观的综合指标。其中主观包括罪过、主观恶性、人身危险性;客观包括行为及其危害结果等。⑬ 社会危害性的有无以及程度,不只是由行为在客观上所造成的损害来评价的,还包括行为人主观方面的要件在内。⑭ 我国刑法学界对情节(犯罪情节)存在不同理解,归纳起来,大致有如下四种:(1)情节是指决定行为社会危害程度的一切主客观方面的因素(包括犯罪构成);(2)情节是指犯罪构成共同要件以外的事实;(3)情节是指犯罪构成要件以外的事实;(4)情节是指犯罪构成的共同要件。⑮

笔者认为,“情节”包含主观要素也包含客观要素之观点应属正解,⑯而且情节应是影响犯罪构成量的主客观因素(犯罪构成要件符合程度),这也就是说一个因素即使不属于犯罪构成的要件或要件的要素,只要它可以影响要件的程度就是“情节”。相反的,“危害”却不应包括主观要素。根据《刑法》第14条与第15条关于罪过形式的规定,成立罪过至少要具备预见自己的行为可能发生危害社会的结果的可能性,又结合第16条之规定,不难发现行为是否危害社会是客观存在的,不以人的意志为转移。既然主观上不是出于故意或者过失也会造成对社会的危害,那么也就不能认为社会危害性还包含主观要素在内。不过,实害结果相当不等于社会危害相当。例如,故意杀人与过失致人死亡,实害结果相同,但社会危害性程度却大不一样。虽然行为意志能够决定危险的有无,但因其具有任意性,不能决定危险的发展方向,只有在此基础上的故意或过失才决定了危险的发展方向。如果承认故意或过失具有不法构成要件要素的属性,那么基于客观构成要件的故意或过失规制机能,构成要件故意或过失自然带有具体化特征,同时也会避免将故意行为危险与过失行

---

⑬ 参见张小虎:《人身危险性与客观社会危害显著轻微的非罪思辨》,载《中外法学》2000年第4期。

⑭ 参见赵秉志:《犯罪总论问题探索》,法律出版社2003年版,第279页。

⑮ 参见郑伟:《新刑法学专论》,法律出版社1998年版,第426页。

⑯ “正解”一词本为围棋之术语,本意为在胶着不下、难以落子之时,综合考察棋局状况以采取行之有效的应对之策,后用于指代对于问题的恰当而妥帖的解决之道。其中,“正解”之上乘为“妙手”,妙手回春便由此而来。

为危险等而视之。⑰ 违法的判断必须遵守构成要件的定型性规定。因此，离开构成要件的类型化思考亦即直接判断实害结果本身，并不能区分社会危害性的程度。而且即使同样都是故意杀人之行为，由于犯罪形态、行为方式不同都会表现出不同程度的社会危险性。

由此，“情节显著轻微危害不大”理解为“情节显著轻微因而危害不大”，问题至少存在两个：(1)将危害视为主客观统一体，与刑法自身体现的即使“行为发生危害社会的结果”，只要无预见可能性或无法抗拒也不是犯罪之观点冲突；(2)如果认为“情节显著轻微”必须要导致“危害不大”，则存在将“危害较大”但“情节显著轻微”之行为入罪的可能。换言之，将结果限定在“危害不大”的范围内，必然将情节限定为影响行为危害社会程度的情节，从而变成了“危害社会的情节显著轻微因而危害不大”，无法纳入犯罪后的表现、被害人的因素等情节。因此，但书只能排除不具有犯罪所需的社会危害性的行为于犯罪圈之外，笔者不予认同。

如此，但书之结构可否理解为选言命题？亦即“情节显著轻微”或者“危害不大”的，不认为是犯罪。笔者认为还是不妥。这样的解释，如果还认为社会危害性是主客观统一的概念范畴，必然使得“危害不大”与“情节显著轻微”并列成为一种不必要的重复。虽然在这种解释之下，可以认为社会危害性只是客观判断不包含主观罪过等主观因素，可以补充说明前段之中“危害社会的行为”必须不是“危害不大”的，事实上也与笔者如后所述的解释所划定的犯罪圈是同样大的，但是，运用简单的形式逻辑进行推理，这样难免不会致使“情节显著轻微”之“情节”不能包含体现行为之相当社会危害性的因素的后果，又根据体系之内的同一解释，那么刑法分则之中的情节加重犯可以仅仅由于主观恶性、人身危险性等极具有主观性的要素更大进而加重处罚。

那么，但书究竟作何理解呢？笔者认为，可以且是必须将“情节显著轻微危害不大”理解为“情节显著轻微尤其危害不大”。除了前述道理之外，还有以下原因：(1)单从前段规定无法体现出对于犯罪之社会危害性的程度要求。

---

⑰ 新近研究，可见柏浪涛：《打击错误与故意归责的实现》，载《中外法学》2015 年第 4 期。这里需要看者注意，以故意为例，阶层犯罪论体系区分事实故意与价值故意，亦即是存在论之故意与价值论之故意，二者不可混为一谈。构成要件之内的故意乃存在论上的故意，不需要知道自己行为的性质善恶与否，仅需明晓自己的行为的事实状态。还需多讲的是，本文前述之“预见可能性”乃我国传统刑法理论之理解，是包含对于行为性质与因果关系在内的预见可能性。

删去“但书”将导致刑法分则中各罪之构成要件不含“情节”“后果”“数额”等罪量限制的,行为只要符合了就构成了犯罪;刑法分则中各罪之构成要件含有“情节”“后果”“数额”等罪量限制的,行为只要简单达到限制就构成了犯罪。由此可见,对于危害社会之量的要求,来自于但书的规定。这样也就同样意味着犯罪必须不是“危害不大”的行为。(2)“情节显著轻微尤其危害不大”之理解,体现了刑法强调了客观危害不大尤其是主观恶性较大但客观危害有限之行为不属于犯罪。这也与注重行为人的主观恶性与危险性格的行为人刑法划清了界限。尤其是借助于同一解释,事实上使得情节加重犯的成立也要求其对社会的危害必须高于基本犯才可能存在,从而符合责任主义的基本原理——“行为侵害法益的程度和罪过的程度决定刑罚的上限”,刑罚之加重必须由于侵害法益的程度加重,不得以主观恶性、人身危险性等主观因素为由从重甚至加重处罚。⑱ (3)将“危害不大”涵盖在“情节显著轻微”之中,可以理顺刑法之中不同情节的级差关系,合乎了刑法规范的内在条理,也便于刑事司法裁判。如果“情节显著轻微”,则不是犯罪;如果“情节轻微”,则是“定罪免刑”。

三、我国《刑法》第13条但书的体系功能

刑法规范的结构决定刑法规范的功能,因此对于结构的认识不同,功能的理解也将不一样。事物存在于关系之中,所以刑法规范的功能的发挥还必须受到规范体系的制约。“情节显著轻微危害不大”理解为“情节显著轻微尤其危害不大”,从而刑法规范体系逻辑、规范内部结构和谐一致,通情达理。但是,在刑法规范体系中尤其是在犯罪论体系中,但书的功能究竟如何,并非不言自明,还需要我们详加探讨。

(一)但书基本功能的争论——“出罪标准”还是“入罪限制”

我国刑法理论与司法实务一致认为,但书具有限制犯罪圈的功能。但是却存在“出罪标准说”与“入罪限制条件说”的两种态度。前者认为,先形式地判断行为是否符合犯罪构成,再实质地判断符合犯罪构成的行为是否具有值

⑱ 目前,受益于德国学者罗克辛针对《德国刑法》第46条的罪刑关系的分析,加之耶赛克、山口厚、曾根威彦等学者的刑罚学说的引入,我国刑法学界对此已经形成的共识,难能可贵。参见肖世杰:《中日量刑基准之比较研究》,载《法学家》2009年第5期;张明楷:《责任主义与量刑原理》,载《法学研究》2010年第5期。

得刑罚处罚的社会危害性,进而根据但书决定,能否宣告行为人无罪的解释与裁判逻辑,主张但书只是在行为符合犯罪构成的基础上阻却实质违法性;后者认为在界定行为是否符合犯罪构成时,应同时考虑但书的限制性规定,主张符合但书规定的行为原本就不符合犯罪构成。⑲

具体而言,“出罪标准说”主张,“从但书和犯罪构成(传统的犯罪构成)的关系而言,行为在符合了犯罪构成之后并不一定成为犯罪,还需要判断其是否符合但书的规定,如果符合了但书就会被排除犯罪性”。⑳ 犯罪的认定分为两步:第一步,看是否符合犯罪构成,如果不符合,则直接排除其犯罪性;第二步,如果符合犯罪构成,再看是否情节显著轻微危害不大,如果是则不认为犯罪,否则才认为犯罪。㉑ 还有学者认为,“不认为是犯罪”是一种介乎于犯罪与不是犯罪之间的非罪情形,亦即已经实施了刑法所规定的犯罪构成的行为,只不过情节显著轻微危害不大从而不以犯罪论处。㉒ 后者的说法表面上踯躅于两端,其实还是入罪后予以排除之论。“出罪标准说”是司法实务与刑法理论的主流学说。

“入罪限制条件说”则主张,但书的存在体现出定罪之成立对于违法、有责的行为,必须是值得科处刑罚的。既然行为符合了犯罪构成就应当认定为犯罪,那么但书的适用与普通的全无社会危害性的行为、不具有刑事违法性的行为是一样的,都不具备犯罪成立条件,不符合犯罪构成。㉓

无论是我国传统刑法理论还是域外德日刑法理论,犯罪构成都是追究刑事责任的唯一根据,行为符合犯罪构成就意味着该行为应受刑罚处罚,必然要追究刑事责任,不存在行为虽符合犯罪构成却不应受刑罚处罚、不追究刑事责任的情形。㉔ 因此,笔者倾向于后者,因为只要符合了犯罪构成要件,就应当视为犯罪,这也是犯罪构成存在的意义所在。如后所述,总则指导分则,即使

---

⑲ 参阅前引⑦,王昭武文。

⑳ 张永红:《我国刑法第13条但书研究》,法律出版社2004年版,第67页。

㉑ 参见储槐植:《刑事一体化》,法律出版社2004年版,第485－486页。

㉒ 前引⑥,陈兴良文。

㉓ 参见张明楷:《刑法学》,法律出版社2011年版,第93页;黎宏:《罪刑法定原则下犯罪的概念及其特征——犯罪概念新解》,载《法学评论》2002年第4期;周光权:《刑法总论》,中国人民大学出版社2011年版,第5页。

㉔ 例如,我国传统刑法理论之观点可见高铭暄、马克昌:《刑法学》,北京大学出版社2000年版,第212页。

分则中存在部分只有定性描述的罪状,也并不当然意味着这些罪名的成立没有定量的要求,不需要"情节显著轻微危害不大"。如果持"出罪标准说",难免逻辑会不周延。㉕

(二)但书体系功能的定位——我国传统犯罪构成要件理论

平心而论,这一命题我国传统的犯罪构成理论是避而不谈的,或者是勉强为之、效果不佳。㉖ 例如有人认为,"情节"是一个综合性概念,涉及客体、客观方面、主体、主观方面等内容,属于构成要件,被刑法规定为区分罪与非罪的标志。㉗ 笔者下文将略述管见,试图对犯罪构成中某些要件定义进行重新厘定,进而将罪量融入。

主体要件仅涉及反映心智状态的年龄与精神状态的要素,身份问题进入客观要件;主体要件是主观要件存在的前提,责任必须建立在辨认能力与控制能力之上,世界上的大多数国家,对于辨认能力与控制能力的证成又实行立法推定与司法认定相结合的双轨判断标准制,因此只要没有达到相应的刑事责任年龄、不在正常精神智力状态的,就无所谓主观要件的成立;㉘客观要件是客体要件存在的前提,㉙社会危害性的判断对象只有客观要素,而客观要素又区分为法定客观要素与非法定客观要素,前者为客观要件之内容,后者则是补充。

由此,罪量如要体现在犯罪构成上,就要求主观要件与客体要件不单单是成立与否,还要求其必须达到应受刑罚处罚的程度,问题才可以迎刃而解。换

㉕ 详细论证,可见前引⑦,王昭武文。

㉖ 各种尝试,可见王莹:《情节犯之情节的犯罪论体系性定位》,载《法学研究》2012年第3期。

㉗ 参见刘守芬、方文军:《情节犯及相关问题研究》,载《法学杂志》2003年第5期。

㉘ 看者请注意,此处之辨认与控制,是指明辨是非之后进而控制的能力。因此域外犯罪论体系之中,对于存在事实之辨认与控制能力——事实之故意与过失(存在论),却未达到相应刑事责任年龄的行为人,依然可以成为共犯。另外,对于期待可能性,笔者认为可以纳入罪过之中。如果缺乏期待可能性,对于故意犯罪,难以说行为人还有"希望或者放任",而是一种迫不得已;对于过失犯罪,难以说行为人具备履行结果回避义务的能力,而义务的违反必须建立在义务可以被履行的基础之上。

㉙ 真正的内含于客观要件的诸多要素(相对于"表面的客观要件要素"),必须可以为行为之社会危害性的有无及程度提供实质根据。客观要件的设定与描述要尽可能使之得以准确体现出行为社会危害性已经达到应受刑罚处罚的程度,"虽不能至,心向往之"。基于个案的差异,又要对于符合了客观方面(类似于域外之构成要件)之行为还进行客体要件(域外之违法性)有无及程度的判断。

言之,犯罪构成有质也有量。犯罪的认定分为以下两步(简称“两步走”):第一步,看是否符合犯罪构成质之要求,如不符合,则直接排除其犯罪性;第二步,符合犯罪构成质之要求,再看通过客观要件——也就是法定的客观要素能否使得客体之社会危害达到应受刑罚处罚的程度(也就是没有严重的社会危害性),再看主观要件是否也达到应受刑罚处罚的程度(这不是没有严重的社会危害性),只要第二步之中有一个要件没有达到应受刑罚处罚的程度,则可以适用但书规定予以出罪,认为其不符合犯罪构成。当然这是一般而言,对于某些情况还要具体调整。兹论述如下:

我国刑法分则的具体条文可以分为三种,第一类是没有直接的定量限制的罪名;第二类是直接地规定了数量限制,大多表现为数额(数量)犯;第三类是在条文中直接写明“情节恶劣”“情节严重”“造成严重后果”等入罪条件限制,也就是狭义上的情节犯。[30]

有论者言,但书仅对分则中那些不含定量因素的犯罪具有出罪功能,对于那些含有定量因素的犯罪则仅具有“照应功能”,不具有出罪功能。[31] 笔者不以为然。

详解如下:法不理会稀罕之事。第一类犯罪,立法者是由于绝大多数这种行为都不会是“情节显著轻微危害不大”,因而未规定罪量。第二类犯罪,立法者认为绝大多数这种行为只要达到了相应数额,都将不会是“情节显著轻微危害不大”,因而虽规定罪量,但判断对象十分狭窄。但是“凡事有例外”“反证可以推翻推定”,某一行为即使表面上符合了罪状,也不当然应受刑罚处罚。换言之,罪状企图运用语言比较准确表达出“只要符合罪状就具备了应受刑罚处罚性”,但是由于世事纷杂,难免遗珠。因此对于第一类与第二类,直接运用“两步走”。第三类犯罪,立法者已然意识到无法简单用某一标准就可以推定行为应受刑罚处罚,因此语言暧昧不明。不过,这里还要分别而论:①直接使用“情节”的,虽然不是说但书没有了适用空间,而是说它已经被前者所涵摄了。换言之,以《刑法》第340条非法捕捞水产品罪之规定为例,该罪成立必须“情节严重”,显然已经超越了“情节显著轻微”,事实上肯定存在“违反保护水产品资源法规,在禁渔区、禁渔期或者使用禁用的工具、方法捕捞水产品”,情节显著轻微的情况,但此时是行为根本不符合犯罪构成质之

[30] 可见于前引④,储槐植书,第269页。

[31] 参见前引⑤,储槐植、张永红文。

规定。当然,如果非得坚持“两步走”,那也没问题,只是将“情节严重”排除在罪状之外,如果行为符合了犯罪构成质之规定,就再考察是否达到了应受刑罚处罚的程度。而且,还可以透彻地说,此时这种程度就是“情节严重”,不同于第一类、第二类犯罪仅需超越“情节显著轻微”之标度。可见,各罪的应受刑罚处罚的内涵还是有别的。②使用“后果”的,与第二类犯罪的处理相近。以《刑法》第129条丢失枪支不报罪之规定为例,客观要件是“依法配备公务用枪的人员,丢失枪支不及时报告”。笔者已然说过,对于没有直接罪量要求的罪状,一般,客观要件的成立都可以推定具有了应受刑罚处罚的社会危害性。显然,立法者意识到在绝大多数情况下,该行为仅符合了定性描述,还不可以推定社会危害性达到了应受刑罚处罚的程度,因此加入“造成严重后果的”作为补充,使之可以达到。然而,这并不意味着但书没有适用空间,因为可能后果严重,但是罪过轻微,可以罪过未达到应受刑罚处罚的程度为由,适用但书出罪。

不过,笔者这里还需要强调的是,以上是理论体系的自我演绎,由于我国刑事司法解释的广泛存在,对几乎所有的刑法分则之中的“情节”“后果”都作了解释,这样与立法活动无异的做法,使得事实上,笔者前文之论述意义大打折扣。因此,刑事司法活动中,可以认为无论罪状是否有罪量规定,都可以适用但书之规定。

(三)但书体系功能的定位——我国新进犯罪论阶层体系

依据常理,本文于此可以搁笔。但是,笔者观察到,我国刑法学界不少学者热衷于运用域外德日刑法理论分析刑法问题。尤其对于但书与其紧密联系的“情节”,欲要移植域外犯罪论体系,就必须在犯罪论体系中,准确地对“情节”进行功能定位。然而,这些学者很少顾及中外学术交流过程中相关理论之国别性,自觉或不自觉地将一时一地之理论命题照搬到本土。因此,笔者有必要阐述“情节”融入我国新进犯罪论体系的正确做法。

那么,我们从剖析一位惯于运用域外刑法理论精细化分析我国刑法问题的学者的论述入手,其观点亦是这些学者的代表性的观点,他认为:

《刑法》第13条犯罪概念既要求立法者根据行为的性质、情节,将应受刑罚处罚的社会危害性行为规定为犯罪,又要求司法机关解释具体犯罪的构成要件时,应使犯罪构成整体所反映的社会危害性达到应受刑罚处罚的程度,但

犯罪概念不是认定犯罪的具体标准,但书也不是宣告无罪的具体标准。㉜

又认为:

当刑法分则条文对犯罪成立条件的表述已经将情节显著轻微的情形排除在犯罪之外时,只要行为符合刑法分则规定的成立条件,就应当认定为犯罪,而不能以情节显著轻微危害不大为由宣告无罪。㉝

本文无意与之争辩,《刑法》第13条究竟有无要求立法者如此行事之意,但从其对但书之规定的理解来看,论述值得商榷。

众所周知,大陆法系之刑法在理论及规范层面颇为相近,但《奥地利刑法》却有一条"另类"规定与欧陆诸国成文刑法典大不相同,该国刑法典第42条规定:"如果一个依职权应予以追诉的行为仅需以罚金刑、三年以下有期自由刑或以这样的罚金刑与自由刑的总和相威吓,则其在满足以下条件时,不可处罚:(1)行为人的罪责微小;(2)行为未造成后果或造成的后果不显著,或者行为人至少严肃认真地试图从根本上排除、矫正或补救行为后果;(3)以判处刑罚为手段力图实现让行为人远离可罚的行为之目的,或力图实现与由他人所犯之可罚行为作斗争的目的是不适当的。"这与我国刑法中所谓的"定量"一说颇为相似,对于这一犯罪"定量"要件如何进行理论定位,奥地利刑法学界有八种意见:构成要件排除事由、违法性阻却事由、有责性阻却事由、物的刑罚阻却事由、人的刑罚阻却事由、刑罚消灭事由、自成一体的法品格、量刑规则。㉞

他山之石,足以攻玉。依据《奥地利刑法》之规定,可见存在与我国刑法极其类似但又有差异的定量,但如果置换成我国刑法当是"主客观情节都显著轻微",并不等同于"情节显著轻微",条件更为苛刻。此域外之罪量应是脱离构成要件、违法性与有责性,但又纵贯之的判断。

结合前面代表性之观点,可见:第一段文字,反映了这位学者认为但书规定之适用,仅存在于行为之社会危害性未达到应受刑罚处罚之程度,这明显是将情节局限于社会危害性的框架之内,当然如果坚持传统刑法理论对社会危害性的理解,最终可以使得其内涵与笔者主张的差别不大。但是,也就只是内涵差别不大而已。因为这么理解,可能会将主观恶性较大但客观危害有限之

㉜ 参见张明楷:《刑法学(第2版)》,法律出版社2003年版,第106页。

㉝ 参见张明楷:《刑法学(第4版)》,法律出版社2011年版,第93页。

㉞ 参见熊琦:《德国刑法问题研究》,元照出版有限公司2009年版,第40页。

行为排除在“情节显著轻微危害不大”之外，进而成立犯罪。退一步说，这也明显与该论者所一贯坚持的对于违法性判断采取结果无价值的立场产生冲突。

此外，何谓“当刑法分则条文对犯罪成立条件的表述已经将情节显著轻微的情形排除在犯罪之外”？这并非不言自明。如果考虑我国广泛存在的名之曰“司法解释”的造法活动，那么即使对于“情节”有相关司法解释的时候，也还是可以继续适用但书的。因为，“情节”的外延是不确定的，任何企图运用明示的方法进行列举都是不完全的，这就如同域外犯罪论体系之中违法阻却事由与责任阻却事由一般都是超法规运作的一样。亦即言之，“情节”是一个饱含着社会情理的概念，如果进行理论开发和实践运用，就与德日犯罪论体系之中的超法规阻却事由之功效并无二致，㉟而且还可以影响构成要件的该当性判断。这样，出罪事由形成一个开放的体系，虽然域外出罪不需要法律根据，但是由于但书的存在，使得我国司法实践中的所有的出罪事由都变得有了法律依据。因此，“刑法第 13 条尤其是但书体现的正是可罚的违法性观念”之论，㊱不宜认同。“但书不仅仅是轻微违法的阻却事由，而且应当包含相当于三阶层体系中阻却构成要件符合性、阻却违法和阻却责任的全部内容”之论，㊲太过草率。

由此，但书之体系功能，不可一概而论。对于情节，要区分为构成要件之内的情节，违法性之内的情节与有责性之内的情节。因此，一概地将刑法分则之中的罪量作为可罚的违法性处理不符合我国刑法规定，因为构成要件之内包括基本构成要件与加重构成要件的情节都要求行为人有所认识或者具备认识的可能性；一概地将但书扣上大帽子，确实省却了不少麻烦，但不利于刑法解释学的进一步发展。

下面将分别从三阶层与二阶层这两种不同的犯罪论体系进行一定的说理：

㉟ 参见高维俭：《我国刑法情节之辩证与实质》，载高维俭主编：《宽严相济刑事政策研究之检察视角》，中国人民公安大学出版社 2008 年版，第 116 页。

㊱ 前引⑦，王昭武文。而且一般认为，“可罚的违法性理论”不要求行为人对于可罚的违法性的事实状态进行认识，但是我国有相当一部分罪名的成立需要主观认识。

㊲ 王强：《我国刑法第 13 条但书规定新解——兼论但书在犯罪构成理论中的展开》，载《法律科学》2011 年第 5 期。

1."构成要件——违法"之三阶层犯罪论体系[38]

三阶层坚持构成要件的独立地位,构成要件是违法性的认识根据,符合构成要件则推定具有违法性。但是推定可以被反证推翻,因此即使符合了构成要件,也可能会被排除违法性。

在德日审判实践中,早期可能会将盗窃一张纸的行为视为犯罪,现在已经发展出众多理论,进而运用司法定量的手段予以出罪。因此,事实上,违法性不是证成了就万事大吉,还必须剔除其中具备了违法性,但尚未达到应受刑罚处罚程度的行为。

日本刑法学者大塚仁曾指出:"对构成要件符合性的有无这个第一犯罪成立要件问题的回答,只有符合或者不符合的答案,不能回答符合到什么程度的问题。但是,关于违法性,不仅要解决是否违法的问题,在违法的问题解决之后,还要解决违法性的程度问题。"[39]结合我国《刑法》第13条但书之规定,危害不大的也是必须排除出去的。

为了消除当下刑法理论名词与概念话语系统囿于语境差异的对话困难,下文将一改前文对罪状之理解。罪状不单单是刑法分则对构成要件的具体描述,还包括司法解释对"情节""后果""数额"之解释,因此,我国刑法分则绝大多数罪状据此就可以认为是叙明罪状。(行政犯之空白罪状与叙明罪状并存视为叙明罪状)那么,但书就将可以适用于所有刑法分则规定的犯罪了。另外,这里特地再次指明:构成要件之内的故意与过失不同于责任范畴之内的故意与过失。一如从前,再次引用下面这段文字:

我国刑法分则的具体条文可以分为三种,第一类是没有直接的定量限制的罪名;第二类是直接地规定了数量限制,大多表现为数额(数量)犯;第三类是在条文中直接写明"情节恶劣""情节严重""造成严重后果"等入罪条件限制,也就是狭义上的情节犯。[40]

前文已经交代,将司法解释也视为构成要件的描述,那么:

我国刑法分则的具体条文可以分为两种,第一类是没有直接的定量限制

---

[38] 如果承认"负面的构成要件要素"的话,亦即是但书可以涵摄所有构成要件的罪量的话,我国将不可能有三阶层犯罪论体系的生存空间,违法性完全虚置。所有的构成要件都将是"故意杀人的……但是情节显著轻微危害不大,不认为是犯罪……"

[39] [日]大塚仁:《犯罪论的基本问题》,冯军译,中国政法大学出版社1993年版,第38页。

[40] 可见于前引④,储槐植书,第269页。

的罪名;第二类是直接运用计量工具规定了相关的限制。(此处直接是指刑法分则与司法解释都未明确——笔者注)

因此,对于二者如此考察:于前者而言,以故意杀人为例,某人意欲故意杀人,持手枪潜伏于欲刺之对象的家外灌木丛之内,结果他由于等待时间过长进入混沌之境,开始梦呓,旋即被人发觉,东窗事发。该行为是不是犯罪呢?主观恶性不可谓之小,但是客观危害不大,未达到严重危害社会之程度,显然可以认为其"情节显著轻微"。[41] 于后者而言,以普通盗窃为例,C市的入罪起点亦即"数额较大"的标准为2000元,但有前科的行为人仅为1000元。如前所述,司法解释努力尝试通过金额描述出行为社会危害性已经达到了严重的程度,但是困境依然存在,不可避免的还是会出现达到"数额较大"之标准,但是"危害不大"的情形。[42]

2."不法构成要件"之二阶层犯罪论体系

二阶层不再坚持构成要件的独立地位,而将不法与责任对应,不法又区分为不法构成要件与违法性。构成要件是违法性的存在根据,符合构成要件则拟制不法。只要符合了不法构成要件(如果行为未达到相当的危害社会的程度,也将认为不符合),如果没有违法阻却事由的话(不考虑违法的程度,仅考虑正当防卫、紧急避险、权利义务冲突等阻却事由),成立具备应受刑罚处罚性的不法性。亦即是说,在阶层化犯罪论体系下评判一个发生事件是否为不法,需要通过两个评判层面上的审查,一是审查行为的构成要件符合性,二是

---

[41] 这是笔者认为预备行为也是符合构成要件的行为的结果,此属少数说。如果不同意的话,请您思考:域外刑法对于预备犯采取分则个别规定成罪,因此符合构成要件毫无疑义。如果还想引入阶层犯罪论体系,恪守构成要件的符合性判断是第一步的话,那么在我国还没有个别规定预备罪的今天,那要不处罚了?(而且,如采二阶,也不是所有的预备行为都符合不法构成要件)

[42] 那么,纵使司法机关不对"数额较大"进行解释,是不是可以排除但书的适用了呢?笔者持否定态度。因为,达到"金额较大"只能说明该行为具备了严重的社会危害性,但还不一定具有应受刑罚处罚的罪过。如果还仔细推敲的话,达到"数额较大"也不能说明该行为具备了严重的社会危害性,因为社会危害性还与侵害对象的特征等相关。例如,盗窃鳏寡孤独之人的2000元,很难说比盗窃土豪恶绅的20000元的社会危害性小。当然,此时法官可以自由裁量个案之"数额较大"的标尺,从而事实上使得数额真正可以反映行为的社会危害性的程度。

确认无正当化事由介入。[43]

那么,但书又如何立身呢?有论者言:

一般来说,肯定构成要件中必定存在虽未被法条明文规定但由但书涵摄的罪量要素即涵摄罪量要素,必须根据但书否定"情节显著轻微危害不大"的行为的构成要件该当性。但是,立法者鉴于法益特别重大给予绝对保护,在罪状中只对侵犯该法益的不法构成要件进行定性描述,绝对排除罪量要素的情况。例如,只要行为符合故意杀人罪构成要件的定性描述,又不存在阻却违法事由和阻却责任事由,即得以故意杀人罪论处。[44]

笔者认为有一定道理,但是区分类型之后,进而否认某些刑法分则没有明文规定罪量要素之罪名的成立不需要考虑但书,未免过了头。笔者前文之例即可证明。

刑法分则中对于某些犯罪的罪状只有定性描述(司法机关也没有解释的),那么是不是可以排除但书的适用了呢?本文的回答是否定的。入罪规制机能。法律不理会稀罕之事,那么刑法分则之构成要件也是针对犯罪常态行为而言的。极少数情况下,符合不含有罪量要求的罪状定性描述之行为,才不可以视为符合了构成要件,立法已经推定了其具有罪量,进而一般不属于"情节显著轻微危害不大"。相对的,在大多数情况下,符合含有罪量要求的罪状定性描述之行为,都可以视为符合了构成要件,立法通过规定一定的罪量,排除了绝大多数"情节显著轻微危害不大"的情况。然而,反证可以推翻推定。因此,"不能排除例外情况下,结合个案具体情况,斟酌确定是否存在因'情节显著轻微危害不大'而'不认为是犯罪'的可能空间"。[45]

同样的,刑法分则中对于某些犯罪的罪状有定量描述(包括司法机关的解释),那么是不是可以排除但书的适用了呢?本文的回答也是否定的。前文已有叙述,理由不再论述。

3. 责任阶层之思考

笔者与大多数学者一样,不赞同构成要件是违法且有责类型,责任需要独立判断。因此,这里有必要澄清一个概念,刑事责任年龄与心智成熟程度、故

㊸ 参见[德]约翰内斯·维塞尔斯:《德国刑法总论》,李昌珂译,法律出版社2008年版,第68页。

㊹ 参见梁根林:《但书、罪量与扒窃入罪》,载《法学研究》2013年第2期。

㊺ 前引㊹,梁根林文。

意或者过失都不是责任阻却事由,因为它们是责任成立的条件与责任表彰的形态。一般认为,只有期待可能性以及其他无法冠名的事由可以称之为责任阻却事由。因之,与违法判断一样,判断责任的有无也是首先判断是否具有作为责任的类型化的责任构成要件该当性(责任条件——引者注),然后再判断是否存在责任阻却事由。[46] 如欲移植域外犯罪论体系,那么,有责性也如同违法性判断,不是证成就万事大吉了,也必须剔除具备了责任性但尚未达到应受刑罚处罚程度的行为。换言之,罪责除了有无的区分,还有程度的差别,如果罪责尚未达到应受刑罚处罚的程度,还是可以通过"主观情节显著轻微"进而"情节显著轻微危害不大",不认为是犯罪。

详细言之,行为符合了构成要件,也严重危害了社会,具备了罪过,这只是表明了行为始可以加以处罚,但是不是必须惩罚呢?这还得区别对待。对于客观危害较大甚至极其严重,罪过也达到了应受刑罚处罚的程度,理应处罚(保护法益的要求);对于社会危害较大甚至极其严重的行为,只要罪过不是应受刑罚处罚的,不是犯罪(责任原则与谦抑精神的要求);[47]对于社会危害只是刚刚超越了"不大",主观罪过也是刚刚达到"应受刑罚处罚"之程度,那么惩罚是应当的,但是如果惩罚不是有效的,可以定罪免刑。

于三阶层犯罪论体系而言,犯罪的认定分为以下三步:第一步,看是否符合构成要件,如不符合,则直接排除其犯罪性;第二步,如果符合构成要件,再看违法性是否达到应受刑罚处罚的程度,如是则进入第三步,如否则适用但书规定;第三步,在判断有责性成立的基础之上,还看其是否达到应受刑罚处罚的程度,如是则构成犯罪,如否则适用但书规定。

于二阶层犯罪论体系而言,犯罪的认定分为以下三步:第一步,看是否符合不法构成要件,在考察罪状本身的同时,还要观察行为的社会危害性,如不符合不法构成要件之质,则直接排除犯罪性——罪刑法定原则的形式侧面,如不符合不法构成要件之量,则适用但书之规定,如都是则符合进入下一步;第二步,是否存在不法阻却事由,如是则予以出罪,如否则进入下一步;第三步,

---

[46] 参见[日]西田典之:《日本刑法总论》,刘明祥、王昭武译,中国人民大学出版社2007年版,第162页。

[47] 尽管罪与非罪、重罪与轻罪之标尺都是社会危害性,但责任主义要求行为人只对可以涵摄于罪过之中的社会危害负责,如果某人由于极其轻微的过失引发巨大的灾难,很难对其科以刑罚尤其是重刑。因为,他的结果预见能力与结果回避能力非常有限,尤其是忽略不计的时候,亦即是罪过未达到应受刑罚处罚的程度,不宜认为是犯罪。

在判断有责性成立的基础之上，看其是否达到应受刑罚处罚的程度，如是则构成犯罪，如否则适用但书规定。

所以，但书规定的入罪规制机能，不应再如有些学者那样简单思考了：

但书如何发挥这一机能……一种是，先形式化地判断行为符合构成要件，再根据但书宣告行为人无罪（根据对构成要件的形式化判断，但书只是在行为该当构成要件的基础上阻却其违法性）；另一种则是，在界定行为是否符合构成要件时，就根据但书进行实质判断（根据对构成要件的实质化判断，但书直接阻却行为该当构成要件）。[48]

于二阶层犯罪论体系而言，但书既是不法构成要件要素（或言之社会相当性阻却事由），也是有责性程度阻却事由；于三阶层犯罪论体系而言，但书既是违法性程度阻却事由（或言之客观处罚条件阻却事由），也是有责性程度阻却事由。这可谓言约意丰、义理精微。

四、结语

一般来说，同一元素，排列组合方式不同，由其组成之事物的结构也会随之不同；事物的结构不同，事物的功能也会随之不同。因此，要素相同之事物，但结构可能不同；结构不同之事物，但功能可能相同。事物之理变幻莫测，难以捉摸，真可谓“道可道，非常道；名可名，非常名”。前文对于但书规定即“情节显著轻微危害不大”的分析，可以说酣畅淋漓地表现了这一点。

普遍认为，犯罪构成理论，是刑法理论对刑法规定的犯罪成立所必须具备的基本条件进行归纳演绎和系统分类的结果。审视现有的德日、英美、中俄三种最具代表性的犯罪构成理论，“三者的外在形态、逻辑结构和文化特点差异颇大，但其基本功能大体相当，各有其道理”。[49] 例如，有论者就独到而公允地指出，从犯罪构成理论与构成犯罪的事实之间关系的角度考察，各国犯罪构成理论体系中都包含了全部犯罪成立所必须具备的基本条件；从犯罪构成理论与刑法相关规定之间的角度考察，现行犯罪构成理论都能对犯罪规范的内容进行大致合理地纯理论分析，并进行符合自身逻辑的论证；从现行犯罪构成理论内部结构的角度考察，各种犯罪构成理论体系中的基本范畴都包含了大致相同的内容；从犯罪构成理论与司法实践的关系角度考察，现行犯罪构成理论

---

[48] 前引[44]，梁根林文。

[49] 储槐植、高维俭：《犯罪构成理论结构比较论略》，载《现代法学》2009年第6期。

基本上都可以帮助司法人员正确理解刑法关于如何定罪的规定。[50]

由此可见,三种代表性犯罪构成理论,对于犯罪成立条件,只是相同的主观要素与客观要素之间进行了不同的整理,便显示出不同的内在结构与外在形态。但究其根本,三者组成元素并无二致,基本功能大体相当,分分合合,由同到异再到同,这可谓“八仙过海,各显神通”。此外,前文的叙述也表明,域外犯罪论体系与传统犯罪构成理论都可以有效融入具有中国特色的“情节”之罪量,完全可以兼容并包、百家争鸣。

因此按理讲,我国的刑法学人完全不用自卑。那么,什么让我们感到技不如人,言必称欧陆,文必提扶桑了呢?笔者认为是由于我们对于但书过于无视所致,废除之声不绝如缕就是例证。但书之规定从立法上表明了成罪必须达到应受刑罚处罚性之程度,从而我国刑法的犯罪定义显现出自成一脉、独具特色的精神面貌,但是过去的研究尚待深入,使得但书的功能发挥严重受制。前文已经揭示了但书的体系功能,可以清晰地发现其不可小觑,当属我国刑法画龙点睛之笔,绝不是画蛇添足之法。虽然这种观点,尚不敢自诩令人耳目一新,但是至少看法与众不同。

出于说理充分的学术态度,除去前述零星的点缀之外,下面有必要引入一个无比宏大的话题——中国特色两重犯罪概念的价值蕴含。

事物的功能彰显事物的价值,两重犯罪概念的存在,使得德日犯罪论体系中的理念与我国犯罪构成理论中的精神内涵大体一致。相与比较异同乃现,以二阶层为例,融入不法构成要件的社会相当性理论与客观情节显著轻微相当;期待可能性理论和主观情节显著轻微靠近;社会危害较大但是罪过尚不值得刑罚处罚的行为,予以排除。但书规定与罗马法以来的“法不关微事”“法官不管小事”等格言不谋而合,也包容了充满人性的“可以宽恕”免责概念与不问小事原理。

总而言之,情节作为事物存在和变化的情状和环节,在立法上,它通过提高入罪条件,体现了刑法谦抑的精神;在司法上,它通过照拂世道人心,推动了实质合理的实现。我国刑法确立的具有中国特色的立法二重犯罪概念,引情理入法理,合情合理、入情入理、通情达理,不宜废除。于但书而言,可以视为总则中的“注意规定”,意在提示入罪之条件。一方面确立了社会危害性的程度要求,另一方面又确立了主观可责性的程度要求,最终使得应受刑罚处罚性

[50] 参见陈忠林:《现行犯罪构成理论共性比较》,载《现代法学》2010 年第 1 期。

成为我国犯罪构成量之标准。罪刑法定原则彰显的入罪以法、出罪以理之精神，通过"情节"落在了实处。

中国刑法学现处于大变革的时代，变革就难免产生概念混乱、体系破碎的现象。此时，我们需要一阵清风、一杯温水，在平和中拒绝各种喧哗，保持神志的清爽与心灵的宁静，这是一条理性之路，亦是一条落寞之路。风起于青萍之末，浪作于微澜之间。

理论需要交流，但是交流之中需要彼此比较、鉴别利害。引入域外理论确有必要，但是，是不是可以先平心静气地考察，既往的我国要件式犯罪构成理论存在的问题，可不可以通过再次理解刑法规范体系解决呢？可不可以通过梳理犯罪构成各要件内部关系解决呢？物有本末，事有终始，知所先后，则近道矣。儒学经典之言，诚可畏也。

Superfluous or Essential?

——Systematic Interpretation on the Proviso in Article 13 of the Criminal Law of China

Abstract: Both the quantitative model of legislation and the quantitative model of justice seem to make sense respectively. Through the complementary role of the proviso, Article 13 of the Criminal Law of the People's Republic of China eventually established legislative concept of dual crime with Chinese characteristics, which is reasonable and should not be abolished. In Article 13 of the Criminal Law, the sentence "an act that is clearly of minor importance and little harm" should be interpreted as "an act that is clearly of minor importance, especially of little harm", highlighting the phrase "little harm", which indicated that an act shall not be considered as crime if it had caused little harm, even if the degree of its subjective malignancy is comparatively high. In other words, an act which has caused little harm can never be considered as crime. The condition of acts that are clearly of minor importance can be divided into three kinds, which are acts that are clearly of minor importance subjectively, or acts that are clearly of minor importance objectively, or acts that are clearly of minor importance subjectively and objectively. In the process of investigation and analysis of constitutive requirements of crime, as the objective influence of an act would be determined before the subjective intention, the former condition, referring to acts that are clearly of minor importance subjectively, shall be considered to have minor fault, not subjective fault that should be punished by the Criminal Law. The latter two conditions can be considered as acts of little harm, with no social harmfulness that deserves to be punished.

Key Words: Proviso; Function; Normative Structure; Unified Interpretation; An Act that is Clearly of Minor Importance and Little Harm

(责任校对:曾　亚)

法学茶座

Teahouse of Law

法官员额制改革须跳出“零和博弈”的逻辑

刘方勇*

本轮司法改革好不容易回到了“司法职业化”的正轨，但就目前的情势来看，改革仍面临共识难聚、人气不旺、内生动力不足等问题，时下的改革氛围颇有种“想说爱你不容易”的感觉，非常令人担忧、困惑。十余年前笔者就参与过所任职法院承担的最高法院改革试点工作，对本轮司法改革的一些焦点问题如法官员额制等有所观察、感悟，十年来也一直在关注改革。笔者认为，对于当代中国司法而言，法官职业化其实是一个不需要过多讨论的自然命题，法官员额制其实是一个正常得不能再正常的制度安排，无须过多笔墨赘述。然而改革要达至预期目标，必须跳出“零和博弈”的逻辑或者思维误区，从技术设计和实施策略等多维度妥善化解利益之争，以聚人气、消怨气和接地气。有以下三个方面的问题值得重视：

一、对接顶层设计与技术设计——改革成败可能决定于细节

目前的局面似乎是“有方向、没方案”或者说缺乏精算方案、精细方案。尽管改革的顶层设计框架已基本形成，改革的方向已经明确，解决了“有的放矢”的问题，但是如何射这支箭，如何确保尽可能射中十环、九环，还有待厘清。改革的技术方案没有到位，可预期利益不够清晰，笔者以为这是导致出现“改革焦虑症”，改革面临“零和博弈”风险的重要原因。因改革引发的焦虑指向的可能并不是改革本身，而是改革如何“落地”、如何推行的问题。尴尬的是，虽然经过多年改革与探索，但本轮司法改革似乎仍存在准备不足尤其是技

* **作者简介**：刘方勇（1976—），男，湖南浏阳人，湘潭大学法学院讲师、法学博士，研究方向为民事诉讼法。

术准备不足的隐忧。现在讨论的不少问题颇有一种似是而非的感觉，存在不少误读、误解。如有不少人认为改革就是“让年轻人走开”，改革就是“一招臭棋”“一着险棋”。如不加以澄清，难免积非成是，误导改革。司法改革必须从技术设计的角度对顶层设计进行再设计，需要从实施策略的角度作出妥善的制度安排。这就要求我们在技术研究、技术设计方面投入更多的精力、更多的资源，努力实现技术设计与顶层设计的无缝对接。如契合法官培养成长的基本规律、诉讼程序分类、案件类型分流等基本要求，进一步划分法官职位，分别确定初任法官、法官、资深法官等不同类别法官的员额比例，或者留出适当员额比例予年轻法官，既保证法官队伍结构的科学合理，也满足法官培养成长的客观需要。无论采取哪种技术方案，重要的是形成稳定的法官职业发展预期，让法官的职责定位、职位晋升、职业保障等更清晰化、刚性化，使改革的可预期利益更为明确，更具吸引力。

二、协调预期利益与既得利益——先做大蛋糕再分蛋糕

改革的本质是利益调整，是利益的重新创造、重新组合与重新分配，改革必然会创造新的利益，也必然会触动既得利益。推进改革的基本方式其实就是做加减法，加的是预期利益，减的是既得利益。法官员额制从长期来看是增量改革，是做加法；从短期来看则是减量改革，是做减法。只有“加”并形成稳定预期，改革才有可持续性；但只有先“减”才可能有“加”，因为只有“减量”才能“提质”，才可能“强保障”。从这个意义上而言，“减”是基础，“加”是保障。从理性的角度来看，即便改革在短期内可能会使既得利益受损，但从长期看，预期利益大于或远大于受损的利益，改革就应被认为是有奔头的。对于不同的利益主体而言，改革可能会出现“不减只加”“先减后加”“只减不加”等多种情形。无论哪种加减法，只要涉及“减”，都容易造成人心浮动，都容易产生怨气，这不仅与利益攸关，而且牵涉文化基因与认知心理。因此，改革最难的恰恰在于“减”，在于做减法。

笔者以为，做好加减法，关键的问题是照顾到改革各方的利益关切，协调好预期利益与既得利益的关系。在司法地位长期被弱化、职业化长期被忽视的背景下，所谓的既得利益，其实也有其值得尊重和维护之处，改革不能简单地将既得利益当成拦路虎。比如说年轻法官，可以说是近些年法官队伍建设攒下的一笔财富，也必然会成为未来法院改革发展的中坚力量。他们的担忧和利益关切完全是值得重视的，简单地将年轻法官一刀切为法官助理的做法，

无论是从舆论反映还是21世纪初试点的经验来看,可能都不是个好主意。改革的出路可能在于不急着去触动既得利益,不简单地划分为三六九等,不简单地为分蛋糕而分蛋糕,而是通过不断创造培养出新的利益来克服既得利益的阻力。因而,改革能否顺利推进可能系于做大蛋糕,而不仅仅是分好蛋糕,尤其是局限于各自院落,关起门来分蛋糕的改革必然不可持续。我们完全可以在大法治的框架下通过做大法治队伍这块大蛋糕来提供更多分蛋糕的机会或者增加每块蛋糕的分量。比如,十八届三中全会提出要普遍建立法律顾问制度,十八届四中全会决定要发展公职律师制度。因此,能不能在自愿的前提下将一部分富余法官转为法律顾问或公职律师?能不能在保留他们候任法官资格的同时,待将来法官员额空缺后,再优先将他们转为法官?这也契合了创新法治人才培养、畅通人才交流渠道的要求。对于确实不适合或不愿意继续从事法官职业的,可不可以通过投入更多的资源采用赎买政策进行分流?即便转为法官助理,能不能不就地转任,能不能提供到上级法院担任法官助理的机会?此外,上级法院一般法官素质整体较高,人才相对较为集中,在本级法院进入不了法官职务序列,可不可以先到基层法院担任法官再逐级遴选?同样,可不可以给下级法院优秀的法官提供参与上级法院改革的机会?归根结底,改革需要在统筹改革、开放改革上狠下功夫,需要打通横向改革与纵向改革的通道,需要形成内外循环与上下循环的良性机制,局限于一地一个院落的改革、关起门来搞改革、搞小圈子改革必然是没有出路的。

三、重视调查研究与开门纳谏——真调实研才有真改革

找不准问题,掌握不了真数据、真情况,人云亦云,这是改革的大敌,也容易放大“零和博弈”的效用。要做真改革,必须要有真调实研。依笔者的观察,在过往与地方或者上级法院博弈各种司法资源的过程中,有些问题可能有意无意地被放大了。比如说“案多人少”的问题,在相当一部分地区是不存在的。还有人才流失的问题,不少地方将正常的人才流动演绎成了人才流失。上海方案出台后,很多人认为上海的法官员额比例偏低,不可复制。但在笔者的印象中,目前多数法院一线办案法官(包括院领导)比例并不比上海的方案高,维持审判权的正常运行并不是个问题。对于年轻法官的问题,谁是“年轻法官”?年轻法官到底有多少人?比例占多少?审判一线的年轻法官又占多少?改革实施后到底会有多少人受到影响?综合采取各种政策措施能不能稳定队伍?解答这些问题,需要有一定精度的测算。从某种程度上而言,改革实

施的精准度有赖于调查研究的精细度。只有摸清底数、找准问题,才可能提出针对性的解决方案。因而,必须进行全面、客观、细致的调查研究,尽可能避免“零和博弈”。同时,保持开放的心态开门纳谏,广泛听取不同利益主体的意见、建议,切实回应他们的关切,也是非常必要的。只有坚持“从群众中来,到群众中去”,才可能使改革更聚人气、更接地气。笔者相信,如果真正俯下身子去做调查研究,真正沉下心去搞开门纳谏,我们就可能会发现困难并没有想象中那么大,而办法总比问题多,因而我们也有理由至少对改革保持审慎的乐观态度。

（责任校对:吕宗澄）

国家宪法日，塑造尊宪守宪护宪之民

庄　汉*

广义上的国家节日是指被官方所认定具有纪念或庆祝意义，并通过相关法律规章明确规定的重要日子，范围上首先可包括官方政策制定的节日即政治性节日，其次是民俗节日，最后则是其他社会团体发起的节日或国际性节日等。党的十八届四中全会通过的《中共中央关于全面推进依法治国若干重大问题的决定》（以下简称《决定》）明确提出“将每年十二月四日定为国家宪法日。在全社会普遍开展宪法教育，弘扬宪法精神”。可见，“国家宪法日”是为纪念和弘扬宪法而量身打造的政治性节日。

现行宪法构成中国特色社会主义法治体系的基础和穹顶，正如《决定》所言：“坚持依法治国首先要坚持依宪治国，坚持依法执政首先要坚持依宪执政。”设定“国家宪法日”，对于合理定位国家与公民、权力与权利的关系，勾勒出法治中国的理想图景，宣示统治权的正当性，塑造共同体的政治认同，以及捍卫宪法尊严、守护和弘扬宪法精神等，均具有潜移默化、移风易俗、惠及千秋的无量功德。

设定“国家宪法日”，是赋予宪法神圣性与至上性，培植全社会宪法信仰的典礼和仪式。在许多国家，宪法日或者宪法节被视为树立全体公民宪法信仰的重要路径。诚如卢梭所言，最重要的法律既不是铭刻在大理石上，也不是铭刻在铜表上，而是铭刻在公民的心中。举凡各国重大的典章制度和基本价值观念的确立，如果没有系统的典礼与仪式来支撑和强化，仅靠纸面的规范条文来维系，是行之不久、流质易变的。衡诸历史，中国传统的春节、清明节、中秋节、端午节对于凝聚中国人的民族认同和国家认同，西方传统的感恩节、圣

---

* **作者简介**：庄汉（1973—），男，湖北武汉人，武汉大学法学院副教授。

诞节对于基督教文化的形塑与传播,都发挥着润物无声、教育成俗的恒久效用。“国家宪法日”的设定是宪法神圣化的必然选择。她以达成共同体生活的秩序规范的宪法意识为己任,为全体公民提供精神信仰与心灵安顿,她建立在这样一个信念上:宪法是国家长治久安与人民幸福和社会繁荣的基本前提。诸如“国家宪法日”等宪法仪式强化了信仰者与宪法之间的关系,在本质上是表达和强化共同体的情感和道德上的一致性的一种主要途径,也是对权力者进行教导和道德训诫的一种重要手段。宪法仪式不仅要通过群体发挥作用,而且群体也需要通过仪式产生敬畏感、神圣感,激发、维持和重塑政治共同体的心理状态,通过宪法仪式将国家政治生活有序组织起来。与诸多政治性与民俗性节日一样,她的设定在本质上是为了摆脱中国社会存续两千多年的人治积习,重塑全体公民的生活习惯和文化心理结构,即让宪法信仰成为全社会的新风俗、新民情、新常态。法国思想家托克维尔曾说:“法律只要不以民情为基础,就总要处于不稳定的状态。民情是一个民族的唯一的坚强耐久的力量。”《决定》也郑重提出:“法律的权威源自人民的内心拥护和真诚信仰。”由此,民心与民情是宪法的力量之源。通过设定“国际宪法日”,让尊崇宪法成为主流政治意识形态,让捍卫宪法尊严成为每个公民的精神图腾、道德良知和自觉行为。诚如是,尊宪、守宪、护宪的新民情才能为树立宪法权威和保障宪法实施打下坚实的社会心理基础。

设定“国家宪法日”,是让宪法走入寻常百姓家的新途径、新探索。在普通民众心目中,宪法虽然高大上,但由于宪法实施机制运行不畅,导致宪法不如民法、刑法、诉讼法等那样与公民生活息息相关,民众对宪法产生相当程度的陌生感与疏离感,无法对宪法产生性命攸关的体认。鉴于此,《决定》提出:“坚持把全民普法和守法作为依法治国的长期基础性工作。”在这个神圣的节日,国家最高领导人应垂范天下,集体学习宪法,全国各地应组织召开学习宪法座谈会、报告会,认真组织各级普法讲师团宣讲宪法,在全社会组织开展形式多样、各具特色的宪法学习宣传活动,通过人民群众喜闻乐见的方式普及宪法知识,传播宪法理念。由此,国家宪法日应该成为全民的宪法学习日。更为重要的是,学习宪法不应停留在书面知识灌输和宪法文本学习的初级阶段,应以“国家宪法日”的诞生为契机,让公民更深入地参与到立法、行政、司法的宪法运行过程中,把宪法和法律的规定,同人民群众日常的生活、工作和学习结合起来,在具体的宪法实践中进行情境式学习,从而将宪法理论和宪法条文与宪法实践有机融合,内化于人们的心中。此外,学习宪法要从娃娃抓起,从小学起设置公民宪法课程,把以保障公民权利和限制国家权力为宗旨的宪法,运用故事、童谣、案例等通俗易懂、图文并茂的方式编制成公民宪法读本,把宪法观念深深植根于祖国的未来。宪法的生命力和活力是由人民创造出来的,因此,依宪治国和依宪执政也会随着人民群众宪法素质的提高及宪法共识的形成而提升到高水平的境界。

设定"国家宪法日",是弘扬宪法精神和推动宪法实施的共识与愿景。宪法条文只是宪法的肉身,宪法精神才是宪法的灵魂,倘若没有宪法精神的情动于衷,宪法实施起来不能不走样。现代宪法精神不外乎民主、法治、人权、责任等核心价值,其精髓则在于保障人性尊严和人民的基本权利。笔者认为,在现行宪法文本中,最集中体现宪法精神的条款,一是《宪法》第5条规定:"中华人民共和国实行依法治国,建设社会主义法治国家。……一切国家机关和武装力量、各政党和各社会团体、各企业事业组织都必须遵守宪法和法律。一切违反宪法和法律的行为,必须予以追究。"二是《宪法》第33条第3款的规定:"国家尊重和保障人权。"无论时代如何变迁,这两个宪法条款所确立的宪法精神应如构建宪法大厦的定海神针般岿然不动。习近平总书记强调:"恪守宪法原则、弘扬宪法精神、履行宪法使命。"《决定》提出:"各级党组织和领导干部要深刻认识到,维护宪法法律权威就是维护党和人民共同意志的权威,捍卫宪法法律尊严就是捍卫党和人民共同意志的尊严,保证宪法法律实施就是保证党和人民共同意志的实现。"这些论述无不体现了执政党对宪法精神的重申和阐释。设定"国家宪法日",在很大程度上,同样是对此宪法精神的昭示和弘扬。再者,设定"国家宪法日",还彰显了主政者依宪治国、依法治国,推动宪法实施的愿景与魄力。

同宪法监督、宪法解释程序等众多更具实际性、急迫性的宪法刚性制度相比,"国家宪法日"的设定虽然是"旁枝末节"的,属于柔性制度的范畴,即便如此,"国家宪法日"以及相伴而生的庆祝仪式仍然是法治中国的范畴之一,她的设立是顺天应人,为万世开太平之盛举,是主政者政治心态的一种反映,也是主政者与广大民众互动的一个触角,可以从中观察国家权力如何借此节日创造出一个社会共享的政治文明。

(责任校对:聂辛东)

积极心理学在调解中的运用

江紫豪*

从心理学的角度来讲,调解的过程其实就是当事人之间心理博弈的过程。无论当事人对案件的诉求、评价,还是对结果的确认等,都是一种心理活动的产物。所以,对于主导案件调解的调解员而言,掌握一些必要的心理学知识会给案件的处理带来事半功倍的效果。

目前,大多数人所了解的心理学都是消极心理学,其研究对象都是"问题",比如"焦虑症""忧郁症"等,然后研究怎样去治疗。消极心理学运用到案件的处理中,也是从"问题入手"来开展工作。比如我们关注案件的"焦点问题",看到当事人"不合理的诉求",然后用心理学的相关应用技术改变当事人的错误认知,这就是消极心理学在调解中的运用。

而积极心理学的研究对象是"积极因素",重点放在人自身的积极因素方面,主张以人固有的、实际的、潜在的、具有建设性的力量和善德为出发点,提倡用一种积极的眼光来对人的许多心理现象(包括心理问题)作出新的解读,从而激发人内在的积极力量和优秀品质。它的主要任务是挖掘人性积极面或从消极因素中发现积极因素并加以利用。

积极心理学与消极心理学在调解中是一种彼此互补和不可取代的地位。缘于积极心理学起步比较晚,所以至今还不为很多人所熟知。对积极心理的研究可溯源至20世纪30年代,而直到2000年,美国心理学家马丁·赛利格曼(Martin Seligman)在《美国心理学家》(American Psychologist)上发表《积极心理学导论》一文,才标志着积极心理学这门学科正式形成。迄今为止,积极

* **作者简介**:江紫豪(1958—),男,江苏如东人,婚姻心理咨询师、西湖区人民法院特邀调解员。

心理学虽然发展时间并不长,但其"积极效应和建设性功能"却是卓越的。研究积极心理学在案件调解中的运用很有现实意义和实用价值。

积极心理学在案件调解中有几种比较常见的运用:

一、用积极心理学价值取向对案件进行积极评估

我们在调解案件时,通常会对整个案件或某个焦点问题进行"风险评估",其评估取向是"消极结果",也就是你怎么做或不怎么做会带来什么样的不良后果或损失。比如以离婚案件为例:"如果你不同意离婚,对方可能会对你实施家庭暴力或得不到财产的补偿。"这种评估是叫消极评估,此评估促成的成功是消极结果,当事人是无奈地被迫接受,事后有一定的隐患。

而积极评估就是你怎么做或不怎么做会对你带来什么好处。还拿离婚案件为例,其实就是消极的反说,比如"如果你同意离婚,你就会得到解脱,早日获得自由,能尽早地规划今后的人生,得到更多的机会成本",积极评估和消极评估的区别是思维方式的不同和诱导动力取向的不同。

积极评估,当事人感受到的是"收益",这不仅更容易促使调解成功,而且带给当事人的是积极的心态,有利于事后的心理建设。当然,我不是讲案件的处理中只能用积极评估而不能用消极评估,只是想介绍积极心理学在调解中的运用和价值。有些案件中适宜单纯用积极评估或消极评估,有的案件需要两种评估同时使用则效果更佳。

二、用积极心理学原理激发当事人内在的积极力量和优秀品质

每个人的内心深处都有善的一面和恶的一面,挖掘人性中的善念,这是积极心理学在调解中的核心价值。在利益面前,很多人的"善"和"良知"会被屏蔽掉,甚至为达目的不择手段。此时调解员挖掘和激发当事人内在的善念,唤醒良知,是打破僵局的最具建设性的方法。

2016 年 10 月,我调解了一宗特殊的离婚案,女方是原告,男方患有严重的尿毒症,在与女方单独会谈中,女方很直白地说,她不想就这样一辈子守活寡,所以要求离婚。同时要求平均分割婚后共同财产(房产),并要求男方一次性支付孩子的抚养费 18 万元。在与被告单独交流时,被告情绪激动并带伤感地说,自己的病情比较严重,要定期做血液透析,花费很大,经济上非常困难,此时妻子提出离婚让他很伤心,所以他坚决表示,既然妻子已经无情无义,他同意离婚,否则会更伤心和不利于疾病的治疗。不过在房产分割和孩子抚

养费的给付上存在很大的争议。男方表示,房产是他爸爸的全资和为了他与原告结婚而购买,虽然产权在双方的名下,但是既然离婚,房子应该归被告一个人所有,另外表示无力一次性支付孩子的抚养费。在询问女方为何一定要男方一次性支付抚养费时,原告解释说,尿毒症是不可逆的重症疾病,男方将来肯定无力支付孩子的抚养费。听完原告的解释,我心里有些不舒服的感觉。

调解这个案件时,我的心情其实很沉重。虽然原告提出离婚有甩包袱的嫌疑,但是原告的离婚诉求并无法律上的不当,一方面是原告的离婚自由权,另一方面是被告的客观困难;一方面是原告合法的财产请求权,另一方面是被告基于情理的诉求。法律、情理、道德、责任……所有的所有在我脑海里纠缠打架,但有一点是可以肯定的,那就是被告心理伤痛的事实和今后生活的艰难是毋庸置疑的,被告的弱势地位是明显的,夫妻间相互扶助的义务需要得到体现,被告需要得到更多的帮助。

但是怎样才能使案件的处理合情合理又合法,并且尽量和平解决问题呢?在与被告就房屋所有权问题进行法律上的解释以后,我以积极心理学的价值取向重点对原告进行了深度心理交流,目的就是激发原告内心的善念和优秀品质。通过运用心理咨询的情景再现技术,原告在放松状态下,眼前再现了与被告曾经相爱的经历和美好……我们像朋友一样讨论了人生的真正意义和价值,唤醒了原告被自我利益屏蔽的善性。整个过程中,随着我的催眠指令,当原告想象到被告10年后、20年后……的生活困境及孤独无助的情景时,原告流下了同情和愧疚的眼泪……一切都在不言中,无需我的建议,原告主动放弃了大部分财产而且一个人全部承担了孩子的抚养费。

"善"是人的高层次的精神需求,当事人一旦被激发出这种需求,就会有很大的成就感、获得感和满足感,很多问题就会得到化解,案件的调整空间就会很大,而且其结果是最具建设性和积极性的。

三、用积极心理学的眼光,从消极因素中发现积极因素

在案件的调解中,当事人之间经常会彼此攻击并导致矛盾的激化,此时如果我们仅仅是用消极的视角,看到的是双方的错误,然后提出批评和改正的建议,通常不会有真正的建设性效果,因为彼此的攻击或伤害,不会因为调解员的批评或指正而变成"事实的不存在"。既然消极因素消极情绪仍然存在,那么对抗、冲突必然还存在。

积极的方法是从消极因素中发现积极因素,用积极因素抵消或削减消极

因素,甚至化消极因素为积极因素,变负能量为正能量。这样,案件的处理会容易很多且具建设性。

说一个简单的案例:老公因为夫妻矛盾,不止一次在家里摔东西,妻子对老公的粗暴行为非常生气,说没有安全感,非离婚不可,而老公坚决不同意离婚。调解中,我用积极心理学思维思忖着案件中的积极资源在哪里?被告粗暴行为的背后有没有积极因素?我试着与原告一起分析说:“被告摔东西肯定是不好,但是你能否与我一起分析一下你老公为什么摔东西呢?”原告说:“他脾气坏呗。”我点头肯定地说:“没错,他脾气坏,但是还有一些深层次的东西值得我们解析。第一,他摔东西是他的不对,但一定是有原因的;第二,他摔东西其实证明他还是爱你的,因为如果他真的不爱你了,他就会直接摔你人了,可能是什么原因伤到了他,他要向你表明态度,他舍不得打你,所以就摔东西了。”然后我转向被告征询意见,被告马上接茬说:“老师说得太对了,事情是这样的,我们每次发生争执时,我老婆从来听不进去我一句话,吵架又吵不过她,我很难过,所以就发脾气,我又舍不得打她,所以就摔东西了。”哦,原来摔东西是爱老婆。尽管解释有一些牵强,但也不是完全没道理,原告还是欣然接受了。

很多人都知道“半杯水”的故事,在沙漠中面对仅有的半杯水,有人说:“唉!只剩半杯水了!”而有人则说:“哈!还有半杯水呢!”这是消极悲观者和积极乐观者的对比反映。然而,积极者也会有消极的时候,悲观者也会有乐观的时候。有些资深调解员能够从悲观者身上发现乐观的影子,从不利的事情中找到有利的一面,激发当事人的正能量,从而引导调解走向达成。而从哲学的思辨方法看,任何事物都是具有两面性的,如一枚硬币的两面,有消极的一面,也有积极的一面。而同时,事物都是处在不断变化中的,主次矛盾彼此会相互转变。作为调解员,如果善于运用积极心理学,从案件中发掘各种积极因素,把握时机加以整合利用,对当事人进行积极引导,很多时候就会给调解带来意想不到的惊喜。

(责任校对:吕宗澄)

《湘江青年法学》行文体例与注释规范

一、来稿请附中英文标题和摘要(300 字之内)、关键词(5 个以内)及作者个人简介(包括姓名、单位、职务或职称、地址、联系电话、电子邮箱)。

二、来稿一律采用脚注,编号连排(法律史文章之古文献可采加括号之文内注),样式为①②③等。

三、非直接引用原文者,注释前加“参见”;非引自原始出处的,注释前加“转引自”。

四、数个资料引自同一出处的,注释采用“前引③,某某书,第×页”,或者“前引④,某某文”。两个注释相邻的,可采“上引某某书(文)”。

五、注释举例

(一)著作:

①《马克思恩格斯选集》第 3 卷,人民出版社 1972 年版,第 6 页。

② 胡锦光、韩大元:《中国宪法》,法律出版社 2004 年版,第 8 页。

(二)论文:①王利明:《中国民法典的体系》,《现代法学》2001 年第 4 期。

(三)文集: ①龚祥瑞:《比较宪法学的研究方法》,载《比较宪法研究论文集》(第一集),南京大学出版社 1993 年版,第 55 页。

(四)译作:①[英]梅因:《古代法》,沈景一译,商务印书馆 1984 年版,第 69 页。

(五)报纸:①姜明安:《多些民主形式,少些形式民主》,载《法制日报》2007 年 7 月 8 日,第 14 版。

(六)古籍:

①《宋会要辑稿·食贷》卷三。

② [清]沈家本:《沈寄簃先生遗书》甲编,第 43 卷。

(七)辞书:

①《辞海》,上海辞书出版社 1979 年 9 月第 4 版,第 943 页。

(八)网络资料:①王生长:《中国加入世界贸易组织后的仲裁法》,载 http://www. cietac. org. cn /CD14/CD145. htm,2013 年 6 月 19 日访问。

(九)外文:

①Robert Gilpin, Economy of International Relations, Princeton: Princeton University Press, 1986, p. 5.

②See G. Gordon & P. Miller (ed.), The Foucault Effect: Studies in Governmentality, Hemel Hempstead, England: Harvester Wheatsheaf, 1991, pp. 32 – 35.

③K. J. Leyser, "The Polemics of the Papal Revolution", in Berly Smally ed., Trends in Medieval Political Thought. Oxford: Oxford University Press, 1965, 3rd ed., p. 53.

④Alessandro Giuliani, "The Influence of Rhetoric of the Law of Evidence and Pleading", in Judical Review, 62(1969), p. 231.

(十)英文以外的外文文种:依照该文种注释习惯。

《湘江青年法学》编辑委员会

2017 年 10 月

图书在版编目（CIP）数据

湘江青年法学．第2卷．第1辑 / 凌艳怡主编．-- 湘潭：湘潭大学出版社，2017.11
ISBN 978-7-5687-0169-3

Ⅰ．①湘… Ⅱ．①凌… Ⅲ．①法学－文集 Ⅳ．①D90-53

中国版本图书馆CIP数据核字（2017）第304417号

湘江青年法学．第2卷．第1辑
XIANGJIANG QINGNIAN FAXUE DI-ER JUAN DI-YI JI

凌艳怡 主编

责任编辑：黄　琼
封面设计：郑柏超
出版发行：湘潭大学出版社
社　　址：湖南省湘潭大学工程训练中心
电　　话：0731-58298960 0731-58298966（传真）
邮　　编：411105
网　　址：http://press.xtu.edu.cn/
印　　刷：长沙鸿和印务有限公司
经　　销：湖南省新华书店
开　　本：787 mm×1092 mm 1/16
印　　张：17
字　　数：305千字
版　　次：2017年11月第1版
印　　次：2017年11月第1次印刷
书　　号：ISBN 978-7-5687-0169-3
定　　价：48.00元